CINZIA RANDAZZO

Dall'arché all'eschatos

La figura di Cristo alle sorgenti dell'esistenza
cristiana in un documento cristiano della seconda
meta del II secolo: l'*A Diogneto*

Prefazione a cura del
Prof. László Perendy

Youcanprint *Self-Publishing*

Titolo | Dall'Arché All'Eschatos
Autore | Cinzia Randazzo

ISBN | 978-88-93061-39-1

© Tutti i diritti riservati all'Autore
Nessuna parte di questo libro può
essere riprodotta senza il
Preventivo assenso dell'Autore.

Youcanprint Self-Publishing
Via Roma, 73 – 73039 Tricase (LE) – Italy
www.youcanprint.it
info@youcanprint.it
Facebook: facebook.com/youcanprint.it
Twitter: twitter.com/youcanprintit

A Paolo e a Enrico

PREFAZIONE

In the introduction the author sets the task for herself to examine the Christological content of the *Ad Diognetum*, a work whose provenance, content, literary genre, and style have triggered several debates also in the most recent scholarship. This voluminous work by Doctor Randazzo is one of the several contributions in which she is attempting to paint an artistic picture about this tiny, but very precious piece of early Christian literature.

It has often caused debates in the studies about the Greek apologetic literature of the second century that the writers seem not to focus on the soteriological role of the so-called 'historical Jesus' and his life on earth. The argumentation of the Greek apologists is mostly centered around the philosophical concept of *Logos*, which often sounds too theoretical to the general public. However, less attention has been paid to the richness of the images and metaphors by which the *Logos* is described in the *Ad Diognetum*. This wide variety of almost visual representations is carefully studied and put into the religious and philosophical context of the second century in this remarkable contribution of scholarly research.

All the names and denominations of the *Logos*, belonging to the various stages of the divine salvation of mankind, are presented in the *Ad Diognetum*. His roles in the creation of the world and mankind (regarded as the first stage of redemption) which are decribed by the anonymous author are the following: beginning and principle (*arche*), craftsman (*demiourgos*), and even artist (*technites*).

The second chapter of Doctor Randazzo's book starts with the description in the *Ad Diognetum* of the decision taken by the Father to send his own Son for the salvation of mankind. During his stay among people he manifested himself on a large scale of roles. He is beloved Son; he is

Teacher of the truth; he is Giver of life, who nourishes us; in a way he is even the father of us; he is our Councellour, giving good advice; he is our Doctor; he is supreme Intellect (*nous*); he is Light, illuminating the world; he is an honorable personality (*time*); he is identified also as glory (*doxa*) and strenght (*ischys*); he is life itself (*zoe*).

In the third chapter the benefices of his resurrection, praised by the author of the *Ad Diognetum* in an almost poetic way, are described: justification that enables us to be virtuous, faith through which we can see God himself.

In the final chapter the Christian way of waiting for the Second Coming of the *Logos* and the final judgement are presented with the help of several passages of the *Ad Diognetum*. Christians live in their earthly tent, *i.e.* their body as strangers (*paroikoi*) in this world. They are not permanent citizens of this society; they rather belong to the Kingdom to come. The final judgment is to open the gates of this heavenly community of saints, who are going to enjoy endless life.

When overviewing the results of her work of research, Doctor Randazzo reminds us that, while describing the numerous roles of *Logos* in salvation of mankind, the author of the *Ad Diognetum* introduces us into the mystery of the unique divine plan carried out by the person of *Logos*, who has been one and the same in his creating and redeeming activities, before the world and in the world itself.

I think that the present work contributes to our right understanding of this gem of the earliest patristic literature in an unprecedented way. The author sets the *Ad Diognetum* in a well-described environment. She bases her conclusions on a great number of primary sources. From the *Old Testament* we can mention Deutero-Isaias and the *Book of Wisdom*. The neotestamental sources referred to are the passages from the *Gospels of Matthew*, *Mark*, and *John*, and the letters of Peter and Paul. From the classical Greek literature we can mention Homer, Hesiod, and Aristophanes. Among the classical Greek philosophers the most eminent ones are Parmenides, Anaxagoras, Xenophanes, Socrates, Plato, and Aristotle. The representatives of the Stoa are *e.g.* Epictetus and Marcus Aurelius. As pieces of Hellenistic and intertestamental literature we can mention *Corpus Hermeticum*, *The Book of Henoch*, and *The Fourth Book of Esdras*. The Jewish sources analysed in this work are *e.g.* Philo, Josephus Flavius, *Genesis Rabbâ*, the *Testament of the Twelve Patriarchs*, Rabbi Akiba, *Targum Bereshit*, and *Pirqe Aboth*. The sources belonging to the contemporary (Middle)-Platonism are particularly well represented through the works of Celsus, Plutarch, Numenius, Alcinous, Atticus, and Maximus of Tyre. Among the pieces of Gnostic literature we can mention Thedotus and the *Acta Iohannis*. The most carefully studied works, obviously, are those of the Christian writers of the second and early third centuries: *Didache*, Clement of Rome, Hermas, Ignatius of Antioch, the *Letter of Barnabas*, Aristides, Melito of Sardes, Justin (both his *Apologies* and his *Dialogue with Trypho*), Tatian, Athenagoras, Theophilus of Antioch, Irenaeus, Clement of Alexandria, Tertullian, and (Pseudo)-Hippolytus.

The author aims at completeness in surveying the secondary literature as well. We can mention only a few of the established scholars whose indispensable contributions are extensively utilized in this work: J. Alfaro, L. Alfonsi, A. Amato, P. Andriessen, P.F. Beatrice, R. Brändler, R.H. Connolly, V. Grossi, G. Lazzati, J.T. Lienhard, A. Lindemann, G. Luongo, M.G. Mara, C. Moreschini, Ch.M. Nielsen, E. Norelli, A. Orbe, M. Pellegrino, B. Pouderon, C. Riggi, M. Rizzi, M. Simonetti, J.J. Thierry, C. Tibiletti, and K. Wengst.

As another merit of the author can be mentioned her extensive use of quotations from the primary sources, which helps us elaborate a complete overview of the religious and philosophical *milieu*, in which the *Ad Diognetum* was born. I cannot but invite those interested in the early Christian sources of our faith to study Doctor Randazzo's work thoroughly. I am sure it widens our intellectual and spiritual horizons, and moves us towards a better understanding of our duties as disciples of Christ in the human communities of today, which are longing to be redeemed by the *Logos*.

Budapest 12-6-2015　　　　　　　　　Prof. László Perendy
　　　　　　　　　　　Pázmány Péter Catholic University
　　　　　　　　　　　　　　　　Budapest, Hungary.

INTRODUZIONE

Il presente studio intende esaminare gli aspetti cristologici contenuti nell'*A Diogneto*.

L'*A Diogneto*, considerata pressoché unanimemente dagli studiosi uno scritto risalente tra la metà del II e gli inizi del III secolo d.c.,[1] ha avuto una storia alquanto strana e unica: ignorata dalle antiche fonti storiche, ha riscosso invece una notevole notorietà dopo varie peripezie nell'epoca moderna a partire dall'editio princeps dell'Estienne nel 1592[2] e, nell'epoca contemporanea, a partire dall'edizione del Marrou nel 1965, susseguente a quella del Blakeney, Meecham e Thierry.[3]

Il periodo storico relativo all'*A Diogneto*, che oscilla tra la fine del secondo, o, al più tardi agli inizi del terzo secolo, pare certo dalla maggioranza degli indizi storici e letterari: si tratterebbe del periodo aureo degli Antonini che copre tutto

---

1 Vedi H.I. MARROU, *A Diognète*, Paris 1965, pp. 242-268; E. NORELLI, *A Diogneto*, Milano 1991, pp. 42-64; G. BOSIO - E. DAL COVOLO - M. MARITANO, *Introduzione ai Padri della Chiesa, sec. I e II*, Torino 1990, pp. 224-225; B. POUDERON, *Les apologistes grecques du II siècle*, Paris 2005, pp. 276-278, S. ZINCONE, *A Diogneto*, in *Nuovo Dizionario patristico e di antichità cristiane*, Genova-Milano 2006, col. 1428-1430; C. MORESCHINI – E. NORELLI, *Storia della letteratura cristiana antica greca e latina*, vol. I, Brescia 1995, p. 307. C. MORESCHINI – E. NORELLI, *Historia de la literatura cristiana antigua griega y latina*, vol. I, Madrid 2006, p. 240.
2 H. ESTIENNE, *Justini philosophi et martyris Epistula ad Diognetum et Oratio ad Graecos*, Paris 1592.
3 E.H BLAKENEY., *The Epistle to Diognetus*, London 1943; H.G. MEECHAM, *The Epistle to Diognetus. The Greek Text with introduction, translation and notes*, Manchester 1949; J.J. THIERRY, *The Epistle to Diognetus*, Leiden 1964; H. I. MARROU, *A Diognète*, Paris 1965. Per l'intera storia del manoscritto e la presentazione dell'opera in generale vedi H.I. MARROU, *A Diognète*, pp. 5-42;241-268. Vedi inoltre la seguente edizione di K. WENGST (ed.), *Schriften des Urchristentums: Didache (Apostellehere). Barnabasbrief. Zweiter Klemensbrief. Schrift an Diognet*, München 1984, pp. 281-348.

l'arco di tempo della seconda metà del II secolo, epoca in cui il cristianesimo dovette confrontarsi con il paganesimo allora imperante, confronto che si rivelò non facile ma segnato da persecuzioni.

In sostanza questo studio si prefigge di enucleare, all'interno dell'*A Diogneto*, il senso peculiare dell'identità e della funzione del Logos: la trattazione avrà come oggetto la teologia del Logos nell'*A Diogneto* a partire dalla dimensione atemporale del piano divino della salvezza, prolungandosi in un'ascesa progressiva fino alla dimensione escatologica del piano divino della salvezza.

Pertanto l'oggetto di questo lavoro è quello di rilevare nell'*A Diogneto* gli aspetti cristologici e di esaminarli alla luce del contesto storico-critico in cui è nata tale opera apologetica.

1. Motivo della ricerca

Prima di addentrarci nella presente ricerca, che ha per oggetto lo studio del Logos nell'*A Diogneto*, riteniamo opportuno esporre il motivo, per cui abbiamo intrapreso questo studio.

Il motivo che spinge a rivolgere una particolare attenzione alla teologia del Logos è il fatto che soprattutto nel secondo secolo questa fu al centro delle controversie eresiologiche nonché filosofiche e filosofico-religiose,[4] nei riguardi delle quali la Chiesa ha sentito il dovere più che di difendersi, di rendere nota a tutti la validità di tale fede.

Infatti in questo scritto si riflette l'eco della polemica

---

4 Cfr. G. BOCCACCINI, *Il medio-giudaismo*, Genova 1993, p. 12.

contro il giudaismo,[5] il paganesimo e la filosofia ionica.[6] Questo è uno dei motivi portanti che è da sprone per continuare ad esplorare gli ineffabili meandri di questo mistero ancora tutto da scoprire dal momento che nell'*A Diogneto* l'argomento cristologico non è stato oggetto di uno studio dettagliato da parte degli studiosi specialmente in questi ultimi trent'anni del secondo millennio: qualcuno si è limitato, infatti, a dare in termini generali una breve sintesi

---

5 Per polemica antigiudaica si intende la polemica nei confronti del giudaismo rabbinico perché con la distruzione del tempio di Gerusalemme avvenuta nel 70 d. C. la *Torah* fu studiata ed attualizzata esclusivamente dai rabbini che erano considerati i maestri per eccellenza. La loro produzione letteraria cominciò ad avere una fissazione scritta a partire dal secondo secolo d. C., di conseguenza tale periodo viene denominato "*giudaismo rabbinico*", in linea con quanto afferma G. BOCCACCINI, *Il medio-giudaismo*, Genova 1993, pp. 42-47. Per una panoramica del giudaismo rabbinico: J. BOWKER, *The Targums and Rabbinic Literature*, Cambridge 1969; J. Z. LAUTERBACH, *Rabbinic Essays*, New York 1973; J. NEUSNER, *Early Rabbinic Judaism*, Leiden 1975; G. W. E. NICKELSBURG, *Jewish Literature between the Bible and the Mishnah*, Philadelphia 1981; C. THOMA, *Teologia cristiana dell'ebraismo*, Casale Monferrato 1983; R. PENNA, *L'ambiente storico-culturale delle origini cristiane*, Bologna 1984; M. SIMON - A. BÉNOIT, *Giudaismo e cristianesimo*, Roma - Bari 1985; S. J. D. COHEN, *From the Maccabees to the Mishnah*, Philadelphia 1987; E. SCHÜRER, *Storia del popolo giudaico al tempo di Gesù Cristo*, *(175 a.C. - 135 d.C.)*, a cura di B. CHIESA, vol. II, Brescia 1987; J. NEUSNER, *Wrong Ways and right Ways in the Study of Formative Judaism*, Atlanta - Georgia 1988; J. NEUSNER, *Il giudaismo nei primi secoli del cristianesimo*, Brescia 1989; A. PAUL, *Il giudaismo antico e la Bibbia*, Bologna 1993; F. MANNS, *Il giudaismo*, Bologna 1995; J. NEUSNER, *Judaism in Late Antiquity*, Leiden - New York 1995; J. NEUSNER, *Il giudaismo nella testimonianza della Mishnà*, Bologna 1995; P. STEFANI, *Introduzione all'ebraismo*, Brescia 1995; G. STEMBERGER, *Introduzione al Talmud e al Midrash*, Roma 1995; J. T. BARRERA, *The Jewish Bible and the Christian Bible*, Leiden - New York - Köln 1998; P. DE BENEDETTI, *Introduzione al giudaismo*, Brescia 1999; A. MELLO, *Ebraismo*, Brescia 2000.

6 Vedi *A Diogneto* 8,1-4. Ed. crit. H.I. MARROU, *A Diognète*, p. 70. Trad. di E. NORELLI, A Diogneto, Milano 1991, p. 108. Vedi a tal riguardo anche B. POUDERON, *Les Apologistes grecs du II siècle*, Paris 2005, pp. 280-281.

sullo stato della questione.[7]

A tal proposito è pertinente riferirsi non solo a Tacito ma a tutta l'antichità greca, per la quale il silenzio ha una sua valenza comunicativa,[8] per affermare che il silenzio degli studiosi nei riguardi della cristologia dell'*A Diogneto* è un silenzio che non può mai cancellare la credibilità storica dell'evento salvifico che si è realizzato nel Logos fattosi carne.

Anche se gli studiosi hanno in questi ultimi trent'anni trascurato lo studio della cristologia nell'*A Diogneto*, il mistero della salvezza che vive nel silenzio del mistero della croce è tuttavia presente e si rende operante nella fede della chiesa e di ogni credente.

2. Scopo

Lo scopo verso cui tende la nostra ricerca è di conoscere il pensiero dell'anonimo autore sul disegno salvifico di Dio che ha le sue fondamenta nel Padre e nel Figlio e il suo compimento nella venuta definitiva del Figlio. In sostanza lo scopo di questo studio è quello di conoscere il progressivo estrinsecarsi nell'*A Diogneto* di una ben precisa economia salvifica concernente i tratti teandrici e al contempo teofanici del Logos.

La nostra ricerca si propone quindi in un primo

---

[7] Vedi G. VISONÁ, *La Cristologia degli apologisti*, in S.A. PANIMOLLE (a cura di), *Dizionario di Spiritualità biblico-patristica*, vol. 24: *Gesù Cristo nei Padri della Chiesa (I-III secolo)*, Roma 2000, pp. 241-257. Vedi anche i seguenti contributi che hanno presentato per sommi capi la tematica della dottrina del Logos nel periodo dei Padri apologisti: M. SIMONETTI, *Studi sulla cristologia del II e III secolo*, Roma 1993, pp. 71-107; M. SIMONETTI, *La cristologia prenicena*, in E. DAL COVOLO (ed.), *Storia della teologia*, vol. I, Bologna-Roma 1995, pp. 147-179.

[8] I. LANA, *Tacito: la parola, il gesto, il silenzio*, in C. CURTI-C. CRIMI, *Scritti classici e cristiani offerti a Francesco Corsaro*, t. II, Catania 1994, pp. 355-384.

momento di rilevare i contenuti, che emergono dal testo dell'*A Diogneto*, afferenti ovviamente le caratteristiche proprie dell'essere del Logos. Caratteristiche inerenti sia le proprietà del Logos, emergenti nell'ambito della sfera atemporale dell'antica economia della salvezza, sia quelle inerenti non solo la sua vita pubblica all'inizio della nuova economia della salvezza, ma anche quelle inerenti la sua vita ultraterrena dopo la sua risurrezione al culmine della nuova economia della salvezza, nonché quelle relative alla sua venuta escatologica. In un secondo momento cercheremo di definire queste caratteristiche per dare un quadro organico del pensiero dell'anonimo autore sulla tematica riguardante il Logos.

Nel ripartire i contenuti questa nostra ricerca metterà in luce, da un lato, l'originalità del pensiero dell'autore dell'*A Diogneto* sui tratti più significativi concernenti la teologia salvifica del Logos e, dall'altro, non solo la sua differenza rispetto alle concezioni teofaniche delle filosofie greche nonché degli altri sistemi *medio-giudaici*, ma anche in un certo senso una qualche sua affinità. Da tale confronto emergerà in questa ricerca una più approfondita comprensione del pensiero dell'autore dell'*A Diogneto* sull'identità del Logos nella dimensione atemporale dell'antica economia della salvezza e, dall'altro, la sua peculiare funzione nella nuova economia della salvezza e nell'evento escatologico.

Pertanto lo scopo del presente lavoro è dunque quello di dare un resoconto del pensiero cristologico dell'anonimo autore, pensiero che, rilevabile da un'analisi attenta dei termini e concetti presenti nell'*A Diogneto*, si snoda partendo dall'eternità del Logos nella dimensione atemporale del piano divino della salvezza fino ad arrivare, in un crescendo progressivo, alla dimensione escatologica della seconda parusia del Verbo in qualità di giudice.

3. Metodo

Questo nostro studio si avvale sostanzialmente del metodo deduttivo-comparativo.

In questi quattro capitoli, affronteremo l'argomento a partire da un'analisi testuale del *Dialogo,* servendoci del metodo deduttivo e di quello comparativo.

Deduttivo perché si cercherà di ricavare dal testo dell'*A Diogneto* le affermazioni relative alla figura del Logos.

Comparativo perché i tratti concernenti la figura del Logos emergenti dall'*A Diogneto* verranno messi in rapporto con le concezioni filosofiche e *medio-giudaiche* dell'epoca.

Questo lavoro si suddivide in quattro capitoli che sintetizzano in modo progressivo il pensiero dell'autore dell'*A Diogneto* circa la Verità del Logos.

In un primo capitolo cercheremo di analizzare la coeternità del Logos nei confronti del Padre e la sua funzione cosmologica prima dell'inizio della storia, nell'ambito quindi del disegno di salvezza che il Padre ha dispiegato con il Figlio prima della creazione del mondo, in competizione con le filosofie greche, filosofico-religiose e eretico-gnostiche.

Nel secondo paragrafo sempre del primo capitolo ci addentreremo ad esaminare gli effetti dell'azione del Verbo all'origine della creazione e il motivo del dispiegarsi del piano della salvezza fino, alla venuta del Logos nella carne.

Nel secondo capitolo ci prefiggiamo di analizzare dettagliatamente una sequenza di titoli che l'anonimo autore conferirebbe al Verbo durante la sua venuta nella carne nella realizzazione storica dell'antica economia della salvezza, mentre nel terzo capitolo cercheremo di esaminare i benefici che il Verbo elargisce all'umanità con la sua morte e risurrezione.

Infine nel quarto capitolo passeremo ad esaminare nell'*A*

Diogneto la venuta escatologica del Logos con il suo regno che i cristiani attendono, alla quale segue il giudizio finale.

4. Limiti

Il confronto, già enunciato, che intraprenderemo in questa ricerca sarà circoscritto a un periodo storico ben preciso, quello *medio-giudaico* che copre un arco di tempo che va dal III sec. a. C. fino al II sec. d. C.

Il presente lavoro vuole offrire un ulteriore contributo a quanto è stato già illustrato nei precedenti studi. Non sembra fuori luogo quindi rivolgere, agli inizi del terzo millennio, una particolare attenzione a un preciso studio sulla cristologia nell'*A Diogneto* soprattutto per il fatto che negli ultimi trent'anni di questo scorcio di secolo, a partire ovviamente dall'articolo del Lienhard apparso nel 1970,[9] l'interesse degli studiosi nei riguardi dell'*A Diogneto* si è orientato prevalentemente su argomenti di carattere letterario e moralistico-catechetico, relegando la cristologia a semplice elemento secondario.

Questo scritto, cosí misterioso che ha molto ancora da essere studiato e collocato nel tempo, quale è l'*A Diogneto*, cosí interessante e affascinante tanto da essere definito dal Sailer "*la perla dell'antichità cristiana*",[10] lungi dall'essere stato sottovalutato o peggio ancora ignorato come accadde purtroppo nel Medio-evo, ha suscitato un certo interesse da parte degli studiosi, anche se questo interesse sembra mettere in disparte l'argomento cristologico, argomento che invece merita una maggiore riflessione per comprendere più pienamente il pensiero dell'autore nei

---

9 J.T. LIENHARD, *The Christology of the Epistle to Diognetus*, in "Vigiliae Christianae" 24 (1970), pp. 280-289.

10 I. M. SAILER, *Der Brief an Diognetus*, München 1800, p. 37.

confronti della verità del Logos.

Come ebbe a dire rabbí Tanchuma che la volontà di Dio racchiusa nella Torah è oggetto di molteplici interpretazioni da parte dell'uomo secondo le sue capacità durante le generazioni future per comprenderla gradatamente,[11] e come ebbe a dire anche il giovane Agostino, per il quale Dio è tanto inesauribile che quando si è trovato è ancora tutto da trovare,[12] pure nell'*A Diogneto* la verità cristologica non è esaurientemente stata compresa né da Lienhard né dai precedenti commentari del Marrou, del Wengst e di Norelli,[13] ma necessita ancora di essere ulteriormente riesaminata, per cercare di cogliere nell'*A Diogneto* le inesauribili nozioni che promanano dall'eterna e zampillante fonte di verità che è il Logos fattosi carne.

Anche questo presente studio, sebbene si avvalga dei precedenti contributi che hanno in qualche modo spianato la strada verso una più profonda comprensione dell'essere del Logos, non può mai coglierne appieno la sua identità, anzi esso sarà oggetto di ulteriore ripensamento da parte dei futuri studiosi, al fine di rendere sempre più intelligibile al pubblico contemporaneo la rivelazione del Logos.

---

11 Cfr. *Esodo Rabbâ* 5,9. Ed. crit. S.M. LEHRMAN, *Midrash Rabbah. Exodus*, vol. III, London 1961, p. 88. Per l'argomento vedi anche J.J. PETUCHOWSKI, *I nostri maestri insegnavano*, Brescia 1983, pp. 77-85.
12 AGOSTINO, *Confessioni* I,3-4. Ed. crit. J. GIBB-W. MONTGOMERY, *The Confessions of Augustine*, New York-London 1980, pp. 4-5.
13 H.I. MARROU, *A Diognète*, Paris 1965; K. WENGST, *Barnabae epistula. Schriften des Urchristentums: Didache (Apostellehere), Barnabasbrief, Zweiter Klemensbrief. Schrift an Diognet*, München 1984; E. NORELLI, *A Diogneto*, Milano 1991.

1. IL LOGOS NELL'ANTICA ECONOMIA DELLA SALVEZZA

1.1. Il Logos al principio dell'antica economia della salvezza

1.1.1. Il Logos arché

L'anonimo autore dell'*A Diogneto* introduce in 11,4 il concetto dell'arché: "*Questi è colui che (οὗτος ὁ) era dall'inizio (ἀπ ἀρχῆς), colui che apparve nuovo (ὁ καινός) (...)*".[1]

L'arché designava fin dagli inizi della filosofia greca il principio in senso temporale, a partire dal quale tutto aveva origine.[2] Fin dalla scuola ionica l'arché veniva identificato con gli elementi materiali primitivi, dai quali avevano origine tutte le cose: infatti Talete, per primo, aveva identificato l'arché con l'acqua che è il principio di tutte le cose perché costituisce l'essenza di tutto ciò che esiste: "*Principio (ἀρχήν) di tutte le cose, peraltro, ritenne l'acqua, e il mondo lo intese come animato e pieno di demoni*".[3]

L'anonimo autore, abile conoscitore della lingua greca, ha impiegato il termine arché per affermare che il Logos era

---

1 H.I. MARROU, *A Diognète*, Paris 1965, p. 80. Trad. di E. NORELLI, *A Diogneto*, Milano 1991, p. 123.
2 Cfr. Per tale argomento G. DELLING, ἀρχή, in G. KITTEL- G. FRIEDRICH, *GLNT*, vol. I, Brescia 1965, col. 1274.
3 DIOGENE LAERZIO, *Vite di filosofi* I,27. Ed. crit. R.D. HICKS, *Diogenes Laertius. Lives of eminent philosophers*, vol. I, London 1959, p. 26. Trad. di G. COLLI, *La sapienza greca*, Milano 1992, p. 125. Pertinente anche la testimonianza di Diogene Laerzio, *Vite di filosofi* VII,134-151. Ed. crit. R.D. HICKS, *Diogenes Laertius. Lives of eminent philosophers*, vol. II, London 1958, pp. 238-256. Vedi a tal proposito anche H. von Arnim, *SVF*, vol. II, passim.

fin dall'inizio. A tal proposito Norelli osserva che l'impiego da parte dell'autore dell'*A Diogneto* dell'articolo "*colui che*" davanti a "*dall'inizio*" e a "*nuovo*" separa il versetto in due parti: la prima parte del versetto "*colui che era dall'inizio*" "*caratterizza il Logos in maniera assoluta nel suo essere; la seconda indica aspetti del suo disvelarsi*".[4] In consonanza con quanto ha osservato Norelli e Rizzi, è pertinente affermare che l'autore dell'*A Diogneto* voglia far notare al suo interlocutore che il Logos fin dall'inizio è un essere trascendente come Dio Padre, data la stretta affinità terminologica del versetto in questione col prologo giovanneo: "*In principio* (ἐν ἀρχῇ) *era il Logos, e il Logos era presso Dio, e Dio era il Logos. Questo* (οὗτος) *era in principio presso Dio*" (Gv 1,1-2).

A tal riguardo è opportuno sostenere che l'anonimo autore riferisca il termine arché al Logos, ponendosi in linea di continuità col contenuto stesso del messaggio evangelico presentato, come abbiamo visto, da Giovanni in 1,1-2. Infatti già nel prologo giovanneo viene asserito che il Verbo era al principio di tutta la creazione Dio come il Padre. Il Logos, in quanto espressione del Padre, è egli stesso Dio e il Padre, attraverso la sua parola creatrice che è il Logos, dà origine a tutte le cose.[5] Pertanto si sottintende in Giovanni che il Verbo, il quale era in Dio padre prima di tutte le creature, è il principio della creazione dal momento che per mezzo di Lui sono state fatte tutte le cose. Anche l'autore dell'*A Diogneto*, in sintonia con Giovanni, vuole mostrare al suo interlocutore che il termine arché connota la dimensione atemporale del Verbo posto nella mente di Dio.

L'autore dell'*A Diogneto* in 11,4 riferendosi al Logos, che è dello stesso rango del Padre, dichiara al suo

---

[4] E. NORELLI, *A Diogneto*, Milano 1991, p. 126 n. 14. Cfr. anche M. RIZZI, *La questione dell'unità dell'Ad Diognetum*, Milano 1989, pp. 48-50.
[5] Cfr. Gv 1,1-4. A tal proposito vedi anche C. TRESMONTANT, *Évangile de Jean*, Paris 1984, pp. 16-22.

interlocutore che il Logos non è un elemento materiale. Infatti egli rifiuta la concezione materiale dell'arché, propria della scuola ionica, alla quale egli stesso in 8,1-5 fa riferimento, in quanto questa identificava Dio con gli elementi primordiali:

> Chi infatti, in assoluto, tra gli uomini sapeva che cosa mai è Dio, prima che egli venisse? O vorresti forse accettare i discorsi vuoti e frivoli di quei filosofi-degni di fede, come no!-dei quali alcuni dissero che Dio è fuoco-quello in cui essi stessi sono destinati a finire lo chiamano dio!-, altri acqua, altri qualcun altro degli elementi creati da Dio? Eppure, se una qualunque di queste teorie è accettabile, anche ciascuna delle altre creature potrebbe, allo stesso modo, essere dichiarata dio. Ma queste affermazioni sono favole e inganno dei ciarlatani!.[6]

L'ignoto autore non solo prende posizione nei confronti della teologia ilozoistica dei primi pensatori greci sia in 8,1-5 che in 11,4, in quanto il Logos è principio di ordine immateriale come Dio Padre, ma al contempo prende posizione in 11,5 anche nei confronti della stessa che indicava col termine arché pure l'inizio cronologico, affermando che il Logos invece nella sua entità assoluta, è eterno: *"Questi è l'eterno (οὗτος ὁ ἀεί) oggi (σήμερον) riconosciuto Figlio".*[7] Quindi l'ignoto autore

---

6 *A Diogneto* 8,1-5. Ed. crit. H.I. MARROU, *A Diognète*, Paris 1965, p. 70. Trad. di E. NORELLI, *A Diogneto*, p. 108.

7 *A Diogneto* 11,5. Ed. crit. H.I. MARROU, *A Diognète*, p. 80. Trad. di E. NORELLI, *A Diogneto*, p. 123. Per il concetto di cristologia in generale negli apologisti, vedi G. VISONÀ, *La cristologia degli apologisti*, in S.A. PANIMOLLE (a cura di), *Dizionario di Spiritualità Biblico-patristica*, vol. 24: *Gesù Cristo nei Padri della Chiesa (I-III secolo)*, Roma 2000, pp. 241-257, in particolare per l'A Diogneto p. 245. Per la questione dell'unità letteraria dei capp. 10 e 11 vedi M. RIZZI, *La questione dell'unità dell'Ad Diognetum*, Milano 1989 e E. NORELLI, *A Diogneto*, Milano 1991. Ad

vuole far osservare a Diogneto che il principio, che in 11,4 veniva identificato con il Logos, non indica in senso cronologico l'inizio della storia, bensí indica, come spiega in 11,5, l'eternità del Logos, in quanto principio di ordine atemporale.

Il sostantivo σήμερον, alla stessa stregua di Sal 2,7 dove questo, sempre per l'autore dell'*A Diogneto*, evoca il riferimento all'eternità del Verbo che è stato generato "*oggi*" perché in Lui il Padre ha rivelato se stesso, in quanto il Verbo fa parte della sua stessa entità, rafforza la concezione dell'arché inteso in senso atemporale: per l'autore dell'*A Diogneto* il Logos è eterno in quanto procede dal Padre e per questo è stato riconosciuto eternamente figlio, come rileva Zincone nella sua traduzione.[8] In tal senso i due termini ἀεί e σήμερον non appaiono in contrapposizione tra di loro, come propone Norelli,[9] anche se non è fuori luogo riferire al termine σήμερον pure la venuta storica del Figlio, anzi sembrano strettamente correlati e reciprocamente rispondenti: ἀεί è in correlazione con σήμερον in quanto il Logos non è eterno se non è riconosciuto "*oggi*" come tale dal Padre, ossia all'atto della sua generazione atemporale in quanto procede dal Padre.

In poche parole il Logos, per l'anonimo autore, non è riconosciuto Figlio se non in riferimento al Padre che lo ha generato come tale fin dall'eternità. Tuttavia anche se non

---

ogni modo l'attività apologetica dell'anonimo autore, come quella degli altri apologisti, - ed è qui che sta la loro peculiarità -, è tesa a rendere, per quanto limitate erano le loro capacità di esposizione, il più possibile intelligibile il mistero del Logos per renderlo attuale e sempre presente nel periodo storico in cui vivevano. Sulla base di questo intento, che era proprio dell'anonimo autore e quindi degli apologisti, la chiesa non riservava a sé il nucleo più intimo di tale mistero, come invece sostiene VISONÀ, perché se così fosse stato, sarebbe mancata peraltro, alla chiesa, la pietra miliare, che è al fondamento della sua attività missionaria.

8 S. ZINCONE, *Lettera a Diogneto*, Roma 1987, pp. 84-85.
9 E. NORELLI, A *Diogneto*, p. 127 n. 16.

sembra da escludere la proposta di Norelli che interpreta
σήμερον nel senso storico dell'"*oggi*", strettamente
connesso alla venuta temporale del Verbo nella carne,
facendo in tal modo intuire che il Verbo viene riconosciuto
figlio durante la sua esistenza terrena, pare pertinente
affermare che tale riconoscimento storico è dovuto al fatto
che il Logos era figlio fin dall'eternità perché il Padre lo ha
voluto come tale e ha deciso insieme al Figlio il piano di
salvezza che doveva realizzarsi nella venuta storica del
Verbo. In tal senso i termini ἀεί e σήμερον sono correlati e
non contrapposti fra di loro, correlazione che solamente può
evitare la possibilità di un'eventuale interpretazione
gnostico-marcionita della frase in questione, interpretazione
che negava la preesistenza del Figlio nel Padre fin
dall'eternità.[10]

In 8,9 l'anonimo autore specifica a Diogneto che prima
della creazione del mondo il Padre ha comunicato tutto al
Figlio, facendo intuire al suo interlocutore che nell'arché
(prima della creazione del mondo) il Padre ha fatto
conoscere al Figlio il piano divino della salvezza: "*Avendo
però concepito un progetto grande e inesprimibile, lo
comunicò solo al proprio figlio (παιδί)*".[11] Il termine
παῖς, che nell'*A Diogneto* è uno dei titoli riferiti al Verbo, è
impiegato in 8,9 dall'ignoto autore per far osservare a
Diogneto che fin dall'eternità esisteva una comunione
reciproca tra due soggetti distinti: il Padre da un lato e il
Figlio dall'altro. Nell'*A Diogneto* dunque il Padre comunica
al Figlio (παῖς) il progetto del suo piano di salvezza fin
dall'eternità ancora prima della creazione del mondo e della

---

10 Per uno studio sulla cristologia gnostica vedi A. ORBE, *Cristologia gnostica*, Madrid 1976. Per una panoramica delle eresie cristologiche vedi A. GRILLMEIER, *Gesù il Cristo nella fede della chiesa*, vol. I, Brescia 1982, pp. 244-260.
11 Ed. crit. H.I. MARROU, *A Diognète*, p. 70. Trad. di E. NORELLI, *A Diogneto*, p. 123.

sua futura venuta nel mondo.

Se da un lato quindi l'anonimo autore si pone in guardia dagli ilozoisti che ravvisavano nell'arché un principio di ordine materiale, dall'altro prende anche le distanze dalla filosofia stoica, secondo la quale il logos immanente, che è principio attivo di ordine materiale in quanto dà forma alla materia, esplica la sua funzione solo nel momento in cui foggia la materia. Infatti per lo stoicismo l'arché veniva ad essere identificato con la ragione che, in quanto principio attivo, guida l'universo, anima la materia, essendo un tutt'uno con essa:

> Essi ritengono che i principi (ἀρχάς) del tutto siano due, il principio attivo e quello passivo. Il principio passivo è la sostanza senza qualità, la materia; il principio attivo è la ragione (λόγον) che risiede in essa, la divinità. Questa, che è eterna, foggia tutte le cose con arte scorrendo per la materia. Questa dottrina la espone Zenone di Cizio.[12]

Per l'autore dell'*A Diogneto* invece il Logos è di natura trascendente. Similmente Giustino afferma che il Logos come il Padre non si muove e nessun luogo può contenere perché procede dalla volontà del Padre, prendendo le distanze dalla posizione stoica secondo la quale invece il principio divino è di natura materiale perché contenuto nello spazio:

> Come principio prima di tutte le creature Dio ha generato da se stesso una potenza razionale che lo Spirito Santo chiama ora (...) figlio (...). I vari

---

12 *Frammenti degli Stoici antichi* I,85 Ed. crit. H. von Arnim, *SVF*, vol. I, p. 24. Trad. di M. I. PARENTE, *Stoici Antichi*, Torino 1989, p. 131: l'arché viene a coincidere col monismo panteistico, in cui la ragione pervade e vivifica la materia, divenendo esso stesso principio di ordine materiale. Per un esauriente approccio all'argomento cfr. anche M. POHLENZ, *La Stoà. Storia di un movimento spirituale*, vol. I, Firenze 1978, pp. 119-223.

appellativi infatti le vengono dal fatto di essere al servizio della volontà del Padre e di essere stata generata dalla volontà del Padre (*Dial.* 61,1) (...). Infatti l'ineffabile Padre (...) non va da nessuna parte (...) non si muove dunque colui che nessun luogo può contenere, neanche il mondo intero, e che era prima che il mondo cominciasse ad esistere" (*Dial.* 127,2).[13]

L'autore dell'*A Diogneto* impiegando, come abbiamo visto, sia il pronome οὗτος che in XI,4 si riferisce al Logos come entità autocosciente sia il termine παῖς che in XI,5, applicato al Figlio, esprime compartecipazione tra Padre e Figlio, intesi come entità coscienti che si relazionano reciprocamente, si discosta pure dalla concezione rigidamente monoteista del giudaismo rabbinico, secondo la quale Dio prima della creazione del mondo si consiglia con la Torah che è uno strumento a Lui subordinato per natura. Infatti rabbí Oshaja afferma che la Torah è preesistente al mondo in quanto espressione ipostatica della volontà di Dio, nella quale è racchiuso tutto ciò che è nella mente di Dio:

> La Torah dice di essere lo strumento del santo, benedetto egli sia. Vale a dire se un re costruisce un palazzo, generalmente non lo costruisce con la sua abilità personale, ma fa venire un architetto. Ma anche l'architetto non costruisce su un'idea improvvisa. Ha bisogno in primo luogo di progetti e di disegni per stabilire dove deve collocare le camere e le porte. Così anche il Santo benedetto egli sia, prima guardò nella Torah e soltanto dopo creò il mondo. Perciò anche la Torah dice: "In principio Dio creò il

---

13 GIUSTINO, *Dialogo con Trifone* 61,1.127,2. Ed. crit. E.J. GOODSPEED, *Die ältesten Apologeten. Texte mit kurzen Einleitungen*, Göttingen 1984, pp. 166.248. Trad. di G. VISONÁ, *Dialogo con Trifone*, Milano 1988, pp. 217.358.

cielo e la terra". Ma principio si riferisce alla Torah di cui si legge: "Il Signore mi ha costituito quale principio della sua via. Dunque ciò significa che Gen 1,1 si deve intendere cosí: 'Con la Torah Dio creò il cielo e la terra".[14]

Nell'*A Diogneto* si riflette anche un'indiretta polemica contro la speculazione gnostica nei riguardi dell'arché, nella quale prima della creazione del mondo non esiste una compartecipazione reciproca tra Padre e Figlio, come invece si avverte nell'*A Diogneto,* ma una totale assenza di relazione nel mondo pleromatico, separato ontologicamente da Dio eternamente sommo; separazione causata dal fallo di Sophia che, per tentare di identificarsi col Dio assolutamente eterno, ha degradato nel mondo a questo sottostante: in tal senso tutto ciò che è generato da Sophia è generato secondo prolazione, ovvero attraverso il decadimento della sua stessa sostanza.[15] La generazione del Verbo dunque nell'*A Diogneto* non lede l'identità del Padre menomando il suo essere né il Verbo è stato generato necessariamente dal Padre emettendolo come suo prodotto inferiore. Questa concezione della prolazione gnostica era stata contestata già da Giustino.

Egli, mediante l'immagine medioplatonica della lampada che emette come suo effetto il calore, il quale pur non

---

14 Cfr. J. PETUCHOWSKI, *I nostri maestri insegnavano,* Brescia 1983, p. 71; G. STEMBERGER, *Il Midrash,* Bologna 1992, p. 121.

15 Vedi per tale argomento M. SIMONETTI, *Testi gnostici in lingua greca e latina,* Milano 1993, p. 337ss.; IRENEO, *Contro le eresie* I,5,3. Ed. crit. A. ROUSSEAU-L. DOUTRELEAU, *Irénée de Lyon. Contre les hérésies,* Paris 1979, pp. 80-82. M. SIMON, *Les sectes juives au temps de Jesus,* Paris 1960, p. 81: Simon afferma che Giustino in 128,4 combatte i meristi che conferiscono al logos il carattere di una ipostasi (...): "*l'individualizzano al punto di farne una grandezza distinta da Dio*". Per la concezione di Dio nello gnosticismo vedi anche S. GASPARRO, *Dio nello gnosticismo,* in S.A. PANIMOLLE, (a cura di), *Dizionario di spiritualità biblico-patristica,* vol. 14: *Dio nei Padri della chiesa,* Roma 1996, pp. 66-81.

menomando il fuoco da cui proviene ne resta separato, fa notare al suo interlocutore che il Verbo, il quale è stato generato prima di tutte le creature, non intacca l'entità divina del Padre. Il Verbo quindi non resta subordinato per lignaggio al Padre, né procede dal Padre per necessità, ma è distinto dal Padre per volontà del Padre che, in quanto tale, è stato libero di generare il Verbo come distinto da Sé:

> Ma in definitiva non è quanto rileviamo anche nella nostra esperienza? Quando infatti proferiamo una parola, noi "generiamo" una parola, ma non per amputazione, sí che ne risulti sminuita la facoltà intellettiva che è in noi. Parimenti vediamo che da un fuoco se ne produce un altro senza che ne abbia detrimento quello da cui si è operata l'accensione: esso rimane invariato e il fuoco che da esso è stato appiccato sussiste senza sminuire quello da cui è stato acceso.[16]

Similmente Taziano rileva che il Verbo è stato generato dal Padre prima di tutte le creature perché Dio lo ha reso partecipe di sé stesso e non lo ha prodotto per necessità, in quanto Dio, che lo ha generato, non solo non è stato privato del Verbo ma neanche il Verbo stesso si è separato dal Padre:

> Il Logos (...) principio del cosmo che esistette secondo distribuzione, non secondo scissione. Ciò che è stato scisso è separato dal primo, ma ciò che è distribuito avendo ricevuto la parte di un progetto non ha reso manchevole colui dal quale deriva.[17]

---

16 GIUSTINO, *Dialogo con Trifone* 61,2. Ed. crit. E.J. GOODSPEED, *Die ältesten Apologeten, Texte mit kurzen Einleitungen*, p. 166. Trad. di G. VISONÁ, *Dialogo con Trifone*, p. 218.
17 TAZIANO, *Discorso ai greci* 5,1-2. Ed. crit. E.J. GOODSPEED, *Die ältesten Apologeten, Texte mit kurzen Einleitungen*, p. 272. Trad. di C.

Parallelamente a Giustino e a Taziano l'autore dell'*A Diogneto*, riguardo alla generazione del Verbo dal Padre, salvaguarda l'unità di Dio nella distinzione del Figlio, evitando in tal modo non solo la concezione stoica della risoluzione nel monismo panteistico del Logos che è subordinato rispetto al Padre, ma anche la concezione gnostica della separazione ontologica del Figlio rispetto al Padre. Se da un lato pertanto l'autore dell'*A Diogneto* prende le distanze dalla prolazione gnostica, dall'altra l'ignoto autore, per far notare al suo interlocutore che il Verbo è principio razionale trascendente la materia, si avvale del termine logos desunto dalla filosofia medioplatonica e lo applica al Verbo.

Non è da escludere quindi che l'ignoto autore sia stato influenzato dal medioplatonismo per la tematica delle idee che sono nella mente divina, idee contrassegnate dalla caratteristica di essere eterne e immutabili.

Infatti il medioplatonico Plutarco di Cheronea, contemporaneo dell'imperatore Traiano, identifica le idee con l'intelligenza divina perché posti nella mente di Dio: "*Socrate e Platone ritengono le idee essenze separate dalla materia, e presenti nei pensieri e nelle immaginazioni di Dio, vale a dire dell'intelligenza*".[18] Anche in Alcinoo le idee sono considerate i pensieri di Dio e, in quanto tali, sono eterni e immutabili come Dio:

le idee sono i pensieri eterni e perfetti di Dio (...)

BURINI, *Gli apologeti greci*, Roma 2000, pp. 188-190. Cfr. anche G. OTRANTO, *La similitudine nel Dialogo di Giustino*, in "Vetera Christianorum" 11 (1974), pp. 73-75: sulla stessa linea di Taziano Giustino collega, come afferma Otranto, le immagini della parola e del fuoco attraverso il metodo della similitudine; G. GIRGENTI, *Teologia, cosmologia e antropologia di Giustino martire*, in "Rivista di filosofia neo-scolastica" 83 (1991), p. 60.

18 PLUTARCO, *Le massime dei filosofi* 882D. Ed. crit. F. DÜBNER, *Plutarchi. Scripta moralia*, vol. II, Parisiis 1890, col. 1075. Trad. di S. LILLA, *Introduzione al medioplatonismo*, Roma 1992, p. 17.

> se Dio è un'intelligenza e un essere intelligente,
> possiede dei pensieri, e questi sono eterni e
> immutabili.[19]

Infine Numenio di Apamea afferma che l'idea è una realtà intelligibile posta nella mente di Dio:

> se l'essenza e l'idea sono realtà intellegibili, e se
> si è ammesso che l'intelligenza è più originaria di
> esse ed è la loro causa, solo questa intelligenza
> risulta essere il bene.[20]

L'anonimo autore non esita ad applicare tale concezione al Verbo (Logos) che è principio eterno ed immutabile, perché dello stesso lignaggio del Padre. Questo concetto era stato, prima dell'anonimo autore, spiegato in maniera chiara dall'apologista Taziano. Egli, discepolo di Giustino, subendo l'influsso del medioplatonismo, aveva sottolineato che il Verbo è potenza razionale fin dall'eternità, in quanto era principio di ordine atemporale che preesisteva al mondo insieme al Padre:

> Il Signore di tutte le cose, essendo egli stesso
> principio sostanziale di ogni cosa, era solo
> poiché la creazione non era ancora avvenuta; di
> conseguenza, ogni potenza delle cose visibili ed
> invisibili era con lui (egli stesso principio
> sostanziale), ed egli aveva con sé tutte le cose
> grazie alla potenza del logos e il logos che era in
> lui venne alla luce.[21]

---

19 ALCINOO, *Didascalo* 163,9,30-34. Ed. crit. P. LOUIS – J. WHITTAKER, *Alcinoos. Enseignement des doctrines de Platon*, Paris 1990, p. 21. Trad. di S. LILLA, *Introduzione al medioplatonismo*, p. 32.

20 NUMENIO DI APAMEA, *frammento* 16. Ed. crit. E. DES PLACES, *Numénius. Fragments*, Paris 1973, p. 57. Trad. di S. LILLA, *Introduzione al medioplatonismo*, p. 101.

21 TAZIANO, *Discorso ai greci* 5,1. Ed. crit. E.J. GOODSPEED, *Die ältesten Apologeten, Texte mit kurzen Einleitungen*, p. 272. Trad. di C. BURINI, *I Padri Apologeti*, pp. 188-190. BURINI cosí traduce l'espresione greca λογική δυνάμει.

Pure Atenagora, precedentemente all'anonimo autore, aveva puntualizzato che il Verbo, nel primo stadio della sua generazione, era identico alla ragione (logos) e all'intelligenza (nous) del Padre fin dall'eternità:

> il Figlio di Dio è il Verbo del Padre nell'idea e nell'azione (...) poiché il Figlio è nel Padre e il Padre nel Figlio nell'unità e nella potenza dello Spirito, mente e verbo del Padre (è) il Figlio di Dio.[22]

Sempre prima dell'anonimo autore tale concetto viene di nuovo presentato da Teofilo, vescovo di Antiochia, il quale aveva precisato che il Verbo era fin dall'eternità immanente nel seno del Padre perché suo consigliere e, in quanto tale, era mente e pensiero: *"Prima che qualcosa esistesse, con questo (logos) si consigliava"*.[23]

L'autore dell'*A Diogneto* sia in XI,4 che in XI,5 si allontana anche dalla concezione della creazione del Logos dal nulla, affermata dagli gnostici basilidiani.[24] In tal senso nell'*A Diogneto* si ravvisano le prime tracce riguardanti la nozione origeniana della coeternità del Figlio rispetto al Padre, in quanto il Verbo era fin dall'eternità nella mente del Padre:

> Perciò noi non affermiamo, come alcuni eretici (si tratta dei valentiniani), che (...) né che il Padre ha creato il Figlio dal nulla (...) sí che c'è stato un tempo in cui il Figlio non è esistito.[25]

---

[22] ATENAGORA, *Supplica ai cristiani* 10,2. Ed. crit. E.J. GOODSPEED, *Die ältesten Apologeten. Texte mit kurzen Einleitungen*, p. 324. Trad. di C. BURINI, *Gli apologeti greci*, pp. 261-262.

[23] TEOFILO, *ad Autolico* II,22. Ed. crit. R.M. GRANT, *Theophilus of Antioch. Ad Autolycum*, Oxford 1970, p. 62. Trad. di C. BURINI, *Gli apologeti greci*, p. 407.

[24] Cfr. Per tale argomento IPPOLITO, *Confutazione di tutte le eresie* VII,22,2. Ed. crit. P. NAUTIN, *Hippolyte. Contre les hérésies*, Paris 1949, pp. 247-249.

[25] Cfr. ORIGENE, *Principi* IV,4,1. Ed. crit. H. CROUZEL - M.

L'anonimo autore si pone sulla stessa linea di Giustino, il quale, nel *Dialogo con Trifone,* aveva mostrato al suo interlocutore che il Verbo è eterno perché generato da Dio per sua volontà:

> Come principio prima di tutte le creature Dio ha generato da se stesso una potenza razionale che lo Spirito Santo chiama (...) Figlio (...). I vari appellativi infatti le vengono dal fatto di essere al servizio della volontà del Padre e di essere stata generata dalla volontà del Padre.[26]

Non è neanche fuori luogo sostenere che nell'*A Diogneto* è sottintesa la polemica contro l'eresia gnostico-monarchiana, secondo la quale il Figlio era uno dei modi dell'essere del Padre, senza essere da Lui distinto come realtà autocosciente. L'autore dell'*A Diogneto* in 8,9, sottolineando che tra Padre e Figlio intercorre una comunicazione autocosciente, mostra a Diogneto che il Figlio è partecipe del Padre come essere distinto dal Padre e al contempo unito al Padre perché del suo stesso rango. Per rendere meglio comprensibile tale concetto è opportuno, a tal riguardo, citare il *Dialogo con Trifone* dove Giustino spiega al suo interlocutore, contro gli avversari di tendenza monarchiana, che il Figlio è distinto numericamente e non per nome dal Padre:

> Che poi questa potenza che la parola profetica (...) chiama anche Dio e angelo non si distingua solo di nome, come la luce del sole, ma sia numericamente distinta, (...) (128,4) (...) la parola mostrava che questo rampollo era stato generato dal Padre prima di qualunque creatura,

---

SIMONETTI, *Origène. Traité des principes,* t. III, Paris 1980, p. 400. Trad. di M. SIMONETTI, *I Principi di Origene,* Torino 1968, pp. 542-543.

26 GIUSTINO, *Dialogo con Trifone* 61,1. Ed. crit. E.J. GOODSPEED, *Die ältesten Apologeten, Texte mit kurzen Einleitungen,* p. 166. Trad. di G. VISONÁ, *Dialogo con Trifone,* p. 217.

e ciò che è generato è numericamente distinto da
ciò che genera (...) (129,4).²⁷

A tal proposito l'autore dell'*A Diogneto* si pone in una posizione pressoché diversa rispetto a Giustino e agli altri apologisti: anche se in un certo senso Giustino, affermando che il Figlio è numericamente distinto dal Padre, vuole far osservare a Trifone che il logos è distinto dal Padre in funzione della creazione, l'autore dell'*A Diogneto*, sottolineando la interrelazione tra Padre e Figlio, mette in rilievo più che l'unità del Figlio rispetto al Padre la sua distinzione, distinzione che è vista non tanto in funzione della creazione ma in funzione della partecipazione ontologica del Figlio col Padre fin dall'eternità. Quindi l'anonimo autore, nel mentre salvaguarda l'unità del Padre nei confronti del Figlio in quanto il Padre comunica tutto al Figlio, salvaguarda anche la distinzione del Figlio dal Padre, in quanto il Figlio come soggetto autonomo è compartecipe insieme al Padre del piano divino di salvezza che il Padre ha comunicato solo a Lui fin dall'eternità, senza per questo escludere che la distinzione del Figlio dal Padre sia anche strettamente connessa e finalizzata alla creazione del mondo.

1.1.2. Il Logos demiourgos

L'ignoto autore impiega anche il titolo di demiurgo (δημιουργός):

> È stato veramente Dio in persona, l'Onnipotente, il creatore di tutto, l'invisibile, proprio lui, che dai cieli ha insediato e solidamente fissato nei loro cuori la verità e la parola (λόγον) santa e incomprensibile agli uomini; non come qualcuno

---

27 GIUSTINO, *Dialogo con Trifone* 128,4-129,4. Ed. crit. E.J. GOODSPEED, *Die ältesten Apologeten, Texte mit kurzen Einleitungen*, pp. 250-251. Trad. di G. VISONÁ, *Dialogo con Trifone*, pp. 362-363.

potrebbe immaginare, inviando agli uomini un subalterno, un angelo o un arconte, uno di coloro che governano le cose terrene o ai quali è affidata l'amministrazione del cielo, bensí proprio l'artefice e l'ordinatore dell'universo (δημιουργόν).[28]

Il termine *δημιουργός*, etimologicamente parlando, denota l'attività di colui che forma il mondo ed ha, rispetto al verbo *κτίζειν*, un senso tecnico e manuale più che "*mentale e volitivo*".[29] L'ignoto autore, impiegando il termine *δεμιουργός*, si richiama, come afferma Tanner,[30] al platonismo e al medioplatonismo, dove appunto l'attività demiurgica è demandata all'artefice del mondo che, partecipando dell'intelligenza del Padre, è egli stesso razionale (logos). Egli viene ad essere un dio secondo rispetto al Dio primo e sommo che, quando emette qualcosa di sé, manifesta la sua rigogliosa identità nel generare necessariamente e non per un atto libero di volontà un essere a lui inferiore.[31] Infatti col termine demiurgo Platone designa colui che forma la materia guardando al modello originario, che diviene per lui un esemplare in quanto il demiurgo è a questo inferiore.[32] Il demiurgo quindi per Platone è il dio-padre, artefice del mondo che imita il modello eterno e intelligibile nell'ordinare la materia

---

28 *A Diogneto* 7,2. Ed. crit. H.I. MARROU, *A Diognète*, p. 66. Trad. di E. NORELLI, *A Diogneto*, p. 101.

29 Cfr. W. FOERSTER, κτίζω, in *GLNT*, vol. V, Brescia 1967, col. 1302.

30 R.G. TANNER, *The Epistle to Diognetus and Contemporary Greek Thught*, in "Studia Patristica" 15 (1984), pp. 503-504.

31 Per tale concetto cfr. E. Von IVANKA, *Platonismo cristiano*, Milano 1992, pp. 50-53.96-98.

32 Cfr. PLATONE, *Timeo* 28c-33b. Ed crit. I. BURNET, *Platonis Opera*, Oxonii 1954, pp. 28-33; ALCINOO, *Didascalo* 167,15-19.169,35-37. Ed. crit. P. LOUIS – J. WHITTAKER, *Alcinoos. Enseignement des doctrines de Platon*, pp. 27.32. Trad. di S. LILLA, *Il medioplatonismo*, p. 34.

preesistente per formare il mondo.

Nel medioplatonismo il demiurgo è identificato col dio secondo ed è inferiore al Padre perché ha il compito di ordinare razionalmente la materia, guardando le idee poste nella mente del dio superiore. Infatti in Alcinoo il demiurgo è colui che pone ordine nella materia guardando le idee:

> Anche l'opera più bella, l'universo, è stata necessariamente fabbricata da Dio, che ha guardato la sua idea, il modello di quest'universo, sua immagine; reso simile a questa idea; esso fu fabbricato dal demiurgo che giunse a formarlo secondo una meravigliosa provvidenza e regola, perché era buono (...) Dio non fabbrica l'anima del mondo che esiste da sempre, ma l'adorna: in tal senso è detto che la fabbrica.[33]

Anche in Numenio il demiurgo è colui che ordina la materia contemplando il Dio sommo:

> cosí il demiurgo, legata con l'armonia la materia perché non si rompa e non vada alla deriva, resta fisso sopra di essa, come se si trovasse su di una nave sul mare; e dirige l'armonia, pilotandola per mezzo delle idee. Invece di guardare il cielo, guarda il dio superiore.[34]

Inoltre Numenio afferma che il secondo dio, fabbricatore dell'universo, possiede un'essenza diversa da quella del primo dio, perché è inferiore per grado al primo dio: "*una è l'essenza del primo dio, ed un'altra quella del secondo*

---

[33] ALCINOO, *Didascalo* 167,12,5-15.169,14,35-40. Ed. crit. P. LOUIS – J. WHITTAKER, *Alcinoos. Enseignement des doctrines de Platon*, pp. 27.32. Trad. di S. LILLA, *Il medioplatonismo*, p. 34.

[34] NUMENIO DI APAMEA, *frammento* 18. Ed. crit. E. DES PLACES, *Numenius. Fragments*, pp. 58-59. Trad. di S. LILLA, *Il medioplatonismo*, pp. 105-106.

dio".³⁵ Se è vero che l'autore dell'*A Diogneto* impiega il termine demiurgo, mutuato dal medioplatonismo, in quanto per i medioplatonici il demiurgo ha la facoltà di ordinare l'universo come in *A Diogneto* 7,2, è altrettanto vero affermare che questo per l'autore dell'*A Diogneto* non è un dio secondo come per i medioplatonici in quanto non è per grado diverso dal Padre. Egli non è inferiore al Padre, anzi il Verbo viene denominato, sull'orma di Gv 17,17, coi titoli cristologici di logos e verità, termini che tra loro sono interconnessi, come afferma del resto a tal proposito anche Liehnard.³⁶

Anche nella gnosi valentiniana il termine demiurgo viene ad indicare il dio inferiore che plasma la materia per darle un ordine; ma diversamente dalla concezione platonica, secondo la quale il demiurgo ordina la materia contemplando le idee, per la gnosi invece il demiurgo è un essere che, decaduto dalla sostanza pneumatica, - decadimento causato dal fallo della stessa sostanza divina pleromatica, - è stato emesso dalla Madre a sua insaputa avendolo posto come ordinatore della materia:

> Tutte queste creazioni il demiurgo s'immaginò che le produceva da se stesso, ma in realtà non faceva che realizzare le produzioni di Achamoth (...). La causa di una tale presunzione fu la Madre, che decise di produrlo come testa e principio (ἀρχήν) della sua sostanza e come signore di tutta l'opera di fabbricazione.³⁷

---

35 NUMENIO DI APAMEA, *frammento* 16. Ed. crit. E. DES PLACES, *Numenius. Fragments*, p. 57. Trad. di S. LILLA, *Introduzione al medioplatonismo*, p. 103.

36 J.T. LIEHNARD, *The Christology of the Epistle to Diognetus*, in "Vigiliae Christianae" 24 (1970), p. 282.

37 Cfr. M. SIMONETTI, *Testi gnostici*, pp. 307ss.;337ss.; IRENEO, *Contro le eresie* I,5,3. Ed. crit. A. ROUSSEAU – L. DOUTRELEAU, *Irénée de Lyon. Contre les hérésies*, pp. 80-82. M. SIMON, *Les sectes*

L'autore dell'*A Diogneto* si avvale del termine demiurgo per far osservare a Diogneto che il Verbo è demiurgo perché è l'ordinatore della materia e, in quanto tale, non è un dio inferiore al Padre cosí come reputavano Platone e i medioplatonici, nonché la falsa gnosi ma è il Figlio che Dio stesso ha generato fin dal principio prima di tutte le creature, in quanto sussisteva nel Padre come un essere razionale.

L'autore dell'*A Diogneto* prende le distanze anche dalla filosofia stoica, secondo la quale il logos permea la materia eternamente esistente - e, scorrendo in essa, la ordina assumendo molteplici forme - per il fatto che il Verbo ordina la materia creata dal nulla, in quanto opera delle sue mani.

Il *Discorso ai Greci* di Taziano è un testo significativo per comprendere tale concetto. Egli, controbattendo la dottrina del materialismo panteistico, per la quale la materia è eterna in quanto si identifica col logos principio divino razionale, afferma che il Verbo, generato dalla volontà di Dio, non si identifica con la materia ma la ordina perché creata da Dio dal nulla per mezzo del Figlio (logos):

> La materia infatti non è senza principio come lo è Dio, né a causa dell'essere senza principio è come Dio nella potenza, ma è generata e non è creata da altri, originata dall'unico creatore di tutte le cose.[38]

---

juives au temps de Jesus, Paris 1960, p. 81: Simon afferma che Giustino in 128,4 combatte i meristi che conferiscono al logos il carattere di una ipostasi: "*l'individualizzano al punto di farne una grandezza distinta da Dio*". Per la concezione di Dio nello gnosticismo cfr. anche S. GASPARRO, *Dio nello gnosticismo*, in S.A. PANIMOLLE (a cura di), *Dizionario di spiritualità biblico-patristica*, vol. 14: *Dio nei padri della chiesa,*, Roma 1996, pp. 66-81.

38 TAZIANO, *Discorso ai greci* 5,1-2. Ed. crit. E.J. GOODSPEED, *Die ältesten Apologeten. Texte mit kurzen Einleitungen*, p. 272. Trad. di C. BURINI, *Gli apologeti greci*, pp. 188-190.

Un altro testo utile per riflettere su questo argomento è il *Dialogo con Trifone*, dove Giustino afferma che il Verbo non procede dalla materia per creare il mondo, perché è per mezzo di Lui che Dio crea la materia e quindi tutte le cose:

> È invece questo rampollo, veramente emesso dal Padre prima di tutte le creature, che era presente con il Padre, ed è a Lui che il Padre si rivolge, (...) poiché proprio lui era stato generato da Dio come principio prima di tutte le creature e come rampollo, che Salomone chiama Sapienza.[39]

Un'eco simile risuona in Teofilo di Antiochia, il quale appunto spiega che il Verbo crea e successivamente ordina per atto libero la materia, senza essere mosso da alcuna coazione di ordine esterno in quanto la materia è creazione stessa del Logos:

> Giovanni quando dice: "In principio era il Verbo, e il Verbo era presso Dio", dimostrando che in principio esisteva solo Dio e in Lui il Verbo. Poi dice: " e Dio era il Verbo, per mezzo di lui furono tutte le cose e niente fu fatto senza di lui." (...). Il Verbo è Dio e da Dio generato. (Dio) creò ogni cosa dal nulla. (...) 10. ma essendo egli stesso luogo a se stesso e di nulla bisognoso ed esistendo prima dei secoli, volle creare l'uomo dal quale fu conosciuto: per lui ha costituito prima di tutto il mondo. Infatti colui che è creato è bisognoso, mentre di nulla ha bisogno colui che è ingenerato.[40]

---

39 GIUSTINO, *Dial.* 62,4. Ed. crit. E.J. GOODSPEED, *Die ältesten Apologeten, Texte mit kurzen Einleitungen*, p. 168. Trad. di G. VISONÁ, *Dialogo con Trifone*, p. 221.
40 TEOFILO, *ad Autolico* II,22.10. Ed. crit. Ed. crit. R.M. GRANT, *Theophilus of Antioch. Ad Autolycum*, Oxford 1970, p. 62-64.38. Trad. di C. BURINI, *Gli Apologeti greci*, pp. 407.391. Cfr. anche ATENAGORA, *Supplica ai cristiani* 10,2-3: *"Dal principio Dio, mente eterna aveva in se*

Nell'*A Diogneto* si riflette il pensiero dell'apostolo Giovanni, per il quale tutte le cose sono state fatte per mezzo del Verbo (Gv 1,1-4). Anche in Colossesi 1,15-18 il Verbo è denominato principio della creazione per il fatto che tutte le cose ricevono la vita da Lui, in quanto il Padre lo ha generato fin dall'eternità in vista della creazione. Parallelamente a Giovanni e a Paolo, il finalismo cosmologico riecheggia anche nell'*A Diogneto*. Infatti in 7,2 l'ignoto autore precisa che il Verbo ha il ruolo di intermediario nella creazione del mondo:

> (...) per mezzo del quale ha creato i cieli, per mezzo del quale ha racchiuso il mare nei suoi confini, colui i cui misteri tutti gli elementi custodiscono fedelmente e dal quale il sole ha ricevuto le misure da rispettare nel suo corso quotidiano, lui al quale obbedisce la luna quando egli le comanda di brillare la notte (...) lui, dal quale ogni cosa è stata (...) sottomessa, i cieli e quanto si trova nei cieli, la terra e quanto si trova sulla terra, il mare e quanto si trova nel mare (...).[41]

Pertanto l'anonimo autore chiarisce a Diogneto che il Logos è l'ordinatore del mondo e, in quanto tale, esplica la sua azione strumentale a servizio del Padre.

La pari dignità del Verbo rispetto al Padre durante l'azione ordinatrice del mondo è messa in rilievo nell'*A Diogneto* perché tutto è sottomesso al Verbo, in quanto Egli stesso ha dato al sole il suo corso e ha permesso alla luna e alle stelle di brillare. Il motivo dell'obbedienza della luna e

---

stesso il Verbo, essendo razionale (λογικός) in eterno". Ed. crit. E.J. GOODSPEED, *Die ältesten Apologeten, Texte mit kurzen Einleitungen*, p. 324. Trad. di C. BURINI, *Gli apologeti greci*, pp. 261-262.

[41] *A Diogneto* 7,2. Ed. crit. H.I. MARROU, *A Diognète*, pp. 66-68. Trad. di E. NORELLI, *A Diogneto*, p. 101.

degli astri era già presente nella prima lettera di Clemente.[42] Tale motivo ricorre anche in Aristide.[43]

Per il concetto della sottomissione di tutte le cose al Verbo l'anonimo autore si rifà alla teologia paolina di 1Cor 15,27 dove è esplicito il riferimento al Figlio, al quale sono sottomesse tutte le cose del cielo e quelle della terra. Mentre l'apostolo dà al versetto un senso escatologico, nell'*A Diogneto* il senso è in ordine alla creazione. Questo sembra dunque una peculiarità dell'*A Diogneto*. Solo nell'*A Diogneto* le cose create sono sottomesse al Verbo, mentre negli altri scritti cristiani è preponderante la visione antropocentrica della creazione.

Restando sempre nell'ambito di tale cornice l'autore dell'*A Diogneto* rafforzerebbe con tale motivo il concetto della regalità del Verbo, riconosciuto come tale da tutte le potenze celesti e terrestri. Pertanto l'azione ordinatrice del Verbo all'inizio della creazione non è da ascriversi alla sua inferiorità nei confronti del Padre, ma alla eguaglianza nei confronti del Padre in quanto anche il Padre viene denominato in *A Diogneto* 8,7 col titolo di demiurgo:

> Dio infatti, il padrone e creatore (δημιουργός) dell'universo, che ha fatto tutte le cose e le ha disposte secondo un ordine, si è mostrato (...).[44]

La pari dignità del Figlio nei confronti del Padre, che ha disposto tutto insieme al Figlio, viene rilevata in *A Diogneto* anche in 9,1, dove appunto col termine δημιουργῶν l'autore designa l'organizzazione del piano di salvezza che il Verbo prepara prima della sua venuta nella carne: "(...) *ma perché organizzava* (δημιουργῶν) *il periodo presente della*

---

42 Vedi CLEMENTE ROMANO, *Lettera ai Corinti* I,20,2-3. Ed crit. A. JAUBERT, *Clément de Rome. Épître aux Corinthiens*, Paris 2000, p. 134.

43 ARISTIDE, *Apologia* 4,2-5,1-4. Ed. crit. E.J. GOODSPEED, *Die ältesten Apologeten, Texte mit kurzen Einleitungen*, pp. 6-7.

44 *A Diogneto* 8,7. Ed. crit. H.I. MARROU, *A Diognète*, p. 70. Trad. di E. NORELLI, *A Diogneto*, p. 108.

giustizia (...)".⁴⁵ In *A Diogneto* 9,1 l'attività demiurgica del Verbo riveste più che un significato manuale e tecnico un significato formale: il Verbo espleta la sua attività di ordinatore dell'universo non solo creando e organizzando il cielo e la terra e tutto quanto è in essi, come l'anonimo autore aveva già affermato in 7,2 e in 8,5, ma, essendo causa formale di tutto ciò che esiste, prepara il futuro tempo della giustizia che si realizzerà nel mondo con la sua venuta storica, in quanto Egli stesso vuole salvare l'umanità dal peccato. Umanità che era sprofondata nel peccato nel tempo precedente la sua venuta. In tal senso il termine *δημιουργός* acquista un duplice significato a partire dall'azione formale e volitiva del Verbo: egli è principio della creazione in quanto è non solo organizzatore della materia, ma anche della giustizia.

In 9,5 il termine *δημιουργία* esplica l'azione salvifica del Verbo:

> O dolce scambio, o impenetrabile opera (δημιουργία), o benefici inattesi: che il crimine di molti si eclissasse in un solo giusto, e la giustizia di uno giustificasse molti criminali.⁴⁶

Anche in 9,5 tale accezione denota un significato salvifico in riferimento all'azione formale e redentrice del Verbo: il Verbo realmente ha distrutto il peccato dell'umanità con la sua morte e risurrezione, perché cosí ha voluto fin dall'eternità insieme al Padre.

Inoltre l'anonimo autore sottolinea in 10,2 che il motivo, per cui Dio ha creato il mondo, è l'agape:

> Dio infatti ha amato (ἠγάπησεν) gli uomini: per essi ha fatto il mondo, (...) essi ha plasmato

---

45 *A Diogneto* 9,1. Ed. crit. H.I. MARROU, *A Diognète*, p. 72. Trad. di E. NORELLI, *A Diogneto*, p. 113.

46 *A Diogneto* 9,5. Ed. crit. H.I. MARROU, *A Diognète*, p. 74. Trad. di E. NORELLI, *A Diogneto*, p. 114.

(ἔπλασε) dalla (ἐκ) propria immagine, a essi ha inviato il suo Figlio Unigenito (...).[47]

L'agape in *A Diogneto* 10,2 diviene il motivo della creazione perché il mutuo amore che sussisteva tra Padre e Figlio, prima dell'inizio della creazione, si rende concretamente visibile nell'azione mediatrice del Figlio che crea il mondo per gli uomini, i quali sono stati plasmati a Sua immagine. L'autore dell'*A Diogneto* in 10,2, riprendendo il significato biblico di εἰκών,[48] precisa che Dio plasmò l'uomo dalla (ἐκ) propria immagine e non secondo (κατά) la propria immagine.

La preposizione ἐκ indica piuttosto la provenienza di una cosa dall'interno di un altra che non la provenienza di una cosa da un luogo lontano.[49] Quindi l'autore dell'*A Diogneto* ha scelto la particella ἐκ, indicante il movimento che dall'interno si dirige verso l'esterno, per esprimere la partecipazione diretta del Figlio invisibile nella plasmazione dell'uomo creato a immagine di Dio, ossia di Cristo invisibile. Un pensiero simile si riscontra in Teofilo di Antiochia, il quale, interpretando il plurale "*facciamo*" di Gen 1,26 riferito al Verbo, sottolineava che, fin dalla creazione del mondo, il Verbo invisibile era presente e, insieme al Padre, creavano l'uomo a immagine di Dio, ossia del Verbo:

> Ancora di più, come se fosse bisognoso di aiuto, Dio dice: "Faremo l'uomo ad immagine (κατ εἰκόνα) e somiglianza" e a nessun altro ha detto "Faremo" se non al suo stesso Verbo e alla

---

47 *A Diogneto* 10,2. Ed. crit. H.I. MARROU, p. 76. Trad. di E. NORELLI, *A Diogneto*, p. 117.

48 Cfr. Gen 1,26.

49 ἐκ, in P. CHANTRAINE, *Dictionnaire ètymologique de la langue grecque*, vol. I, Paris 1990, col. 352.

sua sapienza.⁵⁰

Pertanto l'anonimo autore fa osservare a Diogneto, sulla scia della tradizione asiatica che ha il suo massimo rappresentante in Ireneo, che il Verbo all'inizio della creazione del mondo modellava l'uomo a Sua immagine perché, come esprime bene Ireneo, lo formava con le sue proprie mani: "*L'uomo plasmato all'inizio per mezzo delle mani di Dio, cioé il Figlio e lo Spirito, diviene a (κατά) immagine e somiglianza di Dio*".⁵¹

L'autore dell'*A Diogneto*, facendo seguire in 10,2 alla plasmazione dell'uomo dalla (ἐκ) immagine di Dio la venuta storica del Verbo che all'inizio della creazione del mondo plasmava l'uomo a Sua immagine, fa intuire al suo interlocutore che il Verbo ha creato gli uomini a Sua immagine perché Dio lo ha generato a Sua immagine. Egli cosí si pone in linea con Ireneo, il quale rileva che, ancora prima della incarnazione, il Figlio ha creato l'uomo a Sua immagine: "*Egli fece l'uomo a immagine di Dio. Anche l'immagine di Dio è il Figlio, a immagine del quale fu fatto l'uomo*".⁵² Quindi per l'autore dell'*A Diogneto* il Verbo è l'ordinatore del mondo perché plasmava l'uomo dalla (ἐκ) propria immagine in vista della sua futura incarnazione. Diviene pertanto comprensibile nell'*A Diogneto*, nella stessa prospettiva di Ireneo, che l'uomo è stato plasmato

---

50 TEOFILO DI ANTIOCHIA, *ad Autolico* II,18. Ed. crit. R.M. GRANT, *Theophilus of Antioch. Ad Autolycum*, p. 56. Trad. di C. BURINI, *Gli apologeti greci*, Roma 1986, p. 402; IRENEO, *Contro le eresie* V,28,4. Ed. crit. A. ROUSSEAU - L. DOUTRELEAU - Ch. MERCIER, *Irénée de Lyon. Contre les hérésies*, Paris 1969, p. 361.

51 IRENEO, *Contro le eresie* V,28,4. Ed. crit. A. ROUSSEAU - L. DOUTRELEAU - Ch. MERCIER, *Irénée de Lyon. Contre les hérésies*, p. 361. Trad. di E. BELLINI, *Ireneo di Lione. Contro le eresie e gli altri scritti*, Milano 1979, p. 466.

52 IRENEO, *Dimostrazione della predicazione apostolica* 22. Ed. crit. A. ROUSSEAU, *Irénée de Lyon. Démonstration de la prédication apostolique*, Paris 1995, p. 114.

concretamente dalla (ἐκ) immagine di Dio, ovvero di Cristo, perché è stato creato in conformità all'immagine che il Verbo assumerà in futuro nella carne.[53]

In tale quadro, per l'autore dell'*A Diogneto,* il Logos ha il ruolo primordiale di essere l'intermediario tra Dio e il mondo anche in rapporto all'uomo, perché lo ha plasmato a Sua immagine a motivo della sua futura e reale incarnazione tra gli uomini alla pienezza dei tempi. A partire da tale ottica quindi in *A Diogneto* 10,2 traspare il pensiero di Tertulliano, il quale esplicita che Dio ha creato l'uomo a immagine di Colui che ha impresso la sua caratteristica nel plasma, ossia a immagine del futuro Verbo incarnato:

> Dio tutto quanto occupato e interessato in questo fango, con la mano, con l'intelligenza, con l'attività, con il pensiero, con la sapienza, con la provvidenza, e soprattutto con quell'affetto che gli dettava i lineamenti: ché qualunque fosse la forma in cui veniva effigiato quel fango, in esso veniva pensato Cristo, che sarebbe divenuto uomo, cioé fango, e veniva pensato il Verbo, che sarebbe divenuto carne, che allora era terra.[54]

A tal riguardo è da sottolineare che per l'autore dell'*A Diogneto* la plasmazione dell'uomo ad opera del Verbo è strettamente correlata alla venuta storica del Figlio, per il fatto che il Verbo ha impresso all'origine nell'uomo la Sua immagine affinché l'uomo, attraverso la Sua venuta nella carne, divenga a Lui simile. Pertanto l'ignoto autore si pone

---

53 IRENEO, *Contro le eresie* V,16,2. Ed. crit. A. ROUSSEAU - L. DOUTRELEAU - Ch. MERCIER, *Irénée de Lyon. Contre les hérésies*, p. 217.
54 TERTULLIANO, *La resurrezione dei morti* 6,3. Ed. crit. E. EVANS, *Q. Septimii Florentis Tertulliani. De Resurrectione carnis liber. Tertullian's Treatise on the resurrection*, London 1960, p. 18. Trad. di C. MORESCHINI, *Opere scelte di Quinto Settimio Florente Tertulliano*, Torino 1974, p. 785.

in sintonia con Ireneo, per il quale il motivo dell'incarnazione del Verbo è uno dei punti cardine della sua teologia dal momento che, grazie alla Sua incarnazione, l'uomo viene reso partecipe dell'amore del Verbo e al contempo ne diviene suo figlio adottivo:

> Ma quando il Verbo di Dio si fece carne, confermò l'una e l'altra cosa: mostrò veramente l'immagine, divenendo egli stesso ciò che era la sua immagine, e ristabilì saldamente la somiglianza, rendendo l'uomo simile al Padre invisibile attraverso il Verbo che si vede.[55]

Nell'*A Diogneto* quindi si scorge il pensiero di Ireneo, il quale sostiene che l'uomo diviene simile a Dio nel Verbo, somiglianza che era stata impressa dal Verbo, fin dall'inizio della creazione del mondo, nell'uomo che il Verbo aveva plasmato a sua immagine.

Nell'*A Diogneto* pertanto il termine δημιουργός assume un triplice significato: in 7,2, in 8,5 e in 10,2 il Verbo, generato prima di tutte le creature, non solo ordina tutto ciò che è nei cieli e sulla terra, ma plasma l'uomo secondo la Sua immagine, mentre in 9,1.5 il Verbo ordina il mondo organizzando non solo, nel tempo precedente la sua venuta, il futuro regno messianico che è regno di giustizia, ma realizzandolo attraverso la sua opera redentrice, a partire dal tempo della sua venuta storica fino alla fine dei tempi.

1.1.3. *Il Logos technites*

L'autore dell'*A Diogneto* denomina in 7,2 il Verbo col titolo di τεχνίτης, dizione che precede quella di demiurgo:

---

55 IRENEO, *Contro le eresie* V,16,2. Ed. crit. A. ROUSSEAU - L. DOUTRELEAU - Ch. MERCIER, *Irénée de Lyon. Contre les hérésies*, p. 217. Trad. di E. BELLINI, *Ireneo di Lione. Contro le eresie e gli altri scritti*, Milano 1979, p. 442.

"*Bensí proprio l'artefice* (τεχνίτην) *e l'ordinatore dell'universo* (δημιουργόν)".[56] Il termine τεχνίτης, che nel suo significato etimologico esprime colui che svolge la sua attività con arte,[57] implica, riferito al Verbo, una indiscussa superiorità su tutte le cose, in quanto il Verbo nella sua mente le ha formate con arte. In tal senso il Verbo è un artista e ordina conseguentemente la materia perché Egli stesso era l'architetto, avendo disposto tutto con sapienza insieme al Padre fin dall'eternità.

Tale concetto è presente nel *Dialogo con Trifone,* dove Giustino ci spiega che il Verbo, prima della creazione del mondo, aveva disposto il piano divino di salvezza essendo sapienza del Padre:

> Come principio prima di tutte le creature Dio ha generato da se stesso una potenza (...) che lo Spirito Santo chiama Sapienza (...) è Lui che è Verbo, Sapienza (...) (Dial. 61,1.3).[58]

L'autore dell'*A Diogneto* si avvale del termine τεχνίτης, termine con cui l'autore del Libro della Sapienza denomina l'essere proprio di Dio: "*Dai beni visibili non riconobbero colui che è, non riconobbero l'artefice* (τεχνίτην), *pur considerandone le opere* (Sap 13,1)".[59] L'autore dell'*A Diogneto* in 7,2 pone *technites* prima di demiurgo perché il Verbo è l'artefice che ordina la materia

---

56 Ed. crit. H.I. MARROU, *A Diognète,* p. 66. Trad. di E. NORELLI, *A Diogneto*, p. 101.

57 Cfr. Τεχνίτες in G.W.A. Lampe, *A Patristic Greek,* Oxford 1961, col. 1302; τεχνίτες in H.G. Liddel-R. Scott, *A Greek English Lexicon*, Oxford 1968, col. 1785.

58 Ed. crit. E.J. GOODSPEED, *Die ältesten Apologeten, Texte mit kurzen Einleitungen,* p. 166. Trad. di G. VISONÁ, *Dialogo con Trifone*, pp. 217.218.

59 Sap 13,1. Cfr. Anche FILONE, *De Congressu Eruditionis gratia* 105. Ed. crit. M. ALEXANDRE (ed.), *Philo Alexandrinus. De Congressu Eruditionis gratia*, Paris 1967, p. 176.

secondo un suo sapiente progetto che ha comunicato solo al Padre. Non è fuori luogo affermare pertanto che il titolo di technites, conferito al Verbo dall'anonimo autore, possa essere un espediente opportuno per far osservare a Diogneto la pari dignità del Verbo nei confronti del Padre, dato che alcuni autori cristiani, pressoché contemporanei al tempo in cui visse l'autore dell'*A Diogneto*, denominano con tale titolo il Padre che, come il Figlio, è artefice del mondo: in particolare Atenagora afferma che Dio è l'artefice dell'universo.[60]

Rispetto a demiurgos che implica un significato materiale e tecnico, technites implica più un significato volitivo e formale che materiale, in quanto il Verbo prima di organizzare la materia in qualità di demiurgo è artefice ($τεχνίτης$) in quanto postula secondo un proprio sapiente progetto, ancora prima della creazione del mondo, la trama del mondo futuro. In tal senso l'autore dell'*A Diogneto*, accostando $τεχνίτης$ a $δημιουργός$, vuole far notare al suo interlocutore che lo stesso Verbo, dopo aver deciso insieme al Padre di creare il mondo, plasma la materia. In tale logica l'anonimo autore si allontana al contempo dalla concezione gnostica, per la quale invece l'artefice dell'universo non era il demiurgo che plasmava la materia, ma Sophia, la quale aveva dato al demiurgo l'ordine di organizzare la materia

---

60 ATENAGORA, *Supplica ai cristiani* 15,2. Ed. crit. E.J. GOODSPEED, *Die ältesten Apologeten, Texte mit kurzen Einleitungen*, p. 329. Trad. di C. BURINI, *Gli Apologeti greci*, Roma 2000, p. 268: "*Come infatti il vasaio e l'argilla (...) l'artista ($τεχνίτης$) è il vasaio – anche Dio è il demiurgo e la materia è a Lui sottomessa a seconda dell'arte ($πρὸς τήν τέχνην$)*". Cfr. anche ATENAGORA, *Supplica ai cristiani* 16,1. Ed. crit. E.J. GOODSPEED, *Die ältesten Apologeten, Texte mit kurzen Einleitungen*, pp. 329-330. ARISTIDE, *Apologia* 4,2. Ed. crit. E.J. GOODSPEED, *Die ältesten Apologeten, Texte mit kurzen Einleitungen*, p. 6. ORIGENE, *Contro Celso* 4,54. Ed. crit. M. BORRET, *Origène. Contre Celse*, t. II, Paris 1968, p. 324.

secondo un suo misterioso progetto a Lui inatteso.[61]

1.2. L'eziogenesi della venuta del Verbo

L'anonimo autore presenta in 9,1-2 i motivi, per i quali Dio non si è rivelato prima agli uomini. Infatti per l'autore dell'*A Diogneto* uno dei motivi per cui Dio non ha inviato suo Figlio prima agli uomini è stata la sua *macrothimia*:

> Dentro di sé sapeva dunque ogni cosa, avendola disposta insieme con suo Figlio. Per tutto il tempo precedente (χρόνου) però, permise che noi ci lasciassimo trasportare a nostro piacimento da impulsi disordinati, facendoci sviare dai piaceri e dai desideri: non certo perché si compiacesse dei nostri peccati, ma perché li sopportava, né perché approvasse il periodo (καιρῷ) passato (τότε) dell'iniquità, ma perché organizzava il periodo presente (νῦν) della giustizia, affinché, dopo che in quel primo periodo (τότε χρόνῳ) le nostre stesse opere ci avevano dimostrati indegni della vita, ora (νῦν) ne fossimo resi degni dalla benevolenza di Dio (χρηστότητος), e affinché, dopo aver manifestato l'incapacità da parte nostra, di entrare nel regno di Dio, ne divenissimo capaci grazie

---

[61] Cfr. M. SIMONETTI, *Testi gnostici*, p. 307ss.;337ss.; IRENEO, *Contro le eresie* I,5,3. Ed. crit. A. ROUSSEAU-L. DOUTRELEAU, *Irénée de Lyon. Contre les hérésies*, pp. 80-82. M. SIMON, *Les sectes juives au temps de Jesus*, Paris 1960, p. 81: Simon afferma che Giustino in 128,4 combatte i meristi che conferiscono al logos il carattere di una ipostasi: "*l'individualizzano al punto di farne una grandezza distinta da Dio*". Per la concezione di Dio nello gnosticismo cfr. anche S. GASPARRO, *Dio nello gnosticismo*, in S.A. PANIMOLLE (a cura di), *Dizionario di spiritualità biblico-patristica*, vol. 14: *Dio nei Padri della chiesa,*, Roma 1996, pp. 66-81. Per l'argomento cfr. anche E. NORELLI, *A Diogneto*, p. 104 n. 9.

> alla potenza di Dio. 2. Ma quando la nostra iniquità fu giunta al colmo e fu manifestato compiutamente che la ricompensa che se ne poteva attendere era castigo e morte, e quando fu venuto il momento (καιρός) a partire dal quale Dio aveva prestabilito di manifestare la propria benevolenza (χρηστότητα) e potenza (o sovrabbondante affetto (φιλανθρωπία) e amore (ἀγάπη) di Dio per gli uomini!), non ci odiò né ci respinse né ci serbò rancore, ma fu paziente (ἐμακροθύμησεν), sopportò (ἠνέσχετο), nella sua misericordia prese su di sé i nostri peccati, consegnò lui stesso il proprio Figlio in riscatto per noi (...).[62]

Tale motivo che in 9,1-2 è esplicitamente posto in relazione alla causa della ritardata venuta del Verbo nella carne, in 8,7 era già stato accennato a proposito della manifestazione di Dio agli uomini:

> Dio infatti il padrone e creatore dell'universo, che ha fatto tutte le cose e le ha disposte secondo un ordine, si è mostrato non solo pieno di amore per gli uomini (φιλάνθρωπος) ma anche longanime (μακρόθυμος).[63]

La *μακροθυμία* nel pensiero greco designava la virtù della pazienza.[64] Nell'antico Testamento tale termine è usato

---

62 *A Diogneto* 9,1-2. Ed. crit. H.I. MARROU, *A Diognète*, pp. 72-74. Trad. di E. NORELLI, *A Diogneto*, p. 113.

63 *A Diogneto* 8,7. Ed. crit. H.I. MARROU, *A Diognète*, p. 70. Trad. di E. NORELLI, *A Diogneto*, p. 108.

64 Cfr. J. HORST, **makroqum/a**, in *GLNT*, vol. VI, Brescia 1970, col. 1011-1014. Il medioplatonico Plutarco con tale termine indica la perseveranza e la costanza nel sopportare le avversità della vita al fine di raggiungere l'obiettivo prefissato: "*Lucullo li pregava, chiedendo di aver pazienza (**makroqum/an**) fin quando non avessero preso la Cartagine dell'Armenia e non avessero distrutto l'opera del più odioso nemico di Roma, cioè Annibale.*"

in riferimento a Dio che è longanime in quanto è lento all'ira perché usa misericordia su coloro che si pentono, mentre scatena la sua ira sui colpevoli che non hanno mostrato tale disposizione interiore.[65] Anche nella letteratura antico-giudaica[66] la longanimità di Dio è strettamente connessa alla sua giustizia, per cui Dio mostra la sua longanimità all'uomo allorquando l'uomo si converte perché non si scateni la sua ira.[67] Addirittura nella letteratura giudaico-rabbinica la longanimità di Dio viene misurata sulla base di una casistica concernente i meriti e le colpe dell'uomo.[68]

L'autore dell'*A Diogneto* si avvale di tale termine per rendere noto al suo interlocutore che Dio è stato paziente in quanto è restato fedele a se stesso ed è stato costante nel mantenere intatto il suo disegno di salvezza. Disegno di salvezza che il Padre ha comunicato solo al Figlio, al fine di rendere attuale la sua giustizia con la venuta del Figlio nella carne.

L'autore dell'*A Diogneto* afferma in 8,8 che Dio è stato fin dall'eternità immutabile nel suo essere: "*Egli, beninteso, sempre fu, è e sarà cosí: benevolo, buono, esente dall'ira, vero, il solo che è buono*".[69] Riallacciandosi all'*A Diogneto*

(Plutarco, *Lucullo* 32,4a.). Ed. crit. R. FLACELIÈRE – E. CHAMBRY, *Plutarque. Vies*, t. VII, Paris 1972, p. 105. Trad. di A. TRAGLIA, *Plutarchus. Vite di Plutarco*, Torino 1992, pp. 804-805. Per una sufficiente trattazione dell'argomento cfr. S. TAROCCHI, *Il Dio longanime: la longanimità nell'epistolario paolino*, Bologna 1993.

65 Cfr. J. HORST, μακροθυμία, in *GLNT*, vol. VI, Brescia 1970, col. 1014-1019.

66 Cfr. G. BOCCACCINI, *Il medio-giudaismo*, Genova 1993, pp. 42.47.

67 Per il concetto di μαχροθυμία sia nell'A.T. (Es 34,6ss.) che nell'antico giudaismo cfr. J. HORST, μαχροθυμία, in *GLNT*, col. 1014-1022.

68 Cfr. *Genesi Rabbà* 26,6. Ed. crit. H. FREEDMAN – M. SIMON – I. EPSTEIN, *Midrash Rabbah*, vol. I, London 1961, pp. 214-217. Per tale concetto cfr. anche J. HORST, μακροθυμία, in *GLNT*, vol. VI, col. 1022-1024.

69 *A Diogneto* 8,8. Ed. crit. H.I. MARROU, *A Diognète*, p. 70. Trad. di E.

8,7, dove appunto l'autore asserisce che Dio è longanime, si deduce che per l'autore dell'*A Diogneto* la μαχροθυμία di Dio è saldamente ancorata alla sua immutabilità. Non è fuori luogo sostenere che l'autore dell'*A Diogneto* abbia ripreso il concetto della immutabilità di Dio dal medioplatonismo.

Infatti tale motivo ricorre in Plutarco: "*l'essere, che è anche l'intelligibile e il bene, è infatti superiore alla corruzione e ai cambiamenti*".[70] Anche in Attico si ritrova lo stesso concetto: "*I pensieri di Dio sono anteriori alle cose, essi sono i modelli incorporei ed intelligibili delle cose che nascono, sono sempre identici e nello stesso stato*".[71] Partendo dal fatto che l'idea dell'immutabilità di Dio è di origine platonica, come nota il Wengst,[72] e anche medioplatonica l'autore dell'*A Diogneto* pare che abbia ripreso necessariamente tale concetto dal platonismo, motivo che, come nota pure Norelli, si riscontra ampiamente nella tradizione apologetica.[73] Infatti tale motivo è presente anche in Atenagora:

> Ma con gli stoici è possibile dire questo: se credete che l'unico Dio a tutti superiore sia ingenerato ed eterno e che (elementi) composti siano quelli su cui (avviene) la trasformazione della materia e dite che lo spirito di Dio, che penetra nella materia, a seconda delle trasformazioni di questa, muta il nome ora in un modo ora in un altro, le forme della materia

---

NORELLI, *A Diogneto*, p. 108.

70 PLUTARCO, *Iside e Osiride* 373A. Ed. crit. Ch. FROIDEFOND, *Plutarque. Oeuvres morales*, t. 5, Paris 1988, p. 226. Trad. di S. LILLA, *Introduzione*, p. 14.

71 ATTICO, *frammento* 9,5,40-43. Ed. crit. E. DES PLACES, *Atticus. Fragments*, Paris 1977, p. 69. Trad. di S. LILLA, *Introduzione*, p. 60.

72 K. WENGST, *Didache (Apostellehre), Barnabasbrief, Zweiter Klemensbrief, Schrift an Diognet*, Darmstadt 1984, pp. 295-296.329 n. 112.

73 Cfr. E. NORELLI, *A Diogneto*, p. 110 n. 11.

diventeranno corpo di Dio e quando gli elementi si distruggeranno nella conflagrazione è inevitabile che insieme alle forme siano distrutti anche i nomi, mentre rimarrà solo lo spirito di Dio. Se c'è un corruttibile cambiamento di questi corpi a causa della materia, chi potrebbe credere che essi sono dei?".[74]

Anche in Aristide, è presente tale concetto: "(...) *vero Dio, che è incorruttibile e inalterabile ed invisibile (...)*".[75]

L'autore dell'*A Diogneto,* quindi, si è servito di tale concetto per asserire che Dio è stato da sempre paziente all'ira e conseguentemente spiega al suo interlocutore il motivo del ritardo di Dio riguardo alla sua venuta tra gli uomini: Dio non è intervenuto prima nella storia perché, immutabile e buono nel suo essere, preparava l'era attuale della giustizia. Un'eco simile risuona nel *Protrettico* di Clemente Alessandrino, dove il concetto dell'immutabilità di Dio è legato a quello della bontà.[76] Su questo punto si è soffermato Norelli, per il quale

> l'autore riprende anche questo motivo non per una descrizione di Dio, ma al servizio del proprio argomento: se Dio è intervenuto tardi, non si può dire che in precedenza non fosse buono, perché è immutabile per definizione e la sua qualità fondamentale è sempre stata la bontà

---

74 ATENAGORA, *Supplica ai Cristiani* 22,5. Ed. crit. E.J. GOODSPEED, *Die ältesten Apologeten, Texte mit kurzen Einleitungen,* pp. 339-340. Trad. di C. BURINI, *Gli Apologeti greci*, p. 281.

75 ARISTIDE, *Apologia* 4,1. Ed. crit. E.J. GOODSPEED, *Die ältesten Apologeten, Texte mit kurzen Einleitungen,* p. 6. Trad. di C. ALPIGIANO, *Apologia di Aristide*, Firenze 1988, p. 66.

76 CLEMENTE ALESSANDRINO, *Protrettico* 69,3. Ed. crit. C. MONDÉSERT – A. PLASSART, *Clément d'Alexandrie. Le Protreptique*, pp. 134-135. Trad. di Q. CATAUDELLA, *Protrettico di Clemente Alessandrino*, Torino 1940, p. 148.

che ha manifestato a un certo momento.[77]

L'anonimo autore, trasponendo il termine $\mu\alpha\kappa\rho o\theta\upsilon\mu\acute{\iota}\alpha$ dal suo significato originariamente umano a quello divino, in quanto tale termine nell'*A Diogneto* è riferito a Dio, si discosta dal significato giudaico del termine *macrothimia* per il fatto che Dio mostra la sua pazienza non solo perché è misericordioso, ma perché non scatena la sua ira sull'umanità colpevole, anzi organizza per essa un piano di salvezza al fine di redimerla indipendentemente dalla sua adeguata disposizione interiore aperta al perdono. Pertanto l'autore dell'*A Diogneto* dà al termine *macrothimia* un senso che si avvicina più alla tradizione biblico-neotestamentaria. Infatti in Mt 18,27-29 viene instaurato un parallelismo tra la parabola del re che ha mostrato la sua longanimità nei confronti del servo, perché il re gli ha condonato il debito senza che il servo avesse denaro, e il Padre celeste che è definito longanime perché usa misericordia infinita a colui che ha mancato: in tal senso la *macrothimia* non consiste nel condonare il peccato dell'uomo ma nell'inesauribile fonte della grazia di Dio che dona e perdona (Mt 18,27-29). Anche per l'apostolo Paolo la macrothimia di Dio si esprime nella pazienza con cui Dio sopportava l'indurimento del cuore del Faraone e l'infedeltà di Israele (Rm 9,22). L'autore dell'*A Diogneto* si pone pressoché sulla stessa scia di Matteo, per il quale la macrothimia di Dio consiste nella sua infinita misericordia nei confronti dell'uomo, e anche dell'apostolo Paolo, per il quale la *macrothimia* indica la pazienza con cui Dio ha sopportato i peccati di Israele, anche se in Paolo la *macrothimia* è finalizzata agli uomini in vista della loro preparazione alla gloria escatologica.

L'autore dell'*A Diogneto*, per esprimere al suo interlocutore che Dio è paziente, si avvale anche dell'accezione verbale $\dot{\alpha}\nu\varepsilon\chi\acute{o}\mu\varepsilon\nu o\varsigma$. "*Non certo perché si*

---

[77] E. NORELLI, *A Diogneto*, p. 110 n. 11.

compiacesse dei nostri peccati, ma perché li sopportava (ἀνεχόμενος)".⁷⁸ L'autore dell'*A Diogneto* si avvale della voce verbale ἀνέχομαι, che nei LXX indica la pazienza di Dio,⁷⁹ per far osservare al suo interlocutore, in linea con l'apostolo Paolo, che Dio sopporta il peccato dell'umanità senza esigere da questa come contropartita il pentimento (Rm 2,4;3,26). Pertanto, diversamente sia dal senso anticotestamentario di *macrothimia*, per il quale Dio è lento all'ira su coloro che si pentono, mentre scatena la sua ira su coloro che non si pentono, sia dal senso neotestamentario di *macrothimia* per cui Dio è longanime in quanto si mostra pieno di misericordia perdonando i peccati dell'uomo indipendentemente dalla loro conversione interiore, il verbo ἀνέχομαι esprime piuttosto la pazienza di Dio nel sopportare la propria ira. In tal senso l'autore dell'*A Diogneto* riprende dall'apostolo Paolo il significato di ἀνέχομαι, significato che, sebbene si discosti tanto dal senso anticotestamentario che neotestamentario di macrothimia è complementare al primo, in quanto la macrothimia trae da ἀνέχομαι la pazienza con cui Dio sopporta i peccati dell'uomo. Pertanto i due termini sono tra loro complementari, per il fatto che l'infinita misericordia di Dio, che viene espressa col termine *macrothimia*, è strettamente connessa con la pazienza di Dio che sopporta i peccati dell'uomo: questi sono reciprocamente simili perché trovano la sua causa originaria nell'amore che Dio ha avuto per l'umanità.

In *A Diogneto* 9,2 strettamente apparentati al motivo della longanimità sono la *chrestotes* (benevolenza) e la *philanthropia* (affetto) di Dio nei confronti degli uomini. Il sostantivo *chrestos,* che alle origini del pensiero greco

---

78 *A Diogneto* 9,1. Ed. crit. H.I. MARROU, *A Diognète*, p. 72. Trad. di E. NORELLI, *A Diogneto,* p. 113.

79 Cfr. H. SCHLIER, ἀνέχω, in *GLNT*, vol. I, Brescia 1965, col. 966-67.

designava la benignità di un superiore nei confronti del suo servo,[80] passa in seguito a designare l'atteggiamento benevolo degli dei nei confronti dell'uomo. Secondo la testimonianza di Marco Antonino tale termine è applicato agli dei che mostrano agli uomini la loro benevolenza.[81]

L'autore dell'*A Diogneto* si avvale del termine *chrestos* per affermare che Dio si è mostrato longanime perché era benevolo nei confronti dell'umanità, per essa organizzava il suo piano di salvezza. Riecheggia pertanto nell'*A Diogneto* la concezione paolina della *chrestotes*, la quale precede la *macrothimia,* perché senza di essa Dio non può essere longanime: "*O ti prendi gioco della ricchezza della sua bontà (χρηστότητος), della sua tolleranza (ἀνοκῆς) e della sua pazienza (μαχροθυμίας)*" (Rm 2,4; Ef 4,32).

L'autore dell'*A Diogneto* quindi informa il suo interlocutore, in linea con l'apostolo Paolo il quale abbina alla *chrestotes* di Dio la *macrothimia*, che Dio è stato paziente perché era in sé buono ed ha manifestato questo suo atteggiamento nei confronti dell'uomo, organizzando il tempo presente della giustizia.

Pertanto per l'autore dell'*A Diogneto* il termine *chrestos* si identifica in 9,2 con l'azione salvifica di Dio che si manifesta nella venuta di Cristo, tramite il quale il Padre concretizza il suo progetto di salvezza. Anche in *A Diogneto* 8,5-8 l'autore, rilevando che a causa della sua benevolenza Dio ha permesso all'uomo di vedere Dio attraverso la fede, fa intuire implicitamente che, solo attraverso la fede nel Figlio, è possibile pervenire al Padre:

---

80 Cfr. K. WEISS, **crhstóV** in *GLNT*, vol. IX, Brescia 1988, col. 966-967.

81 MARCO AURELIO ANTONINO, *Colloqui con sé stesso* 9,11. Ed. crit. A.I. TRANNOY, *Marc-Aurèle. Pensées*, Paris 1953, p. 101. Trad. di E. TUROLLA, *Marco Aurelio Antonino. Colloqui con se stesso*, Milano 1995, p. 151: "*Anche gli dei del resto sono benigni con tale gente; anzi, per certe cose prestano ad essi aiuto: salute, ricchezza, buona fama. Tanto sono buoni gli dei!*".

Degli uomini, del resto, nessuno l'ha visto né l'ha conosciuto, ma lui stesso si è manifestato. E si è manifestato attraverso la fede, alla quale soltanto è stato concesso di vedere Dio. Dio infatti, il padrone e creatore dell'universo, che ha fatto tutte le cose e le ha disposte secondo un ordine, si è mostrato non solo pieno d'amore per gli uomini ma anche longanime. Egli, beninteso, sempre fu, è e sarà cosí: benevolo (χρηστός), buono, esente dall'ira, vero, il solo che è buono.[82]

Un altro motivo, per cui Dio ha mandato il Figlio in *A Diogneto* 8,7, è la filantropia:

Dio infatti, il padrone e creatore dell'universo, che ha fatto tutte le cose e le ha disposte secondo un ordine, si è mostrato non solo pieno d'amore per gli uomini (φιλάνθρωπος).[83]

Il termine φιλανθρωπία evoca nel mondo ellenistico sia l'atteggiamento soccorritore che gli dei hanno nei confronti degli uomini sia una virtù propria dell'anima umana[84]: in entrambi i casi resta il fatto che la filantropia è il mezzo per cui l'uomo in qualche modo perviene alla felicità. Aristofane, commediografo greco, infatti afferma che l'eros è il dio più amico dell'uomo, in quanto porta l'uomo alla felicità:

a me (Aristofane) pare che gli uomini non capiscano affatto la potenza dell'amore (ἔρωτος) (...). Infatti Eros è, fra gli dei, il più amico (φιλανθρωπότατος) degli uomini, perché

---

[82] *A Diogneto* 8,5-8. Ed. crit. H.I. MARROU, *A Diognète*, p. 70. Trad. di E. NORELLI, *A Diogneto*, p. 108.

[83] *A Diogneto* 8,7. Ed. crit. H.I. MARROU, *A Diognète,* p. 70. Trad. di E. NORELLI, *A Diogneto*, p. 108.

[84] Cfr. U. LUCK, φιλανθρωπία, in *GLNT*, vol. IX, Brescia 1984, col. 1102-1108.

è soccorritore degli uomini e medico di quei mali che, se fossero risanati, ne verrebbe alla stirpe umana la più grande felicità.[85]

Anche Senofonte, scrittore e storico greco vissuto nel IV sec. a.C., presenta la philanthropia come una virtù propria dei re sovrani per il fatto che Ciro, spinto da spontanea bontà, intercede per coloro che hanno bisogno di qualche favore:

> Ciro ben presto strinse vincoli di calda amicizia con i coetanei e ben presto legò a sé anche i loro genitori andandoli a visitare e manifestando apertamente l'affetto che nutriva per i loro figli, tanto che, se avevano bisogno di un favore dal re, essi finivano col chiedere ai figli di pregare Ciro, perché intercedesse per loro, e Ciro, spinto da spontanea bontà (φιλανθρωπίαν) come da voglia di successo si prodigava per accontentarli.[86]

Ma la filantropia si eleva, soprattutto nello stoicismo, al rango di una inclinazione amorevole dell'uomo verso i suoi simili. Non è da dimenticare che Crisippo definiva la filantropia una sorta di relazione benevola tra gli uomini: "*La filantropia* (φιλανθρωπία) (...) *è un rapporto benevolo fra gli uomini*".[87] Non è certo di minore importanza la testimonianza di Marco Aurelio, il quale, sulla base del fatto che l'anima per sua natura è razionale, afferma che l'uomo è incline ad amare il prossimo e a compiere il bene per il

---

85 Vedi PLATONE, *Simposio* 189c. Ed. crit. I. BURNET, *Platonis Opera*, t. II, Oxonii 1960, p. 189. Trad. di G. REALE, *Platone. Tutti gli scritti*, Milano 1991, p. 499.

86 SENOFONTE, *Ciropedia* 4,1. Ed. crit. e trad. di F. FERRARI, *Senofonte. Cyropedia*, Milano 1995, p. 115.

87 CRISIPPO *frammenti* 292. Ed. crit. H. Von Arnim, *Stoicorum Vetera Fragmenta*, vol. III, Lipsia 1905, p. 72. Trad. di R. RADICE, *Stoici Antichi. Tutti i frammenti*, Milano 1998, p. 1113.

bene: "*Ancora è dote propria di un'anima fornita di ragione, amare il prossimo*".[88] Addirittura Seneca, rispetto a Marco Aurelio, arriverà a dire che la filantropia consiste non solo a fare il bene per il bene, ma a compiere il bene anche a chi ci ha fatto del male:

> È ben poco non fare del male a colui al quale dovresti fare del bene! Certamente è un grande merito che l'uomo sia mite verso un altro uomo. Insegniamo a tendere la mano al naufrago, a indicare la strada a chi si è smarrito, a dividere il pane con chi ha fame?.[89]

L'autore dell'*A Diogneto* in 9,2 sembra riprendere il senso senofonteo e aristofaneo della filantropia, come in 8,7, per far osservare al suo interlocutore che Dio, in qualità di un re sovrano, soccorre l'umanità sprofondata nel peccato:

> Ma quando la nostra iniquità fu giunta al colmo e fu manifestato compiutamente che la ricompensa che se ne poteva attendere era castigo e morte, e quando fu venuto il momento a partire dal quale Dio aveva prestabilito di manifestare la propria benevolenzaepotenza (o sovrabbondante affetto) (ὢτῆς ὑπερβαλλούσης φιλανθρωπίας καὶ ἀγάπης τοῦ θεοῦ).[90]

Tale motivo viene ripreso da Clemente Alessandrino il quale, nel suo *Protrettico*, dà una colorazione pedagogica. Egli si avvale della stessa espressione di *A Diogneto* 9,2 per

---

88 MARCO AURELIO, *Colloqui con se stesso* XI,1. Ed. crit. A.I. TRANNOY, *Marc-Aurèle. Pensées*, Paris 1953, p. 123. Trad. di E. TUROLLA, *Marco Aurelio. Colloqui con se stesso*, Milano 1995, p. 186. Cfr. Anche V,6 e XII,26. Ed. crit. A.I. TRANNOY, *Marc-Aurèle. Pensées*, Paris 1953, pp. 43.141.

89 SENECA, *Epistola* 95,51-52. Ed. crit. F. SERRA, *L. Annaeus Seneca. Epistulae ad Lucilium*, vol. II, Pisa 1983, p. 74. Trad. di G. REALE, *Seneca. Epistole*, Milano 1994, p. 1234.

90 Ed. crit. H.I. MARROU, *A Diognète*, pp. 72-74. Trad. di E. NORELLI, *A Diogneto*, p. 113.

riferirla all'azione pedagogica di Dio nei confronti degli uomini:

> Ohimmensoamore(ὑπερβαλλούσης φιλανθρωπίας) per l'uomo! Non fa come il maestro con gli scolari, né come il padrone coi servi, né come Dio con gli uomini, ma come un tenero padre, che ammonisce i suoi figli.[91]

L'autore dell'*A Diogneto* che in 8,7 aveva denominato Dio Padre filantropo specifica al suo interlocutore in 9,2 che Dio Padre dimostra il suo affetto (filantropia) nei confronti degli uomini non solo perché in sé è buono, facendo precedere alla filantropia la chrestotes, ma perché tale affetto si è reso manifesto nell'evento di Cristo, che è venuto nella carne per liberare gli uomini dal peccato. L'autore dell'*A Diogneto* si pone in linea in tal modo alla Lettera a Tito, dove Dio ha manifestato la sua benevolenza (chrestotes) e filantropia nel Verbo, il quale, a motivo del suo grande amore per gli uomini, ci ha salvati in virtù della sua misericordia:

> Anche noi un tempo eravamo insensati, disobbedienti, traviati, schiavi di ogni sorta di passioni e di piaceri, vivendo nella malvagità e nell'invidia. Quando però si sono manifestati la bontà (χρηστότης) di Dio, salvatore nostro, e il suo amore per gli uomini (φιλανθρωπία), egli ci ha salvati non in virtù delle opere di giustizia da noi compiute, ma per sua misericordia mediante un lavacro di rigenerazione e di rinnovamento nello Spirito Santo (Tito 3,3-5).

L'anonimo autore, sempre in 9,2, menzionando l'agape dopo la filantropia, vuole indicare che anche l'agape è un

---

[91] CLEMENTE ALESSANDRINO, *Protrettico* 82,2. Ed. crit. C. MONDÉSERT – A. PLASSART, *Clément d'Alexandrie. Le Protreptique*, p. 149. Trad. di Q. CATAUDELLA, *Clemente alessandrino. Protrettico ai greci*, pp. 172-174.

altro motivo per cui il Verbo venne nella carne. In 10,2-3 infatti l'autore dell'*A Diogneto* lega all'agape, che diviene il motivo cardine della venuta del Verbo nella carne, sia l'evento creazionale, sia l'evento soteriologico che l'evento escatologico della venuta del Verbo:

> Dio infatti ha amato (ἠγάπησεν) gli uomini: per essi ha fatto il mondo, a essi ha sottomesso tutto quanto è sulla terra, a essi ha dato ragione e intelligenza, solo a essi ha permesso di alzare lo sguardo verso di lui, essi ha plasmato secondo la propria immagine, a essi ha inviato suo figlio Unigenito, a essi ha promesso il regno che è nei cieli che darà a quanti lo avranno amato.[92]

L'anonimo autore quindi spiega a Diogneto in 9,2, alla luce di 10,2-3, che l'agape è all'origine stessa della *philantropia* e della *chrestotes* perché è alla base dell'essere proprio di Dio in quanto, a motivo dell'agape, Dio ha creato il mondo, ha inviato suo Figlio manifestando in Lui conseguentemente la philantropia e la chrestotes. L'agape, diversamente sia dall'eros che è l'amore passionale e, in quanto tale, cerca l'appagamento nell'altro,[93] sia da philia che indica l'amore totale, l'amore che comprende tutto ciò che è umano,[94] esprime l'amore disinteressato e gratuito di Dio che cerca il bene dell'altro.[95] Tale significato di origine greca viene ripreso dall'anonimo autore per far notare a Diogneto che Dio, a causa di questo amore gratuito e incondizionato, ha voluto principalmente il bene dell'umanità, riscattandola dai suoi peccati attraverso il sacrificio del Verbo fattosi carne. Se ne deduce pertanto che l'autore dell'*A Diogneto* si

---

92 Ed. crit. H.I. MARROU, *A Diognète*, p. 76. Trad. di E. NORELLI, *A Diogneto*, p. 117.

93 Cfr. E. STAUFFER, ἀγαπάω, in *GLNT*, vol. I, Brescia 1965, col. 92-96.

94 Cfr. E. STAUFFER, ἀγαπάω, in *GLNT*, vol. I, col. 96-97.

95 Cfr. E. STAUFFER, ἀγαπάω, in *GLNT*, col. 97-98.

pone sulla stessa linea di Giovanni, per il quale l'amore di Dio si realizza nel Figlio per salvare l'umanità:

> Se uno mi ama (ἀγαπᾷ) osserverà la mia parola e il Padre mio lo amerà (ἀγαπήσει) e noi verremo a lui e prenderemo dimora presso di lui. Chi non mi ama, non osserva le mie parole; la parola che voi ascoltate non è mia, ma del Padre che mi ha mandato (Gv 14,23-25).

Anche per l'apostolo Paolo l'amore di Dio e l'amore di Cristo sono la stessa cosa perché il Figlio è la manifestazione della realtà stessa di Dio, il quale, fin dall'eternità, ha voluto insieme al Figlio la liberazione dell'umanità dal peccato (Rm 5,8-10; Rm 8,37 e Gal 2,20).

Nell'*A Diogneto* riecheggia sia il pensiero paolino che giovanneo relativo all'agape, in quanto il Padre, donandosi al Figlio, manifesta e realizza la sua eterna volontà di salvare l'uomo. Anche Clemente Alessandrino nel suo *Pedagogo* afferma che prima della creazione del mondo esisteva tra Padre e Figlio una reciproca comunione d'amore, che si è resa concreta nella venuta del Figlio:

> La disposizione a questo amore (ἀγάπης) è in Dio, il principio della giustizia sia quando fa splendere il suo sole (Mt 5,45) sia quando manda il suo Figlio. E per primo Egli annunciò la buona giustizia, quella che viene dal cielo, dicendo: "Nessuno conosce il Figlio se non il Padre e nessuno conosce il Padre se non il Figlio (Mt 11,27; Lc 10,22). Questa reciproca ed uguale conoscenza è pure un simbolo della giustizia che era da principio. In seguito la giustizia è scesa tra gli uomini sia per scritto sia nella carne, cioé con il logos e con la legge per costringere l'umanità a una conversione salutare, giacché quella giustizia

era buona.⁹⁶

Inoltre l'autore dell'*A Diogneto* in 9,2 pone l'agape come motivo della venuta del Verbo per mostrare al suo interlocutore in 10,5-6 che chi imita Dio nella carità perviene alla felicità:

> Infatti la felicità non sta nell'opprimere il proprio prossimo (...). Piuttosto, chiunque prende su di sé il peso del prossimo (...) questi è imitatore di Dio.⁹⁷

L'autore dell'*A Diogneto* quindi fa intuire al suo interlocutore che per amore Dio, prima della creazione del mondo, aveva progettato il suo piano di salvezza che si sarebbe realizzato nel Figlio attraverso il quale l'uomo potesse pervenire alla felicità, felicità che il cristiano persegue non solo facendo del bene agli altri, bensí portando il fardello degli altri alla stessa stregua di Gesù che si è addossato i nostri peccati per riscattare l'umanità. In termini simili si era espresso Ignazio di Antiochia nella *Lettera agli Efesini*, per il quale chi imita Gesù nella carità è felice perché ha raggiunto la santità:

> Ho recepito nel Signore il vostro amatissimo nome che vi siete guadagnato con naturale giustizia nella fede e nella carità in Cristo Signore nostro salvatore. Imitatori di Dio e rianimati nel suo sangue avete compiuto un'opera congeniale.⁹⁸

---

96 CLEMENTE ALESSANDRINO, *Pedagogo* I,9,88,2-3. Ed. crit. H.I. MARROU-M. HARL, *Clément d'Alexandrie. Le Pédagogue*, Paris 1960, p. 266. Trad. di M. BIANCO, *Il Protrettico, Il Pedagogo di Clemente Alessandrino*, Torino 1971, p. 266.

97 Ed. crit. H.I. MARROU, *A Diognète*, pp. 76-78. Trad. di E. NORELLI, *A Diogneto*, p. 117.

98 IGNAZIO DI ANTIOCHIA, *Lettera agli Efesini* 1,1. Ed. crit. P.Th. CAMELOT, *Ignace D'Antioche, Polycarpe de Smyrne. Lettres, Martyre de Polycarpe*, Paris 1998, pp. 56-58. Trad. di A. QUACQUARELLI, *I Padri Apostolici*, pp. 99-100.

Pertanto nell'*A Diogneto* si coglie lo stretto legame che intercorre tra l'agape di Dio come motivo della venuta del Verbo e l'agape dell'uomo come motivo della felicità, legame che Clemente Alessandrino rileva evidenziando che chi si comporta come il Verbo ama Dio con lo stesso amore (agape) con cui Dio si è rivelato agli uomini nel Figlio:

> Chi dice: "Lo conosco" e non osserva i suoi comandamenti, è bugiardo, e in lui non c'è la verità; ma chi osserva la sua parola, l'amore (ἀγάπη) di Dio è in lui veramente perfetto. Da questo conosciamo di essere in lui: "chi dice di essere in lui deve comportarsi come lui si è comportato" (1Gv 2,2-6).[99]

L'autore dell'*A Diogneto* si avvale anche dell'accezione χρόνος per far comprendere al suo interlocutore che il tempo precedente la venuta della salvezza (chronos) è un tempo di perdizione e al contempo di misteriosa salvezza in quanto il Padre e il Figlio, all'insaputa dell'umanità, realizzavano il disegno di amore sull'umanità perduta: vi era tra Padre e Figlio una comune vocazione di salvare l'uomo. Pertanto in *A Diogneto* 9,2, nel periodo precedente la venuta del Verbo che l'anonimo autore designa con χρόνος, tra il Padre e il Figlio esisteva un mutuo amore e una donazione completa, perché a vicenda si comunicavano la volontà di salvare l'uomo al punto che il Figlio ha dato se stesso in riscatto dell'umanità oppressa dal peccato.

Il χρόνος è una categoria di ordine temporale che racchiude in sé una straordinaria importanza in At 17,30. In esso tale termine indica l'arco di tempo precedente la venuta del Verbo, periodo in cui dilagava nel mondo l'iniquità e l'ignoranza:

---

99 CLEMENTE ALESSANDRINO, *Pedagogo* III,12,98,3. Ed. crit. C. MONDÉSERT - Ch. MATRAY - H.I. MARROU, *Clément d'Alexandrie. Le Pédagogue*, Paris 1970, p. 184. Trad. di M.G. BIANCO, *Il Protrettico, Il Pedagogo di Clemente Alessandrino*, Torino 1971, p. 457.

> Dopo essere passato sopra ai tempi dell'ignoranza (χρόνους), ora Dio ordina a tutti gli uomini di tutti i luoghi di ravvedersi, poiché egli ha stabilito un giorno nel quale dovrà giudicare la terra con giustizia per mezzo di un uomo che egli ha designato, dandone a tutti prova sicura col risuscitarlo dai morti (At 17,30).

L'anonimo autore evidenzia tale significato di chronos con l'aggiunta della particella tote che, più che indicare, come osserva Norelli,[100] opposizione del tempo passato al tempo presente, racchiude in sé un umbratile significato salvifico: nel tempo precedente (τότε χρόνῳ) Dio preparava il piano di giustizia che non si oppone al tempo presente (καιρῷ νῦν), ma il tempo presente è la realizzazione del tempo precedente, per cui le due particelle più che evocare opposizione tra i due tempi, evocano correlazione tra il χρόνου dell'allora (τότε) umbratile giustizia e il kairos della giustizia venutasi a realizzare nel tempo presente (νῦν). Anzi ci sembra di ravvisare nell'*A Diogneto* che il tempo presente è correlato al tempo precedente, in quanto il progetto di amore del Padre si è reso concreto nella realizzazione storica del tempo presente. Quindi le due particelle sono in linea di continuità tra di loro e non in opposizione, perché intrinsecamente collegate in riferimento al piano divino della salvezza. Piano divino di salvezza che dalla sua misteriosa realtà al tempo dell'ignoranza degli uomini passa alla sua visibile realtà al tempo della venuta del Verbo nella carne. In tal modo non è possibile scorgere un'interpretazione gnostica in *A Diogneto* 9,2: per l'autore dell'*A Diogneto* il tempo precedente non si oppone al tempo presente, bensí il precedente preparava il tempo presente e, in quanto tale, il precedente era propedeutico al presente. Tale concezione sembra essere rafforzata dalle particelle

---

100 E. NORELLI, *A Diogneto*, p. 114 n. 5.

tote-nun tra loro intrinsecamente collegate. Il kairos, pur essendo una categoria di ordine temporale, sempre in *A Diogneto* 9,2 designa il tempo di reale salvezza perché in esso il Verbo si fece carne. Al riguardo, l'autore dell'*A Diogneto* si pone in sintonia con l'apostolo Paolo, il quale, in maniera forte richiama con tale accezione il giorno della salvezza:

> Egli dice infatti: al momento (καιρῷ) favorevole ti ho esaudito e nel giorno della salvezza ti ho soccorso. Ecco ora (νῦν) il momento (καιρός) favorevole, ecco ora (νῦν) il giorno della salvezza (2Cor 6,2).

2. IL LOGOS DURANTE LA SUA REALIZZAZIONE STORICA NELLA NUOVA ECONOMIA DELLA SALVEZZA: L'UMANITÀ DEL LOGOS

2.1. L'invio del Logos

L'anonimo autore in 7,4 introduce la tematica dell'invio del Figlio sulla terra da parte del Padre attraverso l'immagine del re che invia suo figlio re:

L'ha inviato (ἔπεμψεν) invece nella bontà e nella mitezza, come un re che invia (πέμπων) il Figlio re, l'ha inviato (ἔπεμψεν) come un dio, l'ha inviato (ἔπεμψεν) come a uomini, l'ha inviato (ἔπεμψεν) per salvare, per persuadere, non per fare violenza: perché non c'è violenza presso Dio.
5 L'ha inviato per chiamare, non per accusare; l'ha inviato per amare, non per giudicare. 6. A giudicare, infatti, lo invierà in futuro: e chi sosterrà la sua venuta?.[1]

L'autore dell'*A Diogneto,* mediante l'immagine del re che invia suo Figlio re, ricalca il passo evangelico di Mt 21,33-45. Egli si avvale dell'immagine del re, ripresa indubbiamente da Matteo, per mostrare al suo interlocutore, come afferma Zincone, la eguaglianza della entità divina del Figlio nei confronti del Padre.[2] Anche Liehnard reputa che l'immagine stia ad indicare la eguale dignità del Figlio rispetto al Padre per il fatto che al Figlio viene assegnato lo stesso ruolo del Padre.[3] Pertanto l'autore si avvale di tale

---

1 Ed. crit. H.I. MARROU, *A Diognète*, p. 68. Trad. di E. NORELLI, *A Diogneto*, p. 102.
2 Cfr. S. ZINCONE, *A Diogneto*, p. 73 n. 107.
3 Cfr. J.T. LIENHARD, *The Christology of the Epistle to Diognetus*, in "Vigiliae Christianae" 24 (1970), p. 284.

immagine per riferirsi alla venuta storica del Verbo dal momento che la dignità reale del Figlio nei riguardi del Padre si esprime anche nella sua venuta storica nella carne, attraverso la quale viene reso manifesto il volto del Padre che è uguale a quello del Figlio: l'autore infatti si avvale di tale immagine per poter cosí far osservare a Diogneto, sull'orma della parabola del Figlio inviato realmente come uomo nella vigna dal padre per prendere il raccolto, che Dio padre manifesta la sua volontà nell'inviare il Figlio fattosi carne per redimere il mondo, al cui fine il Padre lo aveva mandato per realizzare la sua missione. L'anonimo autore precisa, sempre in 7,4, che Dio mandò suo figlio per persuadere l'uomo al fine di salvarlo e non per fargli violenza perché la violenza non si addice a Dio. Tuttavia il riferimento alla mancanza di violenza in Dio può essere causa di una possibile interpretazione marcionita del versetto sia in 7,4 che in 10,4, dato che il Dio supremo per Marcione aveva la connotazione di non essere violento.[4]

L'anonimo autore, per rendere noto a Diogneto tale concetto, impiega la voce verbale ἔπεμψεν che, diversamente da quanto esprime Liehnard, per il quale tra il verbo ἀπέστειλε e πέμπει non esiste una differenza sostanziale,[5] tale verbo riveste invece un significato peculiare rispetto a ἀπέστειλε: il verbo ἔπεμψεν, che nel suo senso etimologico indica l'invio in senso stretto, connota

---

4 Vedi E. NORELLI, *A Diogneto*, p. 106 n. 17. Su tale argomento vedi anche G. BARBAGLIO, *Dio violento?*, Assisi 1991, P. 19ss. Su questa questione vedi l'articolo fondamentale di B. ALAND, *Marcion: Versuch einer neuen Interpretation*, in "Zeitschrift fuer Theologie un Kirche" 70 (1973), pp. 420-427. Per la fonte diretta vedi TERTULLIANO, *Contro Marcione* I,6,1; I,25-26,2; I,27,3. Ed. crit. A. KROYMANN, *Quinti Septimi Florentis. Tertulliani Opera*, Turnholti-Brepols 1954, pp. 447;468;470-471. Questo concetto si ritrova pure in E. NORELLI, *La funzione di Paolo*, in "Rivista biblica" 34 (1986), pp. 578-586.
5 J.T. LIEHNARD, *The Christology*, p. 281.

l'azione dell'invio.[6] Anche nella letteratura neotestamentaria, sulla falsariga del pensiero greco, per il quale il suddetto verbo viene ad esprimere l'atto dell'invio demandato a un messaggero e l'effetto ad esso strettamente connesso[7], tale verbo indica l'invio in quanto tale. In particolare Giovanni dà al termine un significato specifico: rispetto a ἀποστέλλειν che Giovanni usa per rilevare lo scopo a motivo del quale il Padre ha inviato il Figlio, il verbo πέμπειν viene usato da Giovanni per affermare che la venuta di Gesù nella carne è opera del Padre. Il Figlio è stato inviato come uomo e Dio dal Padre che lo ha mandato perché del suo stesso rango. In tal senso Giovanni dà a tale verbo un proprio significato, che è quello della partecipazione della umanità e divinità del Figlio con quella del Padre:

> Io però ho una testimonianza superiore a quella di Gv: le opere che il Padre mi ha dato da compiere, quelle stesse opere che io sto facendo, testimoniano di me che il Padre mi ha mandato (ἀπέσταλκεν). E anche il padre, che mi ha mandato (πέμψας), ha reso testimonianza di me. Ma voi non avete mai udito la sua voce, né avete visto il suo volto, e non avete la sua parola che dimora in voi, perché non credete a colui che egli ha mandato (ἀπέστειλε) (Gv 5,36-38).

Giovanni quindi con tale voce verbale rileva l'unità ontologica del Figlio nei confronti del Padre: in quanto uomo Gesù compie la volontà del Padre perché Egli stesso è dio.

---

6 Per il significato etimologico cfr. πέμπω in W. BAUER'S, *A Greek-English Lexicon of the New Testament and Others Early Christian Literature*, Chicago 1979, col. 641; vedi inoltre K.H. RENGSTORF, ἀποστέλλω, in *GLNT*, vol. I, Brescia 1965, col. 1080-1081; P. CHANTRAINE, *Dictionnaire étymologique de la langue grecque*, vol. II, Paris 1990, col. 879

7 Cfr. W. BAUER'S, *Ibid.*

Pertanto sembra pertinente affermare che l'autore dell'*A Diogneto* in 7,4 si sia avvalso di tale verbo per rendere credibile al suo interlocutore, attraverso l'immagine del re che manda suo figlio re, che il Figlio, mandato dal Padre nella carne è, nel segno di continuità con la teologia giovannea, dello stesso lignaggio del Padre perché nel Gesù storico si è resa concreta la volontà del Padre in quanto è egli stesso Dio. L'autore dell'*A Diogneto*, quindi, adoperando in 7,4 l'aoristo ἔπεμφεν denota la puntualità dell'azione reale di Dio che si compie nella venuta storica del Figlio non solo in quanto è stato inviato come dio alla stessa stregua del Padre, ma anche in quanto è stato inviato come uomo fra gli uomini, perché in Lui si riflette l'opera, la volontà e l'identità divina del Padre. Se a tal proposito Zincone, in linea con Liehnard, afferma che l'autore dell'*A Diogneto* in 7,4 sottolinea, attraverso l'immagine del re che invia suo figlio re, la eguaglianza divina del Figlio rispetto al Padre,[8] l'eguaglianza tra Padre e Figlio è sí di ordine divino ma al contempo anche umano, in quanto il Figlio è dio come il Padre per il fatto che nel Figlio si manifesta Dio e si compie la volontà del Padre.

A tal riguardo la congettura del Lachmann "*lo inviò come uomo*" è pertinente al contesto immediato di *A Diogneto* 7,4 perché non solo l'immagine del re che invia suo figlio re è volta ad esprimere sia la divinità che l'umanità del Verbo, ma anche perché la voce verbale πέμπειν ad essa connessa è strettamente correlata all'umanità del Verbo, oltre che alla sua stessa divinità, in quanto nell'umanità del Figlio si rispecchia, in sintonia con Giovanni, la volontà e l'opera del Padre che è partecipe della stessa umanità del Figlio. Pertanto l'integrazione del Lachmann ben si addice al contesto immediato di *A Diogneto* 7,4, dove è palese il riferimento all'umanità del Verbo.

---

8 Cfr. S. ZINCONE, *A Diogneto*, p. 73 n. 107.

In tale quadro Liehnard afferma che questa integrazione favorirebbe la testimonianza di una vera umanità del Logos, testimonianza che non ricorre in nessun luogo dell'*A Diogneto*.[9] Anche in 7,2 l'autore dell'*A Diogneto* fa notare al suo interlocutore, tramite la voce verbale πέμπειν, che il Padre non ha inviato nel mondo un angelo né un arconte, ma ha inviato nel mondo come uomo il Figlio che preesisteva nel seno del Padre, mediante il quale Dio ha creato il mondo:

> È stato veramente Dio in persona, l'Onnipotente, il creatore di tutto, l'invisibile (...) non, come qualcuno potrebbe immaginare, inviando (πέμψας) agli uomini un subalterno, un angelo o un arconte (Is 63,9), uno di coloro che governano le cose terrene o ai quali è affidata l'amministrazione del cielo, bensí proprio l'artefice e l'ordinatore dell'universo (...) (7,2).[10]

È evidente che l'autore dell'*A Diogneto* rivolge una indiretta polemica nei confronti dell'eresia ebionita e adozionista, per la quale Gesù è semplicemente un uomo dotato di particolari poteri in quanto non è stato generato da Dio, ma è stato creato alla stessa stregua di un angelo che Dio ha inviato nell'uomo Gesù per porre fine al sacerdozio dell'AT.[11]

L'anonimo autore, dichiarando a Diogneto che il Verbo non è un angelo attraverso la voce verbale πέμπειν, prende posizione non solo nei confronti dell'eresia ebionita e adozionista, ma anche nei confronti della gnosi valentiniana, secondo la quale l'angelo Gesù è un essere divino che,

---

9 Cfr. J.T. LIENHARD, *The Christology*, p. 288. Sulla stessa linea si pone E. NORELLI, *A Diogneto*, p. 141.

10 Ed. crit. H.I. MARROU, *A Diognète*, p. 66. Trad. di E. NORELLI, *A Diogneto*, p. 101.

11 Cfr. M. ERBETTA, *Apocrifi del N.T.*, vol. I, t. 1, Casale Monferrato 1969, p. 134.

emesso da Sophia come un seme spirituale, era un secondo dio di natura inferiore a Sophia, ed è stato inviato nel mondo rivestito di un corpo materiale per salvare l'umanità.[12] In tale prospettiva antignostica ci sembra pertinente dire che l'autore dell'*A Diogneto* confuta implicitamente la concezione valentiniana della semenza che, prodotta da Sophia, è stata rivestita di un corpo sensibile, in quanto il Cristo psichico, in cui il Cristo pneumatico consustanziale alla semenza prodotta da Sophia è venuto ad abitare, è incapace di salvare l'uomo.

Nell'*Omelia in Santa Pascha* 45-48 dello pseudo-Ippolito la polemica nei confronti di Teodoto è resa più evidente e più chiara per il fatto che l'autore difende l'umanità di Cristo che, generato dal Padre prima di tutti i secoli, ha assunto carne umana, e la sua venuta nella carne sarebbe stata vana se non fosse stato generato esente dal peccato:

> Egli, vedendoci dall'alto tiranneggiati dalla morte, (...) venne (...) non affidò agli angeli o agli arcangeli l'onere che ci riguardava, ma egli stesso, il Verbo, assunse (...) forma corporea. Per questo la Scrittura lo ha indicato in modo del tutto mistico dicendo: "Ecco un uomo, Oriente è il suo nome: "Oriente in quanto in Spirito, "uomo" in quanto in un corpo (...). È come Dio e uomo, dunque, che il nostro grande Gesù è venuto tra noi, (...). Se poi soltanto lo spirito (dell'uomo) fosse caduto nella schiavitù del peccato e della morte, sarebbe stata superflua la solenne venuta con il corpo, perché non sarebbe valsa a vincere né il peccato né la morte. Invece era necessario sia che il peccato fosse eliminato

---

12 Per l'argomento vedi CLEMENTE ALESSANDRINO, *Estratti di Teodoto* 58-59. Ed. crit. F. SAGNARD, *Clément d'Alexandrie. Extraits de Théodote*, Paris 1970, p. 176.

> sia che il corpo fosse liberato, ed è per questo che egli non commise peccato, né fu trovato inganno nella sua bocca (...).[13]

L'autore dell'*A Diogneto*, quindi, come lo pseudo-Ippolito mostra a Diogneto che il Verbo non è un angelo perché, in contrapposizione a quanto sosteneva Teodoto, non è un essere spirituale emesso da Sophia, essere che ha assunto un corpo psichico creato dal demiurgo, bensí è lo stesso Dio che ha assunto un corpo umano. L'autore dell'*A Diogneto* pertanto si pone nel solco della lettura cristologica di Is 63,9 mediante la dizione "*non inviò un angelo, né un subalterno*", lettura che ha un intento antignostico come anche in Ireneo per testimoniare l'incarnazione del Verbo:

> Nuovamente Isaia annuncia che Egli stesso in persona renderà operante questa benedizione: "Non un inviato, non un angelo, ma il Signore stesso ha dato loro la vita, perché li ama ed ha compassione di loro. Egli stesso li ha liberati (Is 63,9).[14]

Similmente Tertulliano, nella *Carne di Cristo* 14,1-6, polemizza contro la dottrina ebionita di Cristo angelo prendendo come testimonium scritturistico anche la profezia di Is 63,9:

> Il motivo per cui Cristo portasse la natura umana fu la salvezza dell'uomo, allo scopo, evidentemente, di ricostituire quello che era andato perduto. L'uomo era andato perduto (...). Ma quando a proposito del Figlio stesso è stato

---

13 Ed. crit. e trad. di G. VISONÀ, *Ps. Ippolito. In S. Pascha*, Milano 1988, pp. 287-297.
14 IRENEO, *Dimostrazione della predicazione apostolica* 88. Ed. crit. A. ROUSSEAU, *Irénée de Lyon. Démonstration de la prédication apostolique*, Paris 1995, p. 202. Trad. di E. PERETTO, *Ireneo di Lione, Epideixis. Antico catechismo degli adulti*, Città di Castello 1981, pp. 183-184.

detto: "Tu lo hai abbassato un poco sotto gli angeli" (Sal 8,6), come si potrà credere che Egli abbia indossato natura angelica, dato che fu abbassato sotto gli angeli proprio in quanto divenne uomo, nel senso che divenne carne ed anima, e divenne figlio dell'uomo? (...). Ascolta Isaia che esclama: 'Non un angelo, né un suo messaggero, ma il Signore stesso li ha fatti salvi' (Is 63,9)".[15]

Quindi l'autore dell'*A Diogneto* affermando che Cristo non è un angelo si pone in linea con i sinottici, per i quali Cristo è il principe degli angeli, difendendo in tal modo anche la sua eguaglianza divina col Padre.[16] Anche nel *Pastore* di Erma viene difesa la divinità di Cristo perché superiore agli angeli:

L'uomo glorioso è il Figlio di Dio e i sei sono gli angeli gloriosi che lo rafforzano (...). Nessuno di questi angeli gloriosi arriverà a Dio senza di lui. Chi non prende il Suo nome non entrerà nel regno di Dio.[17]

Pertanto l'autore dell'*A Diogneto* impiega il testimonium scritturistico di Is 63,9 per mostrare che questo si riferisce alla incarnazione del Verbo. Egli non solo si mette in guardia dalla concezione gnostica degli angeli, ma anche dalla concezione giudaico-rabbinica dell'angelo inteso come essere creato da Dio, in quanto il Verbo che Dio ha inviato agli uomini è Dio e uomo alla stessa stregua del Padre che in Lui si è manifestato. In *Genesi Rabbâ* infatti viene rilevato

---

15 Ed. crit. J.P. MAHÉ, *Tertullien. La chair du Christ*, t. 1, Paris 1975, pp. 268-272. Trad. di C. MORESCHINI, *Opere scelte di Quinto Settimio Florente Tertulliano*, Torino 1974, pp. 751-753.

16 Cfr. G. KITTEL, $\check{\alpha}\gamma\gamma\epsilon\lambda o\varsigma$, in *GLNT*, vol. I, Brescia 1965, col. 219-228.

17 ERMA, *Pastore. Similitudini* 9,12,8 Ed. crit. R. JOLY, *Hermas. Le Pasteur*, Paris 1968, p. 318. Trad. di A. QUACQUARELLI, *I Padri Apostolici*, Roma 1998, pp. 327-328.

che gli angeli sono stati creati da Dio il secondo giorno.[18] Per il fatto che sono esseri creati da Dio e quindi a Lui subordinati, gli angeli manifestano la sua Shekinà.[19]

A tal proposito Norelli afferma che il testimonium di Is 63,9 in *A Diogneto* 7,2 non ha solo un chiaro intento antignostico, come sosteneva Tibiletti,[20] ma ha anche un intento anti-giudaico per il fatto che il Figlio, inviato dal Padre, non è un angelo creato da Dio ma è Dio stesso che si è fatto uomo per redimere l'umanità. Infatti, come nota Pesce, esso risale al midrash di Dt 26,8 contenuto nell'*Aggadah* di Pasqua:

> E il Signore ci ha fatto uscire dall'Egitto: non per mano di un angelo né per mano di un serafino né per mano di un inviato, ma il Santo benedetto Egli sia per la sua gloria e per se stesso.[21]

Quindi l'autore dell'*A Diogneto*, rifacendosi alla tradizione midrashica di Dt 26,8, prende le distanze non solo dalla concezione rigidamente monoteista di Dio in quanto Cristo è Dio come il Padre ma anche dalla presenza di mediatori celesti creati da Dio, che sono messaggeri di Dio e manifestano la Sua presenza tra gli uomini, in quanto Cristo non è un essere angelico creato da Dio. Il testimonium scritturistico di Is 63,9, anche se è impiegato dall'anonimo autore a scopo antignostico e antigiudaico, sembra racchiudere oltremodo in sé una indiretta requisitoria nei

---

18 Vedi *Genesi Rabbâ* 11,9. Ed. crit. H. FREEDMAN – M. SIMON – I. EPSTEIN, *Midrash Rabbah*, p. 86.

19 Vedi *Genesi Rabbâ* 2,2. Ed. crit. H. FREEDMAN – M. SIMON – I. EPSTEIN, *Midrash Rabbah*, p. 15.

20 C. TIBILETTI, *Aspetti polemici dell'Ad Diognetum*, in "AAST II: Classe di scienze morali, storiche e filologiche" 96 (1961-1962), pp. 349-353.

21 *Midrash* di Dt 26,8 contenuto nella haggadah di Pasqua in G. VISONÀ, *In Sanctum Pascha*, Milano 1988, pp. 428-429. Per i dati e l'analisi cfr. M. PESCE, *Dio senza mediatori. Una tradizione teologica dal giudaismo al cristianesimo*, Brescia 1979, pp. 13-27.

confronti della stessa concezione filosofica greca degli esseri angelici, considerati spiriti intermedi tra Dio e l'uomo.[22]

A tal proposito non è da escludere che in *A Diogneto* 7,2, mediante la dizione "*non ha inviato un angelo, né un arconte*", è anche sottintesa la polemica contro gli gnostici-doceti che negavano l'umanità di Cristo, in quanto Cristo è apparso fittiziamente in un corpo umano.[23] L'autore dell'*A Diogneto* si avvale del testimonium scritturistico di Is 63,9 per sconfiggere anche l'eresia docetista e affermare la reale incarnazione di Cristo. Infatti l'autore dell'*A Diogneto*, per rendere chiaro al suo interlocutore che il Verbo ha assunto realmente carne umana, afferma in 11,2-3 che il Verbo è apparso ai discepoli parlando apertamente:

> Chi infatti rettamente istruito e generato da un logos benevolo, non cerca di apprendere chiaramente le cose che per mezzo di un logos furono mostrate in maniera manifesta (φανερῶς) ai discepoli? Ad essi le manifestò (ἐφανέρωσεν) il logos apparendo (φάνει), parlando apertamente, non compreso dagli increduli, e spiegandole (...). Per questa ragione egli inviò (ἀπέστειλε) il logos, perché apparisse (φάνη) al mondo: ed egli disprezzato (...).[24]

La voce verbale φαίνομαι, che esprime nel linguaggio filosofico greco piuttosto la percezione visibile[25] di

---

22 Cfr. W. GRUNDMANN, ἄγγελος, in *GLNT*, vol. I, Brescia 1965, col. 195-202 per la concezione greca che gli angeli sono spiriti intermedi tra Dio e l'uomo.

23 A tal proposito cfr. M. SIMONETTI, *Testi gnostici in lingua greca e latina*, Milano 1993, p. 371; A. ORBE, *La encarnacion entre los valentinianos*, in "Gregorianum" 53 (1972), pp. 201-235.

24 Ed. crit. H.I. MARROU, *A Diognète*, pp. 78-80. Trad. di E. NORELLI, *A Diogneto*, p. 123.

25 Per la voce verbale φαίνω cfr. W. BAUER, *A Greek-English*, pp. 851-

alcunché, nel Nuovo Testamento è volta a significare la percezione sensibile non solo di un oggetto ma anche del Verbo. Basti pensare all'episodio dell'apparizione del risorto a Maria di Magdala quando Gesù si mostra alle donne realmente uomo: "*Risuscitato al mattino nel primo giorno dopo il sabato, apparve* (ἐφάνη) *prima a Maria di Magdala, dalla quale aveva cacciato 7 demoni* (Mc 16,9)".

Strettamente ancorato all'episodio dell'apparizione del risorto alla Maddalena è l'episodio dell'apparizione di Gesù agli apostoli, dove Gesù risorto apparve con un corpo concreto e sensitivamente percettibile non solo a Tommaso che lo ha realmente toccato, ma anche agli apostoli che sono rimasti entusiasmati perché Gesù mangiava come uno di loro (Lc 24,36-44). Allo stesso modo nell'*A Diogneto* tale verbo assume lo stesso significato in riferimento alla venuta del Logos nella carne: il Padre ha inviato il Logos nel mondo perché mostrasse che Egli, attraverso la sua reale incarnazione in un corpo umano, ha redento il mondo. Nella *Lettera* dello pseudo-Barnaba emerge lo stretto legame che intercorre tra il verbo φαίνειν e la venuta di Gesù nella carne, a motivo del quale è stata possibile la salvezza per l'uomo:

> I profeti, che da lui ricevevano la grazia, profetarono su di lui: egli (...) sopportò per distruggere la morte e mostrare la risurrezione, poiché era necessario che si manifestasse (φανερωθῆναι) nella carne (...). Se infatti non fosse venuto nella carne come si sarebbero salvati gli uomini al vederlo, dal momento (...) 6,7 Poiché dunque egli si sarebbe manifestato (φανεροῦσθαι) e avrebbe sofferto nella carne, la passione fu rivelata in precedenza.[26]

852; P. CHANTRAINE, *Dictionnaire étymologique*, col. 1170-1172.
26 Ps. BARNABA, *Epistola* 5,6-10,6,7. Ed. crit. e trad. di F. SCORZA

Una particolare attenzione merita il verbo ἀποστέλλειν che l'autore dell'*A Diogneto* in 11,3 fa precedere a φαίνειν. Il verbo ἀποστέλλειν nel suo significato etimologico indica, rispetto a πέμπειν che esprime l'invio in quanto tale, lo stretto rapporto di provenienza di colui che è inviato da colui che invia[27] e quindi lo scopo dell'invio. Infatti in ambito religioso a tale verbo viene conferito il significato di autorizzazione nel senso che colui che è inviato a compiere qualcosa lo deve a Dio che lo ha autorizzato a compierla[28], mentre in ambito legale l'invio è connesso con l'autorizzazione data a colui che viene inviato.[29] In tal senso ἀποστέλλειν, sulla falsariga del linguaggio religioso greco, esprime il conferimento dei poteri di Dio considerati come unica e suprema autorità per colui che li riceve, il quale a sua volta diviene un inviato di Dio al fine di portare a termine il suo mandato.

Nel Nuovo Testamento tale verbo esprime l'incarico che Gesù dà a colui che ha inviato: "*Questi dodici Gesù li inviò (ἀπέστειλεν) dopo averli cosí istruiti (...). Ecco vi mando (ἀποστέλλω) come pecore in mezzo ai lupi*" (Mt 10,5.16). In Matteo quindi il verbo ἀποστέλλειν riferito a Gesù esprime la missione di salvezza che Dio gli ha conferito, perché inviato da Dio a tale scopo: "*Chi accoglie voi accoglie me, e chi accoglie me accoglie colui che mi ha mandato (ἀποστείλαντά με)*" (Mt 10,40).

In modo particolare Giovanni distingue il significato proprio di ἀποστέλλειν, da quello di πέμπειν: il primo

---

BARCELLONA, *La Epistola di Barnaba*, pp. 89-91.93.

27 Cfr. ἀποστέλλω, in W. BAUER, *A Greek-English*, pp. 98-99; K.H. RENGSTORF, ἀποστέλλω, in *GLNT*, col. 1071.

28 In ambito religioso per tale verbo vedi K.H. RENGSTORF, ἀποστέλλω, in *GLNT*, col. 1075.

29 In ambito legale cfr. K.H. RENGSTORF, ἀποστέλλω, in *GLNT*, col. 1088-1093.

indica lo scopo dell'invio, come nel caso di Gesù che, inviato dal Padre con l'incarico di realizzare la sua peculiare missione, detiene la sua autorità su tutte le cose in quanto le proviene da Dio che gli ha conferito tale potere, mentre il secondo indica, in relazione alla venuta del Verbo nella carne, l'invio del Figlio connesso alla partecipazione del Padre fin dal momento della sua venuta nel mondo:

> Gesù allora, mentre insegnava nel tempio, esclamò: "Certo, voi mi conoscete e sapete di dove sono. Eppure io non sono venuto da me e chi mi ha mandato (πέμψας) è veritiero, e voi non lo conoscete. Io però lo conosco, perché vengo da Lui ed Egli mi ha mandato (ἀπέστειλεν) (Gv 7,28-30).

Con la voce verbale ἀποστέλλειν che, rispetto a πέμπειν sulla falsariga del passo giovanneo, indica lo scopo dell'invio, l'autore dell'*A Diogneto* mostra al suo interlocutore che Gesù è stato mandato nel mondo in un corpo umano in quanto il Padre ha voluto cosí: in tal modo tra Gesù terreno e Dio padre c'è unità di volontà in quanto il Padre ha dato l'incarico al Figlio di farsi uomo. In tal senso l'autore dell'*A Diogneto* in 11,3, attraverso la voce verbale ἀποστέλλειν seguita da φαίνειν, pone le distanze dall'eresia docetista per il fatto che Dio per sua stessa volontà e in unione con la volontà del Figlio, che preesisteva insieme al Padre prima della creazione del mondo, ha inviato Gesù non in un corpo apparentemente corporeo, ma in un corpo realmente umano, attraverso il quale ha redento l'umanità.[30] L'anonimo autore anche in 7,2 si avvale sia del verbo πέμπειν che di ἀποστέλλειν per rendere noto a

---

30 IRENEO, *Contro le eresie* V,1,1. Ed. crit. A. ROUSSEAU-L. DOUTRELEAU-Ch. MERCIER, *Irénée de Lyon. Contre les hérésies*, pp. 16-21. CLEMENTE ALESSANDRINO, *Estratti da Teodoto* 62. Ed. crit. F. SAGNARD, *Clément d'Alexandrie. Extraits de Théodote*, Paris 1970, pp. 182-184.

Diogneto che il Verbo, che Dio ha inviato (*πέμπειν*) nel mondo, non è un angelo non solo perché nel Figlio che si è fatto uomo si riflette l'opera e la volontà del Padre, ma in quanto il Figlio ha ricevuto dal Padre un incarico datogli a motivo di una comune e preesistente volontà sussistente tra Padre e Figlio prima della creazione del mondo. Pertanto l'autore dell'*A Diogneto* fa osservare al suo interlocutore, mediante il verbo *ἀποστέλλειν*, oltre che con *φαίνειν* e *πέμπειν*, che il Verbo non è venuto nel mondo con un corpo fittizio, bensí con un corpo realmente concreto, per il fatto che è stato inviato da Dio per tale scopo in quanto Dio è stato il responsabile e il garante della missione salvifica del Figlio.

In 8,1-11 viene ribadito, a proposito dell'unitarietà dell'atto salvifico del Padre nei confronti del Figlio al momento della sua reale incarnazione, che il piano della salvezza era stato preparato fin dall'inizio insieme al Figlio, per cui la venuta del Figlio nella carne è la realizzazione storica del piano divino della salvezza preesistente al mondo. In tal modo l'autore dell'*A Diogneto*, mediante il concetto della venuta del Verbo nella carne che era stata voluta da Dio per partecipazione e non per un fallo divino, prende posizione nei confronti della concezione gnostico-docetista, secondo la quale invece Cristo avrebbe ricevuto un corpo apparente incapace di salvezza perché prodotto dal demiurgo:

> Chi infatti, in assoluto, tra gli uomini sapeva che cosa mai è Dio, prima che egli venisse? (...). Finché dunque manteneva nel mistero e custodiva il suo sapiente proposito, sembrava noncurante e indifferente verso di noi. Ma quando lo ebbe rivelato mediante il suo figlio diletto (ἀγαπητοῦ παιδὸς) ed ebbe manifestato (ἐφανέρωσε) ciò che era preparato sin dall'inizio

(...) (8,1.10-11).[31]

2.2. Il Logos, figlio prediletto

L'autore dell'*A Diogneto* denomina in 8,10-11 con παῖς ἀγαπητός il figlio prediletto:
> Finché dunque manteneva nel mistero e custodiva il suo sapiente proposito, sembrava noncurante e indifferente verso di noi. Ma quando lo ebbe rivelato mediante il suo Figlio diletto ed ebbe manifestato ciò che era preparato sin dall'inizio (...) (8,10-11).[32]

Il sostantivo παῖς che nel greco classico ha il significato etimologico di fanciullo e di servo,[33] evoca nel Deutero-Isaia la figura del servo di Dio. Questo sostantivo, a partire dal libro della Sapienza, ha anche il significato di figlio di Dio.[34] Il sostantivo παῖς evoca non solo la figura del servo di Dio sofferente del DeuteroIsaia, ma anche quello di messia,[35] sul quale ha posto un particolare accento la letteratura rabbinica.[36]

L'autore dell'*A Diogneto* connette al termine παῖς l'aggettivo ἀγαπητός per far osservare al suo interlocutore, in linea con Mt 3,15-17, che Gesù era stato

---

31 Ed. crit. H.I. MARROU, *A Diognète*, p. 72. Trad. di E. NORELLI, *A Diogneto*, pp. 108-109.

32 *Ibidem*

33 Per il significato etimologico di pais cfr. A. OEPKE, παῖς, in *GLNT*,vol.V, col. 225-226. Per l'argomento vedi anche F. COCCHINI, *Il figlio unigenito sacrificato e amato. Ricerche su di un titolo cristologico*, in "Studi storico-religiosi" 1 (1977), pp. 301-323.

34 Per il significato del termine pais nel Libro della Sapienza cfr. A. OEPKE, παῖς, in *GLNT*, vol. V, col. 227.

35 Cfr. J. JEREMIAS, παῖς θεοῦ, *in GLNT*, vol. V, col. 346-350.

36 Cfr. J. JEREMIAS, παῖς θεοῦ, in *GLNT*, vol. V, col. 354-393.

preannunciato figlio prediletto da Dio per bocca del profeta Isaia, in quanto Gesù ha compiuto con la sua incarnazione la volontà del Padre vaticinata da Isaia:

> Appena battezzato Gesù uscí dall'acqua: ed ecco, si aprirono i cieli ed egli vide lo Spirito di Dio scendere come una colomba e venire su di lui. Ed ecco una voce dal cielo che disse: "Questi è il Figlio mio prediletto (υἱός μου ὁ ἀγαπητός), nel quale mi sono compiaciuto" (Mt 3,15-17).

L'anonimo autore in 8,9 infatti spiega a Diogneto che prima della creazione del mondo il Padre ha comunicato il suo piano di salvezza solo al Figlio denominandolo παῖς: "*Avendo però concepito un progetto grande e inesprimibile, lo comunicò soltanto al proprio Figlio (παιδί)* (Is 42,1)".[37] In tal modo l'autore fa intuire a Diogneto che il Figlio fin dall'eternità era partecipe del progetto del Padre. Pertanto non sembra fuori luogo affermare che il termine παῖς ἀγαπητός riveli una connotazione messianica: nel Figlio viene realizzata la volontà del Padre, il quale ha generato il Figlio allo scopo di rendere concreto il suo piano di salvezza per l'umanità, volontà che è stata espressa dall'autore in senso messianico attraverso la parafrasi della profezia di Is 42,1. Nell'*A Diogneto* παῖς indubbiamente acquisisce, sull'orma del passo evangelico di Mt 12,18 nel quale la profezia di Is 42,1-4 è impiegata per mostrare che Gesù è Figlio di Dio, il senso di figlio di Dio:

> Molti lo seguirono ed egli guarí tutti, ordinando loro di non divulgarlo, perché si adempisse ciò che era stato detto dal profeta Isaia: "Ecco il mio servo (παῖς) che io ho scelto; il mio prediletto

---

[37] Ed. crit. H.I. MARROU, *A Diognète*, p. 70. Trad. di E. NORELLI, *A Diogneto*, p. 108.

(ἀγαπητός), nel quale mi sono compiaciuto (...) (Mt 12,15-19).

Il sostantivo παῖς, correlato a ἀγαπητός e a μονογενής, acquista il senso di figlio di Dio anche nel *martirio* di Policarpo, divenendo un testimonium scritturistico nella storia dei primi secoli della chiesa:

> Signore, Dio Onnipotente Padre di Gesù Cristo tuo amato (ἀγαπητοῦ) e benedetto figlio (παιδός) (...). 20,2. A Lui, che può condurre tutti noi, per sua grazia e suo dono nel regno eterno, mediante suo Figlio l'Unigenito (μονογενής) Gesù Cristo (...).[38]

L'aggettivo ἀγαπητός che l'autore dell'*A Diogneto* collega a παῖς evoca, riferito al Figlio, l'amore spontaneo di Dio che dona se stesso nel Figlio in quanto il Figlio compie la volontà del Padre. Riecheggia pertanto nell'*A Diogneto* il tema paolino dell'amore di Dio che si riversa nel Figlio e nel Figlio si compie l'azione e la volontà salvifica del Padre:

> È lui infatti che ci ha liberati dal potere delle tenebre e ci ha trasferiti nel regno del suo figlio diletto (υἱοῦ τῆς ἀγάπης αὐτοῦ), per opera del quale abbiamo la redenzione, la remissione dei peccati (Col 1,13-15).

In relazione a Diogneto 8,9, in cui il Figlio fin dall'eternità è denominato col titolo di παῖς in quanto sussisteva tra Padre e Figlio una comunione reciproca, l'espressione παῖς ἀγαπητός con cui l'autore dell'*A Diogneto* designa il figlio in 8,10, esprime non solo la reale condiscendenza del Padre nei confronti del Figlio che ha realizzato con la sua incarnazione l'amore del Padre, ma

---

38 POLICARPO, *Martirio di Policarpo* 14,1.20,2. Ed. crit. P.Th. CAMELOT, *Ignace d'Antioche, Polycarpe de Smyrne. Lettres, Martyre de Polycarpe*, pp. 226.234. Trad. di A. QUACQUARELLI, *I Padri Apostolici*, Roma 1998, pp. 168.171.

anche l'eterno rapporto di amore che sussisteva tra Padre e Figlio fin dall'eternità, come rileva Giovanni in 3,35-4:

> Il Padre ama il Figlio e gli ha dato in mano ogni cosa. Chi crede nel Figlio ha la vita eterna; chi non obbedisce al Figlio non vedrà la vita, ma l'ira di Dio incombe su di lui.

Pertanto si intravede nell'*A Diogneto* il rapporto eterno e al contempo storico dell'amore di Dio verso il Figlio e del Figlio verso il Padre: l'agape che intercorre tra Padre e Figlio nel mysterion è il prototipo dell'amore storicamente realizzato con l'invio del Figlio nella carne, perché in Lui si realizza l'amore eterno del Padre. L'autore dell'*A Diogneto*, sebbene in maniera non del tutto esplicita, ricalca il pensiero di Giovanni, per il quale l'amore che sussiste tra Padre e Figlio prima della creazione del mondo si è realizzato nel Figlio prediletto e unigenito con la sua incarnazione (1Gv 4,9-10). Non è da escludere che l'autore dell'*A Diogneto*, mediante l'aggettivo ἀγαπητός, prenda le distanze dall'eresia gnostica, secondo la quale ἀγαπητός è la prima emanazione di Bythos e Ennoia: infatti con tale termine gli gnostici non indicano la totale donazione del Padre nel Figlio, ma indicano le inevitabili generazioni di esseri divini che promanano dal mondo pleromatico.[39] Prima dell'*A Diogneto* Clemente Romano, nella sua *lettera ai Corinti*, afferma esplicitamente che il prediletto (ἠγαπέμενος) è Gesù Cristo amato fin dall'eternità dal Padre in quanto a Lui partecipe. Egli era nel Padre prima che il mondo venisse creato, e, attraverso il Figlio, il Padre creò la luce dalle tenebre:

---

39 Cfr. A. ORBE, *Hacia la primera teologia de la procesion del Verbo*, Roma 1958, pp. 330-331; G. IACOPINO, *L'idea di amore negli scritti gnostico-cristiani*, Dizionario di spiritualità biblico-patristica 3, Città di Castello 1993, pp. 221-228.

"*Per mezzo dell'amatissimo (ἠγαπημένου) suo figlio Gesù Cristo Signore nostro, col quale ci chiamò dalle tenebre alla luce*".[40] Anche nella *lettera* dello pseudo-Barnaba l'autore attesta l'eternità del Figlio prediletto insieme al Padre: "*Il Padrone ha abbreviato i tempi e i giorni affinché il suo Diletto si affretti e giunga all'eredità*".[41] Nell'*A Diogneto* quindi risuona l'eco sia della *lettera* di Clemente, sia della *lettera* dello pseudo-Barnaba e del *Pastore* di Erma, dove Erma fa intuire, nella sua opera catechetica, che il Figlio prediletto era amato dal Padre prima della sua venuta nella carne, in quanto ha ereditato l'amore del Padre fin dall'eternità: "*Egli (il padrone della vigna) chiamato il Figlio che gli era molto caro (ἀγαπητόν) e suo erede*".[42] L'autore dell'*A Diogneto*, mediante il concetto del Figlio amato dal Padre fin dall'eternità, si distanzia anche dalla concezione rabbinica dell'amore di Dio che ama il popolo d'Israele perché osserva la Torah e, in quanto tale, il popolo d'Israele viene denominato prediletto. Cosí afferma rabbí Aqibà:

> I figli d'Israele sono prediletti da Dio poiché egli ha fatto loro un dono attraverso il quale fu creato il mondo. Prediletti soprattutto perché è stato loro annunciato che Dio ha fatto loro un dono (...). Non abbandonate la mia legge.[43]

---

40 CLEMENTE ROMANO, *Epistola ai Corinti* 59,2. Ed. crit. A. JAUBERT, *Clément de Rome. Épître aux Corinthiens*, Paris 2000, p. 194. Trad. di A. QUACQUARELLI, *I Padri Apostolici*, p. 88.

41 Ps. BARNABA, *Epistola* 4,3. Ed. crit. e trad. di F. SCORZA BARCELLONA, *Epistola di Barnaba*, Torino 1975, p. 85.

42 ERMA, *Pastore, Similitudini* V,2,6. Ed. crit. R. JOLY, *Hermas. Le Pasteur*, Paris 1968, p. 228. Trad. di A. QUACQUARELLI, *I Padri Apostolici*, p. 296.

43 Cfr. *Avoth* 3,15 in E. STAUFFER, ἀγαπάω, in *GLNT*, vol. I, Brescia 1965, col. 110. Ed. crit. H. DANBY, *The Mishnah*, Oxford-London 1954, p. 452. Per il concetto vedi anche S. CAVALLETTI, *L'amore negli scritti giudaici intertestamentari*, in S.A. PANIMOLLE (a cura di), *Dizionario di*

Inoltre l'autore dell'*A Diogneto* afferma in 7,3-4 che Dio ha inviato il Figlio suo nella mitezza (ἐπιεικείᾳ) e nella bontà (πραΰτητι):

> Forse, come qualcuno degli uomini potrebbe pensare, per imporre tirannia, terrore, spavento? No di certo. L'ha inviato (ἔπεμφεν), invece, nella bontà e nella mitezza, come un re che invia il figlio re (...).[44]

Il sostantivo *ἐπιεικεία*, che nel greco classico connota l'atteggiamento di clemenza[45] di un superiore verso un suo inferiore, indica in 2 Cor 10,1 l'atteggiamento mansueto di Cristo: "*Ora io stesso, Paolo, vi esorto per la dolcezza (πραΰτητος) e la mansuetudine (ἐπιεικείας) di Cristo*" (2 Cor 10,1). Il sostantivo πραΰς, che similmente a *ἐπιεικεία*, indica nel greco classico, specialmente riferito a persona, la mitezza[46] in Mt 11,28-12 denota la missione di salvezza che Gesù compie nella mitezza e umiltà di cuore:

> Venite a me, voi tutti, che siete affaticati e oppressi, e io vi ristorerò. Prendete il mio giogo sopra di voi e imparate da me, che sono mite (πραΰς) e umile di cuore, e troverete ristoro per le vostre anime (...).

Per l'apostolo Paolo la mitezza scaturisce dall'amore (ἀγάπη), a motivo del quale il Figlio che Dio ha inviato sulla terra si è mostrato agli uomini mite; similmente anche l'apostolo si mostra mite nei confronti dei fratelli increduli:

> Vi ho mandato Timoteo, mio figlio diletto e fedele nel Signore: egli vi richiamerà alla

---

spiritualità biblico-patristica, vol. 3: *Amore, carità, misericordia*, Roma 1993, pp. 94-104.

44 Ed. crit. H.I. MARROU, *A Diognète*, p. 68. Trad. di E. NORELLI, *A Diogneto*, p. 102.

45 Cfr. H. PREISKER, ἐπιεικεία, in *GLNT*, vol. III, Brescia 1967, col. 703-704.

46 Cfr. F. HANCK-S. SCHULZ, πραΰς, in *GLNT*, vol. VI, col. 63-68.

memoria le vie che vi ho indicato in Cristo (...) alcuni hanno preso a gonfiarsi di orgoglio (...). Che volete? Debbo venire a voi con il bastone, o con amore (ἀγάπη) e con spirito di dolcezza (πραΰτητος)?.[47]

Pertanto l'autore dell'*A Diogneto* in 7,4 si pone in linea non solo alla 2Cor 10,1, nella quale si evidenzia che Cristo è clemente e al contempo mite ma in 8,10-11 si pone in linea anche alla 1Cor 4,2, nella quale è evidente il richiamo alla mitezza (*πραΰς*) del Figlio che ha origine dall'agape del Padre, sull'esempio del quale l'apostolo Paolo vuole comportarsi verso i suoi fratelli: in tal modo l'autore dell'*A Diogneto* vuole informare Diogneto che Dio ha mandato sulla terra il figlio suo prediletto, mansueto e mite a motivo dell'agape che eternamente sussisteva tra Padre e Figlio. Se anche in linea con Tibiletti è possibile dedurre dall'*A Diogneto* 7,3-4 un'implicita polemica antimarcionita, perché per Marcione la bontà era attribuita al Dio sommo che si è manifestato in Cristo come Dio di amore, in netta contrapposizione al Dio creatore dell'antico Testamento,[48] è possibile anche affermare, in linea con Wengst e Norelli, che l'anonimo autore, contrapponendo la bontà e la mitezza di Dio alla tirannia degli imperatori, si inserisce nella tradizione dello "*specchio del principe*"[49] in quanto l'autore dell'*A Diogneto* propone come modello di autorità la bontà e la mitezza del Verbo non solo al suo interlocutore, ma a quanti saranno insigniti ad assumere tale carica.

In 10,2 l'autore dell'*A Diogneto* denomina il Figlio anche col titolo di monoghenes (unigenito): "*a essi ha inviato*

---

[47] Cfr. 1Cor 4,17-5; Gal 5,23. Per il testo greco vedi NESTLE-ALAND, *Novum Testamentum Graece*, Stuttgart 1987.

[48] Cfr. C. TIBILETTI, *Aspetti polemici*, pp. 353-359.

[49] Cfr. E. NORELLI, *A Diogneto*, p. 105 n. 15; K. WENGST, *Didache (Apostellehre), Barnabasbrief, Zweiter Klemensbrief, Schrift an Diognet*, München 1984, p. 347.

(ἀπέστειλεν) *il suo Figlio unigenito* (μονογενῆ)" (10,2).⁵⁰ Il termine μονογενῆ, composto derivato da μόν ο e γενῆ, la cui ultima parola del composto nel greco classico esprime la provenienza e la discendenza,⁵¹ indica nell'*A Diogneto* che il Figlio, generato dal Padre, è unico. In tal senso nell'*A Diogneto* risuona la teologia del Figlio propria di Giovanni, il quale col termine *monoghene* esplica la generazione atemporale del Figlio che preesisteva insieme al Padre, perché da Lui è stato generato prima che il mondo venisse creato: "*Dio nessuno l'ha mai visto: proprio il Figlio unigenito (μονογενὴς), che è nel seno del Padre, lui lo ha rivelato*" (Gv 1,18). Al contempo l'autore dell'*A Diogneto* vuole specificare al suo interlocutore con l'uso di tale termine, in linea con Giovanni, che il Figlio in quanto generato da Dio gode di una relazione intima con il Padre fin dall'eternità perché è stato amato da Lui. Pertanto il termine μονογενὴς ben si addice a quello di ἀγαπητός perché entrambi indicano nell'*A Diogneto*, sulla stessa scia della teologia giovannea, che il Figlio, mandato dal Padre nel mondo, è unico perché è stato generato da Dio e amato da Dio fin dall'eternità.

Il verbo ἀπέστειλε in 10,2 rafforza tale concetto: il Figlio unigenito è stato inviato nel mondo perché è stato generato unico fin dall'eternità dal Padre; allo stesso modo in 8,10 il Padre ha mandato il Figlio prediletto nel mondo, perché era stato amato in modo particolare da Dio fin dall'eternità. In *A Diogneto* 10,2 risuona l'eco dell'apologia di Aristide, nella quale col termine υἱός connesso a quello di μονογενὴς viene indicato il Verbo, mediatore della creazione: "*Infatti riconoscono Dio (...) fattore e creatore di*

---

50 Ed. crit. H.I. MARROU, *A Diognète*, p. 76. Trad. di E. NORELLI, *A Diogneto*, p. 117.
51 Cfr. F. BUCHSEL, μονογενὴς, in *GLNT*, vol. VII, Brescia 1971, col. 466-469.

tutto per mezzo del Figlio unigenito (...)".[52] L'autore dell'*A Diogneto* in 8,9-11, affermando che il Figlio prediletto realizza con la sua incarnazione il mistero di salvezza del Padre in intimità stretta col Figlio, si pone in sintonia col pensiero di Ireneo:

> Colui che opera tutto in tutti è, quanto alla sua potenza e alla sua grandezza, invisibile ed inenarrabile per tutti gli esseri creati da lui (...) vi è un solo Dio padre, che contiene tutte le cose e dà a tutti di esistere, come dice appunto il Signore: "Dio nessuno l'ha mai visto, se non che il Dio unigenito, che è nel seno del Padre, ce l'ha rivelato" (Gv 1,18).[53]

Il parallelismo che intercorre tra la generazione del Figlio unigenito prima della creazione del mondo in 8,10 e la sua realizzazione storica sia in 8,10-11 che in 10,2 si riscontra nel *Dialogo con Trifone,* in cui Giustino rileva che lo stesso unigenito generato come Verbo e potenza è venuto storicamente nel mondo come uomo:

> Ho già mostrato infatti che egli era l'unigenito del Padre di tutte le cose, da lui specificamente generato quale Verbo e potenza e quindi fattosi uomo per mezzo della vergine.[54]

Nell'*A Diogneto* come nel *Dialogo con Trifone* si avverte una indiretta opposizione agli eretici gnostici che consideravano *monoghenes* una delle emanazioni divine del

---

52 ARISTIDE, *Apologia* 15,3. Ed. crit. E.J. GOODSPEED, *Die ältesten Apologeten, Texte mit kurzen Einleitungen*, p. 20. Trad. di C. ALPIGIANO, *Apologia di Aristide*, Firenze 1988, p. 114.

53 IRENEO, *Contro le eresie* IV,20,6. Ed. crit. E. ROUSSEAU – B. HEMMERDINGER – L. DOUTRELEAU – Ch. MERCIER, *Irénée de Lyon. Contre les hérésies*, Paris 1965, col. 644-646. Trad. di E. BELLINI, *Ireneo di Lione. Contro le eresie e gli altri scritti*, Milano 1979, p. 348.

54 GIUSTINO, *Dialogo con Trifone* 105,1. Ed. crit. E.J. GOODSPEED, *Die ältesten Apologeten, Texte mit kurzen Einleitungen*, p. 221. Trad. di G. VISONÀ, *Dialogo con Trifone*, p. 309.

Padre, avente la funzione di essere il mediatore tra l'incomparabile trascendenza del Pre-padre e il mondo che da lui ha avuto origine, funzione che è rispettivamente diversa da quella del Salvatore e di Gesù Cristo.[55] Un testo significativo per comprendere più pienamente tale polemica è il *Contro le eresie*, in cui Ireneo afferma l'identità dell'essere e della funzione di Cristo unigenito col Cristo salvatore in quanto è l'unigenito stesso, il Cristo nostro Signore, che si è incarnato per salvare il mondo:

> Che Giovanni conosce un solo e medesimo Verbo di Dio – e questo è l'Unigenito e si è incarnato per la nostra salvezza, Gesù Cristo nostro Signore – lo abbiamo dimostrato abbondantemente in base alle parole dello stesso Giovanni. (...). Egli ci ha salvato veramente, Egli è il Verbo di Dio, Egli è l'Unigenito del Padre, Cristo Gesù nostro Signore.[56]

L'autore dell'*A Diogneto* quindi prende le distanze dalla concezione gnostica dell'unigenito, affermando non solo l'identità tra Padre e Figlio ancora prima che il mondo venisse creato, ma anche l'identità tra il Figlio unigenito e il Gesù Cristo Salvatore in quanto è lo stesso Figlio unigenito fattosi uomo.

---

55 Per l'argomento vedi CLEMENTE ALESSANDRINO, *Estratti da Teodoto* 6-7,1-5. Ed. crit. F. SAGNARD, *Clément d'Alexandrie. Extraits de Théodote*, Paris 1970, pp. 62-72. Per un esauriente approfondimento sul pensiero gnostico relativo all'unigenito vedi A. ORBE, *Hacia la primera teologia de la procesion del Verbo*, Roma 1958; A. ORBE, *La uncion del Verbo*, Roma 1961; A. ORBE, *La teologia del Espiritu Santo*, Roma 1966.

56 IRENEO, *Contro le eresie* III,16,2.9. Ed. crit. A. ROUSSEAU – L. DOUTRELEAU, *Irénée de Lyon. Contre les hérésies*, Paris 2002, pp. 290.326. Trad. di E. BELLINI, *Ireneo di Lione. Contro le eresie e gli altri scritti*, Milano 1979, pp. 264.270. Vedi anche IRENEO, *Contro le eresie* III,19,2. Ed. crit. A. ROUSSEAU – L. DOUTRELEAU, *Irénée de Lyon. Contre les hérésies*, Paris 2002, pp. 374-378. Sul titolo *monoghene* e *agapetos* cfr. C.H. TURNER, *Ho huios mou ho agapetos*, in "Journal of theological Studies" 27 (1926), pp. 113-119.

2.3. Il logos didascalos

L'autore dell'*A Diogneto* denomina in 9,6 la benevolenza di Dio col titolo διδάσκαλος (maestro):
> Dopo aver dunque dimostrato nel tempo precedente l'impotenza della nostra natura a conseguire la vita, e aver mostrato nel tempo presente il Salvatore dotato del potere di salvare anche ciò che non può salvarsi, sul fondamento di entrambi questi argomenti volle che credessimo alla sua benevolenza (χρηστότητι), che lo (αὐτόν) considerassimo nutritore, padre, maestro (διδάσκαλον) (...).[57]

Questo titolo è verosimilmente riferito al Figlio per il fatto che l'autore dell'*A Diogneto* pospone tale titolo all'amore benevolente (χρηστότητι) del Padre che, come abbiamo visto in 9,2, si realizza nel Figlio, a cui l'autore in 9,6 sembra attribuire il pronome personale αὐτός.

Il termine διδάσκαλος, alle origini della civiltà greca, designava in senso tecnico il maestro,[58] colui che insegna, mentre in senso traslato e filosofico designava colui che aveva il compito di predisporre gli animi alla conoscenza delle arti e della verità.[59] Allo stesso modo Aristotele, nella *Metafisica,* connette la sapienza all'arte del maestro.[60] Anche

---

[57] Ed. crit. H.I. MARROU, *A Diognète*, p. 74. Trad. di E. NORELLI, *A Diogneto*, p. 114.

[58] Cfr. K.H. RENGSTORF, διδάσκω, in *GLNT*, vol. II, Brescia 1966, col. 1127.

[59] PLATONE, *Menone* 94b-95a. Ed. crit. I. BURNET, *Platonis Opera*, t. I, Oxonii 1961, pp. 94-95. SENOFONTE, *Memorabili* I,2,21. Ed. crit. E.C. MARCHANT, *Xenophon. Memorabilia and Oeconomicus*, London-Cambridge 1953, p. 20.

[60] ARISTOTELE, *Metafisica* I,981b,5-11. Ed. crit. GUDRUN VUILLEMIN-DIEM (ed.), *Aristoteles Latinus. Metaphysica*, Leiden 1976, p. 8.

lo stoico Epitteto afferma che l'arte del maestro è nobile in quanto istruisce gli stolti.[61]

L'autore dell'*A Diogneto* si avvale in 11,2 della forma verbale διδαχθείς per affermare che il Verbo, durante la sua vita terrena, istruiva gli apostoli e i discepoli perché pervenissero alla conoscenza del Padre:

> Chi infatti, rettamente istruito (διδαχθείς) e generato da un Logos benevolo, non cerca di apprendere chiaramente le cose che per mezzo di un Logos furono mostrate in maniera manifesta ai discepoli?. Ad essi le manifestò il Logos apparendo (φανείς), parlando apertamente, non compreso dagli increduli, e spiegandole invece a dei discepoli, i quali, stimati da lui fedeli, ottennero la conoscenza dei misteri del Padre.[62]

L'autore dell'*A Diogneto* impiega in 9,6 il termine διδάσκαλος per spiegare al suo interlocutore, alla luce di *A Diogneto* 11,2, che con tale titolo veniva designato Gesù che realmente è stato un maestro, il quale insegnava pubblicamente e istruiva i suoi discepoli riguardo alla volontà del Padre. L'anonimo autore pertanto ricalca l'appellativo con cui Giovanni designa Gesù:

> Gesù allora si voltò e, vedendo che lo seguivano disse: "Che cercate?" Gli risposero: "Rabbí che significa maestro (διδάσκαλε), dove abiti? (...) (Gv 1,38).

L'autore dell'*A Diogneto*, sulla falsariga di Gv 3,2 che collega al termine διδάσκαλος l'autorità di Gesù che gli proviene da Dio, fa notare che Gesù è maestro a motivo di

---

61 EPITTETO, *Diatribe* II,21,10. Ed. crit. J. SOUILHÉ, *Épictète. Entretiens*, Paris 1949, p. 93. Vedi anche G. REALE - C. CASSANMAGNAGO, *Epitteto. Diatribe manuale frammenti*, Milano 1982, pp. 279-280.

62 Ed. crit. H.I. MARROU, *A Diognète*, pp. 78-80. Trad. di E. NORELLI, *A Diogneto*, p. 123.

questa Sua relazione intima con il Padre. Per questo il Figlio ha compiuto segni e prodigi che nessuno ha mai potuto fare, affinché tutti comprendessero, come spiega Giovanni, che Gesù era la via maestra per arrivare al Padre:

> C'è tra i farisei un uomo chiamato Nicodemo, un capo dei giudei. Egli andò da Gesù, di notte, e gli disse: "Rabbí, sappiamo che sei un maestro (διδάσκαλος) venuto da Dio, nessuno infatti può fare segni che tu fai, se Dio non è con lui (Gv 3,2-3).

A tal proposito è pertinente affermare che l'anonimo autore voglia chiarire a Diogneto che l'attività didascalica di Gesù non è né partigiana né vincolante ma libera in modo che gli uditori, per dirla con Socrate,[63] non vengano coartati dal suo insegnamento a credere in Dio, ma essi stessi raggiungono e trasmettono agli altri la pienezza della loro autonomia morale, nell'aderire spontaneamente e liberamente alla conoscenza dei misteri del Padre.

Nell'*A Diogneto*, in sintonia con Gv 3,2, risuona quindi l'eco del significato traslato del concetto di maestro: Cristo istruisce i suoi discepoli alla sapienza di Dio perché l'uomo pervenga liberamente a Lui. L'anonimo autore fa notare a Diogneto che egli designa Gesù maestro in quanto rivela i misteri del Padre anche dopo la sua risurrezione, ponendosi in linea con Giovanni che lega al termine maestro l'apparizione reale di Gesù risorto in carne e ossa a Maria di Magdala:

> Gli angeli le dissero: Perché piangi? Rispose loro: "Hanno portato via il mio Signore e non so dove lo hanno posto". Detto questo, si voltò indietro e vide Gesù che stava in piedi; ma non sapeva che era Gesù. Le disse Gesù: "Donna,

---

[63] Cfr. K.H. RENGSTORF, διδάσκαλος, in *GLNT,* vol. II, Brescia 1966, col. 1131-1132.

perché piangi? Chi cerchi? (...) Gesù le disse:
Maria. Essa allora voltatasi verso di lui, gli disse
in ebraico: Rabbunì! Che significa Maestro
(διδάσκαλος) (Gv 20,13-18).

L'autore dell'*A Diogneto* in 11,2 sembra riferire l'insegnamento di Gesù non solo al periodo precedente la sua risurrezione, quando parlava liberamente istruendo tutti, ma anche al periodo posteriore la sua risurrezione: il verbo *ἐφανέρωσεν* in Gv 21,1-4 rievoca la reale umanità di Gesù, perché in Lui si è adempiuta la volontà del Padre. L'autore dell'*A Diogneto* quindi in 11,2 fa notare al suo interlocutore che il Verbo realmente istruí i suoi discepoli parlando loro della via che essi devono seguire per giungere al Padre. Si può ammettere quindi nell'*A Diogneto* in progressione crescente la stretta relazione che esiste tra *διδάσκαλος* e *ἐφανέρωσεν*: il Verbo, che in 9,6 egli denominerebbe maestro, esplica in 11,2 la sua funzione di maestro nel mondo istruendo e insegnando la via che conduce al Padre, in quanto è apparso (*ἐφανέρωσεν*) sulla terra come un vero uomo.

In tal senso in *A Diogneto* 11,2 la funzione del maestro riveste un carattere pedagogico: il Verbo è il maestro, per dirla con Clemente Alessandrino, che conduce i fedeli alla conoscenza del Padre, svelando e insegnando la via che conduce al Padre:

> Il Figlio Gesù, il logos di Dio è il nostro pedagogo, al quale Dio ha consegnato noi come un padre affettuoso che affida ad un vero pedagogo i figli, prescrivendoci apertamente: "Questi è il mio figlio diletto, ascoltatelo (Mt 17,5).[64]

---

64 CLEMENTE ALESSANDRINO, *Pedagogo* I,97,2. Ed. crit. H.I. MARROU-M. HARL, *Clément d'Alexandrie. Le Pédagogue*, Paris 1960, p. 282. Trad. di M.G. BIANCO, *Il Protrettico, il Pedagogo di Clemente Alessandrino*, Torino 1971, p. 274.

Inoltre non è da escludere che l'autore dell'*A Diogneto* pone le distanze dalla concezione eretica propria del maestro mendace per il fatto che il Verbo è il maestro perfetto che rivela la sapienza del Padre. Un testo significativo per comprendere tale concetto è la *Lettera agli Efesini* di Ignazio, nella quale Ignazio, in opposizione ai falsi maestri eretici, dichiara che il Verbo è il vero maestro in quanto compie la volontà del Padre sulla terra:

> È meglio tacere ed essere, che dire e non essere.
> È bello insegnare se chi parla opera. Uno solo è il Maestro (διδάσκαλος) (1Tm 1,5) che ha detto e ha fatto e ciò che tacendo ha fatto è degno del Padre.[65]

L'autore dell'*A Diogneto* potrebbe anche informare il suo interlocutore, in sintonia con la *Lettera agli Efesini*, anche se non lo esplicita chiaramente, che il Verbo è maestro in quanto lo era ancora prima della sua incarnazione perché sussisteva nel seno del Padre pieno della sua Sapienza: in tal modo in *A Diogneto* 11,2 il Verbo incarnato insegna pubblicamente ciò che il Padre in silenzio gli aveva rivelato prima della creazione del mondo.

L'autore dell'*A Diogneto,* affermando in 11,2 che ciò che il Verbo insegnava non è stato compreso dagli increduli, intenderebbe increduli, come nota Zincone, coloro che sull'esempio di Tommaso non reputano Gesù un uomo reale.[66] Ma si potrebbe intendere increduli anche coloro che ritengono Cristo un semplice uomo e non un essere divino come il Padre. Basti pensare all'ambiente in cui Gesù

---

65 IGNAZIO, *Lettera* agli *Efesini* 15,1. Ed. crit. PE.Th. CAMELOT, *Ignace d'Antioche Polycarpe de Smirne. Lettres Martyre de Polycarpe*, p. 70. Trad. di A. QUACQUARELLI, *I Padri Apostolici*, p. 105.
66 Cfr. S. ZINCONE, *A Diogneto*, p. 84 n. 181; R. SCHNACKENBURG, *Commentario teologico del Nuovo Testamento*, vol. IV, t. 3 a cura di G. CECCHI, Brescia 1981, p. 548; C. TRESMONTANT, *Evangile de Jean*, Paris 1984, p. 528.

predicava: i giudei reputavano Gesù semplicemente figlio di Giuseppe e di Maria. La polemica dei giudei contro la pretesa di Gesù di essere considerato maestro è riportata in Gv 7,15. Tale polemica è comprensibile solo in base al fatto che i giudei reputavano didascalos colui che studia la torah e che aveva ricevuto l'autorizzazione accademica per insegnarla.[67]

Pertanto l'autore dell'*A Diogneto*, denominando in 9,6 il Verbo col titolo di didascalos e affermando in 11,2 che egli non è stato compreso dagli increduli, prende posizione nei confronti dei giudei che reputavano didascaloi solo i cultori della Torah. L'autore dell'*A Diogneto* non prende posizione solo nei confronti dei giudei, ma anche nei confronti dei gentili che consideravano Gesù un semplice uomo. A tal proposito l'autore dell'*A Diogneto* sembrerebbe richiamarsi al discorso di Paolo all'areopago: Paolo nell'esporre ai gentili che Gesù era risorto scoppiarono a ridere (At 17,16-18). Infatti presso i Greci il didascalos era colui che istruiva gli uomini per realizzarli pienamente secondo la loro natura, che è tesa alla ricerca della sapienza.

In 11,7 l'anonimo autore aggiunge che gli increduli, non volendo comprendere l'insegnamento del Verbo, contristano la grazia, mentre coloro che credono nel Verbo comprendono i suoi insegnamenti: "*E se tu non contristerai ($\lambda v \pi \tilde{\omega} v$) questa grazia, conoscerai ($\dot{\epsilon}\pi\iota\gamma v \dot{\omega}\sigma\eta$) ciò che il Logos insegna per mezzo di chi vuole, quando lo decide*".[68] L'autore dell'*A Diogneto* impiega il termine $\lambda \dot{v} \pi \eta$ per chiarire al suo interlocutore che chi rattrista il dono gratuito di Dio, che si è compiuto nel Figlio, non può conoscere ciò che il Logos insegna. L'autore dell'*A Diogneto* si avvale del

---

67 Cfr. a tal proposito E. SCHÜRER, *Storia del popolo giudaico al tempo di Gesù Cristo*, vol. II, (ed. it. di O. SOFFRITTI), Brescia 1987, pp. 422-465.

68 Ed. crit. H.I. MARROU, *A Diognète*, p. 80. Trad. di E. NORELLI, *A Diogneto*, p. 124.

sostantivo λύπη che nel pensiero greco indica anche la malattia dell'anima.[69] Infatti per la filosofia stoica chi rattrista lo spirito volge la sua anima alle cose del mondo impedendo a Dio di abitare in essa, al quale per sua natura è ordinata:

> in realtà questi suoi impulsi a ingiuste azioni (...) e tristezze (...) sono tutti atteggiamenti propri e caratteristici di chi si viene allontanando dalla natura. Quando poi la facoltà accetta a malincuore un evento che capita, anche allora abbandona il proprio posto. In realtà è formata a nutrire sensi di religiosità e di rispetto a Dio (...).[70]

Anche Filone, influenzato dalla Stoà, arriva a dire che dall'anima del giusto è bandita la tristezza, per il fatto che senza la λύπη l'anima del giusto manifesta la gioia e la serenità che sono segni della felicità già sulla terra.[71]

L'autore dell'*A Diogneto* pertanto in 11,7, rifacendosi al significato traslato di λύπη, fa osservare a Diogneto in 11,2 che gli increduli, i quali non hanno compreso l'insegnamento del Verbo, sono anche coloro che si sono ammalati nello spirito, per il fatto che la loro anima non ha compreso e ha rigettato l'insegnamento del Verbo. In tale logica l'autore dell'*A Diogneto*, impiegando in 11,7 la voce verbale λυπῶν

---

69 Cfr. R. BULTMANN, λύπη, in *GLNT,* vol. VI, Brescia 1970, col. 843-856.

70 Cfr. MARCO AURELIO, *Colloqui con se stesso* 11,20. Trad. di E. TUROLLA, *Marco Aurelio. Colloqui con se stesso*, Milano 1995, pp. 197-198. Ed. crit. A.I. TRANNOY, *Marc-Aurèle. Pensées,* Paris 1953, pp. 131-132. Vedi anche MARCO AURELIO, *Colloqui con se stesso* 10,25. Ed. crit. A.I. TRANNOY, *Marc-Aurèle. Pensées*, p. 116.

71 FILONE, *Ciò che è deteriore suole insidiare di più* 121-123. Ed. crit. I. FEUER, *Les oeuvres de Philon d'Alexandrie. Quod deterius potiori insidiari soleat,* Paris 1965, p. 94. FILONE, *Leggi speciali* II,48-55. Ed. crit. S. DANIEL, *Les Oeuvres de Philon d'Alexandrie. De Specialibus legibus,* Paris 1975, pp. 264-268.

avente come oggetto la grazia, ricalca il passo di Ef 4,30, in cui l'autore esorta la comunità a non rattristare lo Spirito di Dio: "*E non vogliate rattristare* (μὴ λυπεῖτε) *lo Spirito Santo di Dio, col quale foste segnati per il giorno della redenzione*". Anteriormente all'*A Diogneto* nel *Pastore* di Erma viene rilevato che la λύπη è il peggiore dei mali in quanto corrompe l'uomo, allontanando lo Spirito Santo e quindi il dono della grazia:

> Ascolta, dunque, o stolto, in che modo la tristezza (λύπη) caccia lo Spirito Santo e poi salva. Quando un indeciso è indotto a qualche impresa e fallisce per la sua incertezza, il dolore entra nell'uomo, contrista (λυπεῖ) lo Spirito Santo (...) e lo caccia. Poi se la collera si attacca all'uomo per qualunque faccenda sia, lo esaspera molto di nuovo la tristezza (λύπη) subentra nel cuore dell'uomo adirato che prova dolore per l'impresa compiuta e si pente perché ha agito male (...) lungi da te la tristezza (λύπην) e non angustiare lo Spirito Santo che abita in te, perché non si rivolga a Dio contro di te e si allontani da te.[72]

Sempre in *A Diogneto* 11,7 l'anonimo autore afferma che se Diogneto non contrista questa grazia, conoscerà ciò che il Logos insegna. Con la voce verbale ἐπίγνωσις che nel greco classico designa la conoscenza della verità,[73] l'autore dell'*A Diogneto* esprime, in sintonia con Colossesi 1,9-10, non solamente la conoscenza razionale ma la conoscenza dello Spirito, a motivo del quale l'uomo apre il suo cuore a tutto ciò che il Padre ha rivelato nel Figlio:

---

[72] ERMA, *Pastore. Precetti* 10,41,1-5. Ed. crit. R. JOLY, *Hermas. Le Pasteur*, Paris 1958, pp. 188-190. Trad. di A. QUACQUARELLI, *I Padri Apostolici*, pp. 281-282.

[73] Cfr. ἐπίγνωσις, in W. BAUER, *A Greek-English*, p. 291.

> Perciò anche noi, da quando abbiamo saputo questo, non cessiamo di pregare per voi, e di chiedere che abbiate una conoscenza (ἐπίγνωσιν) piena della sua volontà con ogni sapienza e intelligenza spirituale, perché possiate comportarvi in maniera degna del Signore, per piacergli in tutto, portando frutto in ogni opera buona e crescendo nella conoscenza (ἐπιγνώσει) di Dio (...).

Quindi l'apostolo Paolo dà al termine *ἐπίγνωσις* un significato spirituale. Chi fa inabitare nel proprio cuore lo spirito di amore comprende tutto ciò che il Verbo ha insegnato e perviene alla conoscenza dei misteri del Padre, come l'apostolo evidenzia anche in Col 2,2:

> perché i loro cuori vengano consolati e cosí strettamente congiunti nell'amore, essi acquistino in tutta la sua ricchezza la piena intelligenza, e giungano a penetrare nella perfetta conoscenza (ἐπίγνωσιν) del mistero di Dio, cioè Cristo, nel quale sono nascosti tutti i tesori della sapienza e della scienza (Col 2,2-3).

Anche in *A Diogneto* 12,4-6 l'anonimo autore vuole far osservare al suo interlocutore che chi non apre il proprio cuore allo Spirito Santo, che è Spirito di amore, non riconosce ciò che il Logos insegna e, conseguentemente, non può accedere ai misteri del Padre:

> Né infatti c'è vita senza conoscenza, né conoscenza sicura senza vita vera: per questo ciascuno dei due è piantato vicino all'altro. Ben scorgendo questo significato e biasimando la conoscenza che si esercita senza il precetto di verità dato per la vita l'apostolo dice: "La conoscenza gonfia, l'amore invece edifica" (1Cor 8,1). Chi infatti crede di sapere qualcosa senza la conoscenza vera, che riceve testimonianza dalla

vita, non ha acquisito la conoscenza, è ingannato
dal serpente, perché non ha amato la vita".[74]

Nell'*A Diogneto* risuona l'eco del passo giovanneo 17,3 per il nesso che esiste tra la vita e la conoscenza. La vita eterna è possibile nella conoscenza del Padre e di colui che ha mandato: "*Questa è la vita eterna: che conoscano te, l'unico vero Dio, e colui che hai mandato, Gesù Cristo (...)*". Conseguentemente l'autore dell'*A Diogneto* non solo in 11,7 spiega al suo interlocutore che i discepoli conoscono i misteri del Padre perché sono stati fedeli all'insegnamento del Verbo, ma anche in 12,9 spiega al suo interlocutore che i santi non rattristano l'insegnamento del Logos anzi rallegrano il Verbo che li ha istruiti attraverso la grazia della chiesa come egli ribadisce in 11,6: "(...). *La fede dei vangeli è consolidata, e la grazia della chiesa esulta*".[75] Pertanto per l'autore dell'*A Diogneto* non sono solo i discepoli che hanno creduto alla dottrina del Logos, ma anche i santi che nella chiesa hanno ricevuto come suo alimento la parola di Dio che si è resa concreta nel Figlio attraverso lo Spirito. In tal modo per l'anonimo autore mentre i santi pervengono alla gioia celeste e quindi alla felicità eterna, perché non hanno rigettato l'insegnamento del Logos ma l'hanno accolto, il Verbo partecipa alla gioia dei santi che, attraverso l'azione dello Spirito, li ha degnamente istruiti. A sua volta l'anonimo autore, sull'esempio dei discepoli e dei santi, trasmette a Diogneto in 11,8 ciò che ha appreso dal Verbo, comunicando a Diogneto non una conoscenza sterile, ma una conoscenza vitale perché Egli ha accolto il dono gratuito della Parola di Dio:

Infatti, tutto ciò che siamo stati indotti a esporre
con fatica dalla volontà del Logos che ci

---

[74] Ed. crit. H.I. MARROU, *A Diognète*, p. 82. Trad. di E. NORELLI, *A Diogneto*, p. 130.

[75] Ed. crit. H.I. MARROU, *A Diognète*, p. 80. Trad. di E. NORELLI, *A Diogneto*, p. 124.

comanda, lo condividiamo con voi, spinti dall'amore per ciò che ci è stato rivelato.[76]

Pertanto nell'*A Diogneto* la gioia dei santi nella chiesa si interseca con la gioia del Verbo che li ha istruiti perché pervenissero alla conoscenza dei misteri del Padre.

2.4. Il Logos nutritore

In *A Diogneto* 9,6 nella lista dei titoli, che per la Mara[77] sono attribuibili al Verbo, compare in prima linea il termine τροφέα:

> Dopo aver dunque dimostrato nel tempo precedente l'impotenza della nostra natura a conseguire la vita, e aver mostrato nel tempo presente il Salvatore dotato del potere di salvare anche ciò che non può salvarsi, sul fondamento di entrambi questi argomenti volle che credessimo alla sua benevolenza (χρηστότητι), che lo (αὐτὸν) considerassimo nutritore (τροφέα) (...).[78]

In linea col contributo che ci ha apportato la Mara non è fuori luogo affermare che la benevolenza (*χρηστότης*) di Dio, essendo il soggetto nella frase principale, a partire dal contesto immediato di *A Diogneto* 9,1-2, assume un significato cristologico: la benevolenza di Dio si è manifestata nel Figlio e nel Figlio si identifica perché Egli, in quanto prediletto, ha avuto il potere di salvare l'impossibile alla stessa stregua del Padre. Ammesso, quindi,

---

[76] Ed. crit. H.I. MARROU, *ibid*. Trad. di E. NORELLI, *ibid*.
[77] M.G. MARA, *Osservazioni sull' "Ad Diognetum"*, in "SMSR" 35 (1964), pp. 275-276.
[78] Ed. crit. H.I. MARROU, *A Diognète*, p. 74. Trad. di E. NORELLI, *A Diogneto*, p. 114.

come ritiene Norelli[79] che la *chrestotes* è un attributo di Dio, tale attributo si rende visibile nel Figlio perché nel Figlio si compie l'amore del Padre, il quale si è rivelato nel Figlio per riscattare l'uomo dal peccato. Sulla base di ciò, pertanto, si può pensare che il pronome αὐτὸν in 9,6 sia riferito al Figlio che è la manifestazione della bontà (χρηστότητος) di Dio.

Il termine *trophé,* agli inizi del pensiero greco, ha il significato di nutrimento.[80] In Senofonte è evidente tale significato:

> Va dunque tu che sei il più anziano e riferisci le mie parole, e aggiungi che sarà mia cura provvedere al sostentamento (τροφῆς) delle forze che essi vorranno inviare.[81]

Anche in Pindaro, poeta greco lirico, il termine trophé denota la cura che il figlio di Crono ha verso i cavalli: "*Io elogio il figlio di Crono per la cura (τροφαί) che prodiga ai cavalli e perché coltiva ospitalità generosa*".[82] Tale termine nel pensiero greco, oltre ad evocare il senso di nutrimento, acquista anche il significato metaforico di educazione. Infatti Platone designa col termine *trophé* la cura nell'allevare un fanciullo e di educarlo:

> L'educazione (τροφήν) e la formazione dei giovani (παιδείαν); perché, se grazie alla buona educazione diventano uomini equilibrati, tutto ciò lo discerneranno facilmente, e non solo questo, ma anche altre cose su cui ora

---

79 E. NORELLI, *A Diogneto*, p. 115 n. 15.

80 Per il significato etimologico di τροφή cfr. *Τρέπω* in P. CHANTRAINE, *Dictionnaire étymologique de la langue grecque*, vol. II, Paris 1968, col. 1134.

81 SENOFONTE, *Ciropedia* IV,5,17. Ed. crit. e trad. di F. FERRARI, *Senofonte. Ciropedia*, vol. I, Milano 1995, pp. 378-379.

82 PINDARO, *Olimpiche* 4,14. Ed. crit. e trad. di F. FERRARI, *Pindaro. Olimpiche*, Milano 1998, pp. 112-113.

sorvoliamo, come (...). E infatti la sana educazione e formazione dei giovani se viene mantenuta tale, genera buone nature, le quali, a loro volta attenendosi ad una siffatta educazione danno alla luce altre nature ancora migliori delle prime.[83]

Parallelamente a Platone anche per lo storico Polibio il termine *trophé* assume tale connotazione:

È da ritenere che l'origine della tendenza a questo comportamento e lo stimolo maggiore risiedano nelle loro perverse abitudini di vita e nella cattiva educazione (τροφήν) ricevuta fin da piccoli, ma ancora più numerosi sono i fattori che favoriscono questa tendenza e, tra questi, quello di maggior peso è costituito dalla abituale violenza ed arroganza di chi li comanda.[84]

Molto probabilmente l'autore dell'*A Diogneto* in 9,6, mediante il termine *trophé*, vuole far notare al suo interlocutore, sulla linea di Eb 5,12-14, che Cristo è un alimento solido per coloro che credono in Lui:

avete di nuovo bisogno che qualcuno v'insegni i primi elementi degli oracoli di Dio e siete diventati bisognosi di latte e non di cibo (τροφῆς) solido. Ora, chi si nutre ancora di latte è ignaro della dottrina della giustizia, perché è ancora un bambino. Il nutrimento (τροφή) solido invece è per gli uomini fatti, quelli che hanno le facoltà esercitate a distinguere il buono dal cattivo (Eb 5,12-14).

---

[83] PLATONE, *Repubblica* 4,423E-424A. Ed. crit. I. BURNET, *Platonis Opera*, Oxonii 1962, p. 423. Trad. di G. REALE, *Platone. Tutti gli scritti*, Milano 1991, pp. 1163-1164.
[84] POLIBIO, *Storie* I,81,10. Ed. crit. Th. BUETTNER – WOBST, *Polybii Historiae*, vol. I, Stutgardiae 1962, p. 112. Trad. di A. VIMERCATI, *Polibio. Storie*, Milano 1987, p. 122.

Non è fuori luogo pensare che l'autore dell'*A Diogneto*, in linea con Eb 5,12-14, possa riferire il termine *trophé* a Cristo preesistente che, in quanto sapienza divina, e non sapienza umana ci è stata rivelata per mezzo dello Spirito come specifica l'apostolo Paolo in 1Cor 2,6-15. Ma è anche da considerare che l'autore dell'*A Diogneto* voglia dire, alla stessa stregua di 1Ts 2,7-16, con tale termine il mistero di Cristo che, annunciato dagli apostoli, è nutrimento per tutti i fedeli come per la comunità di Tessalonica:

> invece siamo stati amorevoli in mezzo a voi come una madre nutre (τροφὸς) e ha cura delle proprie creature. Cosí affezionati a voi, avremmo desiderato darvi non solo il vangelo di Dio, ma la nostra stessa vita, perché ci siete diventati cari (1Ts 2,7-9).

Anche nella *Lettera* di Ignazio *ai Romani* si evince il senso spirituale e metaforico di *trophé*, nella quale l'autore identifica il termine *trophé* col corpo e col sangue di Cristo:

> Non mi attirano il nutrimento (τροφή) della corruzione e i piaceri di questa vita. Voglio il pane di Dio che è la carne di Gesù Cristo della stirpe di Davide e come bevanda voglio il suo sangue che è l'amore incorruttibile.[85]

Stando al fatto che in *A Diogneto* 9,6 la benevolenza di Dio si manifesta nel Figlio, il quale a sua volta è la realizzazione concreta della bontà del Padre, è pertinente asserire che l'autore dell'*A Diogneto* voglia riferire tale titolo al Verbo. Prima di lui l'apostolo Giacomo, sull'esempio di Cristo, invita i suoi fedeli a dare il cibo necessario a coloro che non ce l'hanno, perché in tal modo la loro fede sia una fede concreta (Gc 2,15-18). Non è impertinente quindi pensare che l'autore dell'*A Diogneto* in 9,6 abbia inteso il

---

[85] IGNAZIO, *Lettera ai Romani* 7,3. Ed. crit. P.T. CAMELOT, *Ignace d'Antioche, Polycarpe de Smirne. Lettres, Martyre de Polycarpe*, Paris 1998, p. 116. Trad. di A. QUACQUARELLI, *I Padri Apostolici*, p. 124.

termine *τροφή* nel senso allegorico di cibo in rapporto alla fede del credente, concetto che viene esplicitamente affermato da Clemente Alessandrino:

> Nel vangelo secondo Giovanni anche il Signore indica tale cibo (latte) (τροφήν) in altro modo con simboli, dicendo: "Mangiate le mie carni e bevete il mio sangue" (Gv 6,53) indicando allegoricamente sotto il nome di nutrimento e di bevanda ciò che si manifesta della fede e della promessa (...). 39,1: e se alcuni volessero ancora fare dispute, sostenendo che il latte indica le cognizioni elementari, paragonate ai primi elementi (τροφάς), e il cibo le cognizioni spirituali, innalzando se stessi alla gnosi, sappiamo che riservando il nome di cibo al nutrimento solido, alla carne e al sangue di Gesù, sono trascinati dalla loro sapienza vanagloriosa contro la semplice verità.[86]

È pertanto da supporre che l'anonimo autore esorti Diogneto a credere nel Verbo che è il cibo spirituale per i saggi, ponendosi in sintonia a quanto Clemente Alessandrino dice nel suo *Pedagogo*: "*Quando il Padre benigno e misericordioso ha diffuso la rugiada del Logos, è divenuto lui stesso cibo spirituale per i saggi*".[87] Pertanto sembra che l'anonimo autore conferisca al termine un chiaro senso pedagogico: egli si pone così sulla stessa orma del motivo pedagogico del Logos proprio di Clemente Alessandrino. Logos che, nutrendoci del suo corpo e del suo

---

[86] CLEMENTE ALESSANDRINO, *Pedagogo* I,6,38,2-3.39,1. Ed. crit. H.I. MARROU – M. HARL, *Clément d'Alexandrie. Le Pédagogue*, pp. 180-182. Trad. di M.G. BIANCO, *Il Protrettico, Il Pedagogo di Clemente Alessandrino*, Torino 1971, p. 228.
[87] CLEMENTE ALESSANDRINO, *Pedagogo* I,6,41,3-42. Ed. crit. H.I. MARROU – M. HARL, *Clément d'Alexandrie. Le Pédagogue*, p. 186. Trad. di M.G. BIANCO, *Il Protrettico, Il Pedagogo*, p. 230.

sangue, ci rende degni di partecipare alla sua vita divina; alla stessa stregua di Cristo, per il quale il suo cibo era di compiere la volontà del Padre:

> Io, dice il Signore, ho un cibo da mangiare che voi non conoscete; mio cibo è fare la volontà di colui che mi ha mandato (Gv 4,32-34). Guardate che un'altra cosa ancora, cioé la volontà del Padre è chiamato cibo, con un'allegoria vicina press'a poco a quella del latte (...). 46,1 Cosí per il Cristo il cibo era fare la volontà del Padre, per noi fanciulli lo stesso Cristo è cibo, e noi beviamo il logos del cielo.[88]

Si può scorgere nel termine *trophé* di *A Diogneto* 9,6 anche un intento polemico contro gli stessi seguaci di Mitra e contro gli gnostici che rinnegavano la reale presenza del Verbo nelle specie del pane e del vino facendo intuire, in sintonia con Giustino, che il pane e il vino nel memoriale della sua passione sono veramente il corpo e il sangue di Cristo:

> Non infatti come cibo comune né come comune bevanda prendiamo queste cose; ma nel modo in cui Gesù Cristo, nostro salvatore, incarnatosi per mezzo del Verbo di Dio, assunse corpo e sangue per la nostra salvezza, allo stesso modo quel cibo su cui si è reso grazie con la parola di ringraziamento da parte dello stesso Gesù e del quale cibo anche il sangue e le carni sono nutrite per nostra trasformazione, ci fu insegnato essere carne e sangue del Gesù incarnato (...). Cosí i demoni malvagi, imitatori, insegnarono che ciò si

---

[88] CLEMENTE ALESSANDRINO, *Pedagogo* I,6,45,4. Ed. crit. H.I. MARROU – M. HARL, *Clément d'Alexandrie. Le Pédagogue*, p. 192. Trad. di M.G. BIANCO, *Il Protrettico, Il Pedagogo*, pp. 233-234; cfr. Anche I,6,26,2-3. Ed. crit. H.I. MARROU – M. HARL, *Clément d'Alexandrie. Le Pédagogue*, pp. 158-160.

verificava anche nei misteri di Mitra; ed infatti pane e coppa d'acqua sono posti nei riti dell'iniziazione assieme ad alcune perorazioni: o ne siete a conoscenza, o potete impararlo.[89]

Peraltro non è da escludere che l'anonimo autore con tale termine indichi la potestà creatrice del Verbo, richiamandosi a Clemente Romano, il quale connette tale termine alla funzione creatrice del Verbo che dà alla terra la sua fecondità, affinché gli uomini che vivono su di essa traggano il necessario nutrimento:

> Il giorno e la notte compiono il corso da Lui stabilito e non si intralciano a vicenda. Il sole e la luna (...) girano in armonia senza deviazione (...). La terra, feconda per Sua volontà, produce abbondante nutrimento (τροφήν) per gli uomini, per le fiere e per tutti gli animali che vivono su di essa (...).[90]

Tale concezione riaffiora nel *Corpus hermeticum,* dove col termine *trophé*, preceduto dal termine pater, viene denominato il demiurgo creatore:

> Il Padre (πατήρ) è causa sia della generazione sia dell'allevamento (τροφῆς) dei figli, in quanto ne ha ricevuto l'impulso dal Bene attraverso il sole.[91]

In relazione al contesto prossimo di *A Diogneto* 7,2 e di *A Diogneto* 10,2, dove l'azione creatrice del Verbo è finalizzata all'uomo, si può desumere pertanto che l'autore

---

89 GIUSTINO, *1Apologia* 66,2.4. Ed. crit. E.J. GOODSPEED, *Die ältesten Apologeten, Texte mit kurzen Einleitungen,* pp. 74-75. Trad. di C. BURINI, *Gli Apologeti greci,* p. 147.

90 CLEMENTE ROMANO, *Epistola ai Corinti* I,20,2-4. Ed. crit. A. JAUBERT, *Clemens Romanus, Epître aux Corinthiens,* Paris 1971, p. 134. Trad. di A. QUACQUARELLI, *I Padri Apostolici,* p. 63.

91 *Corpus hermeticum* X,3. Ed. crit. A.D. NOCK - A.J. FESTUGIÈRE - I. RAMELLI, *Corpus hermeticum,* Milano 2005, pp. 256-257.

dell'*A Diogneto* in 9,6 concilii il termine *trophé* anche all'azione del Verbo in qualità di demiurgo creatore.

2.5. Il Logos padre

L'autore dell'*A Diogneto* in 9,6, proseguendo a connotare l'identità benevolente della provvidenza divina, Le attribuisce anche il termine padre. Egli nel contesto immediato di *A Diogneto* 9,1-6 darebbe al termine padre una colorazione non metafisica ma prettamente cristologica, dal momento che a tale titolo l'autore fa precedere in 9,2-6 la venuta del Verbo redentore, nel quale si è manifestata la benevolenza di Dio. Anche nel contesto prossimo di *A Diogneto* 10,2 l'anonimo autore spiega che Dio dà all'uomo il regno di Dio, solo se ha amato il Figlio unigenito che il Padre ha inviato nel mondo come conseguenza del suo amore per gli uomini:

> Dio infatti ha amato gli uomini: per essi ha fatto il mondo, a essi ha sottomesso tutto quanto è sulla terra, a essi ha dato ragione e intelligenza (...) a essi ha inviato il suo figlio unigenito, a essi ha promesso il regno che è nei cieli, che darà a quanti lo avranno amato.[92]

Quindi nel contesto prossimo di *A Diogneto* 10,2 l'amore di Dio è strettamente connesso al Figlio per il fatto che solo nell'aver amato il Figlio Unigenito, all'uomo diventa possibile ricevere il regno di Dio. Anche se in *A Diogneto* 10,2 non figura il termine padre è possibile per l'uomo

---

92 Ed. crit. H.I. MARROU, *A Diognète*, p. 76. Trad. di E. NORELLI, *A Diogneto*, p. 117. Per il titolo di padre in generale vedi V. GROSSI, *Il titolo cristologico di "Padre" nell'antichità cristiana*, in "Augustinianum" 16 (1976), pp. 237-269; F. BOLGIANI, *La paternità di Dio nei Padri Apologeti Greci*, in S.A. PANIMOLLE (a cura di), *Dizionario di spiritualità biblico-patristica,* vol. 1: *Abba' Padre*, Roma 1992, pp. 194-219, in particolare per Giustino le pp. 200-204.

risalire a Dio solo attraverso il figlio che è il Verbo, perché nel Verbo Dio ha manifestato il suo amore per il mondo.

Inoltre in 12,9 l'autore dell'*A Diogneto* accosta al titolo di padre la gloria di Dio che si dispiega nel sacrificio pasquale del Figlio, attraverso il quale viene glorificato Dio Padre:

> E la salvezza si mostra, gli apostoli sono dotati d'intelligenza, la Pasqua del Signore si avvicina, i tempi si uniscono e il Logos si armonizza con il cosmo, e istruendo i santi si allieta, lui, per mezzo del quale è glorificato il Padre, cui è la gloria nei secoli. Amen.[93]

Ancora prima dell'*A Diogneto*, nel *Pastore* di Erma il Padre rivela la sua identità nel Figlio, dato che il Padre ha dato tutto al Figlio. Il Figlio a sua volta detiene un'indiscussa potenza e signoria allo stesso modo del Padre su tutto il genere umano, avendo cancellato i peccati e insegnato le vie della salvezza:

> il figlio di Dio non è sotto forma di servo, ma in grande potenza (...) e signoria (...) Dio piantò la vigna, cioé creò il popolo e lo diede al figlio suo e il figlio stabilí gli angeli su di loro per custodire ognuno. Egli cancellò i loro peccati patendo assai e sostenendo molte fatiche (...). Egli, avendo purificato i peccati del popolo, insegnò le vie della vita, dando la legge ricevuta dal Padre.[94]

Nello stesso ordine di idee si pone Clemente Alessandrino, il quale mette in evidenza la reciprocità del ruolo del Padre nei confronti del Figlio, per cui il Figlio è l'unica via della salvezza, senza il quale non è possibile

---

[93] Ed. crit. H.I. MARROU, *A Diognète*, pp. 82-84. Trad. di E. NORELLI, *A Diogneto*, p. 131.

[94] ERMA, *Pastore, Similitudini* V,6,1. Ed. crit. R. JOLY, *Hermas. Le Pasteur*, Paris 1968, pp. 236-238. Trad. di A. QUACQUARELLI, *I Padri Apostolici*, p. 300.

vedere il Padre perché Egli ha rivelato tutto al Figlio:

> Le porte del Verbo sono infatti razionali e si aprono con la chiave della fede: "Nessuno conosce il Padre se non il Figlio e colui al quale il Figlio lo abbia rivelato" (Mt 11,27). So bene che colui che apre la porta finora chiusa rivela poi quanto vi è al di là e mostra quello che non è possibile conoscere se prima non si è passati per il Cristo (...), per il quale soltanto è possibile vedere Dio.[95]

Ancora una volta è possibile asserire che il titolo di Padre, impiegato dall'anonimo autore in 9,6, possa essere riferito al Figlio. Alla luce di *A Diogneto* 10,2 infatti il Padre tramite il Figlio ha creato il mondo, in quanto il Figlio ha la funzione di coadiuvare il Padre nell'opera creatrice del mondo come egli stesso spiega in 7,2:

> non come qualcuno potrebbe immaginare, inviando agli uomini un subalterno, un angelo o un arconte, uno di coloro che governano le cose terrene o ai quali è affidata l'amministrazione del cielo, bensí proprio l'artefice (τεχνίτην) e l'ordinatore (δημιουργόν) dell'universo, per mezzo del quale ha creato i cieli, per mezzo del quale ha racchiuso il mare nei suoi confini (...).[96]

In *A Diogneto* 7,2 il Figlio viene denominato non solo col titolo di *techniten* ma anche col titolo di *demiourgos* di tutte le cose, titolo che in *A Diogneto* 8,7 è pure attribuito a Dio-padre. A tal riguardo l'anonimo autore fa notare a Diogneto che il Figlio, alla stessa stregua del Padre, ha il

---

95 CLEMENTE ALESSANDRINO, *Protrettico* I,10,3. Ed. crit. C. MONDÉSERT – A. PLASSART, *Clément d'Alexandrie. Le Protreptique*, Paris 1976, p. 66. Trad. di M.G. BIANCO, *Il Protrettico, Il Pedagogo*, pp. 80-81.
96 Ed. crit. H.I. MARROU, *A Diognète*, pp. 66-68. Trad. di E. NORELLI, *A Diogneto*, p. 101.

potere di creare il mondo e tutto ciò che esso contiene: "*Dio infatti, il padrone e creatore (δημιουργός) dell'universo*" (8,7).[97] Alla luce di tali considerazioni pertanto il titolo di padre in 9,6 può essere riferito anche al Figlio, dal momento che nel Verbo si è manifestata la benevolenza e l'amore di Dio, come l'autore afferma chiaramente in 9,2-4, e che il Verbo, come l'autore afferma in 7,2, è considerato demiurgo e artefice come il Padre.

L'autore dell'*A Diogneto* per presentare al suo interlocutore tale concetto si avvale del termine greco πατήρ col quale Platone nel *Timeo* denomina il demiurgo, che è il fattore del mondo.[98] Anche il medio-platonico Plutarco, richiamandosi al *Timeo* di Platone, denomina col termine padre non solo il demiurgo ma anche l'intelligenza e le idee: "*Platone chiama dunque l'intelligibile anche idea, modello e Padre*".[99] Sulla stessa linea di Plutarco si muove Attico, il quale, identificando il Bene col demiurgo del *Timeo* platonico, denomina col titolo padre il demiurgo, il tutore di tutte le cose:

> Platone pensa che Dio è il padre, il demiurgo, il padrone e il tutore di tutte le cose proprio grazie a queste nature primarie e, in base alle sue opere, riconosce che l'artefice prima pensa ciò che è in procinto di fabbricare, e solo successivamente infonde nelle cose la somiglianza a ciò che ha pensato.[100]

---

[97] Ed. crit. H.I. MARROU, *A Diognète*, p. 70. Trad. di E. NORELLI, *A Diogneto*, p. 108.
[98] PLATONE, *Timeo* 28a-29a. Ed. crit. I. BURNET, *Platonis Opera*, Oxonii 1962.
[99] PLUTARCO, *Iside e Osiride* 373E. Ed. crit. Ch. FROIDEFOND, *Plutarque. Oeuvres morales*, t. V, Paris 1988, p. 227. Trad. di S. LILLA, *Introduzione al medio platonismo*, Roma 1992, p. 15.
[100] ATTICO, *frammento* 9,5,35-39. Ed. crit. E. DES PLACES, *Atticus. Fragments*, p. 69. Trad. di S. LILLA, *Introduzione al medio platonismo*, p.

Il Figlio era stato denominato col titolo di Padre già da Giustino, il quale afferma che il figlio demiurgo è padre perché della stessa entità divina del Padre, in polemica con i giudei che denominano padre solo dio, in quanto negano che il Figlio possa essere dio come il padre.[101]

L'anonimo autore, attribuendo il termine padre al Figlio, prende posizione nei confronti del medio-giudaismo. Infatti Filone, che è l'antesignano del pensiero giudaico, afferma l'unicità dell'essere divino del Padre.[102] Si può affermare anche che l'autore dell'*A Diogneto* impiega il termine greco $\pi\alpha\tau\acute{\eta}\rho$ per rendere noto a Diogneto che tra Padre e Figlio vi è unità, dato che in 8,9 e in 9,1 viene affermato che il Figlio era con il Padre prima della creazione del mondo. Molto probabilmente l'autore dell'*A Diogneto* si richiama per il concetto dell'unità tra Padre e Figlio ai testi giovannei, in particolare a Gv 17,21-23. Anche nel testo apocrifo degli *Atti di Giovanni* risuona tale concetto.[103] Se da una parte l'autore dell'*A Diogneto* ricalca da Giovanni il motivo dell'unità ontologica tra Padre e Figlio come soggetti distinti, per mostrare al suo interlocutore che tra Padre e Figlio esiste una compartecipazione reale, dall'altra l'autore dell'*A Diogneto* si avvale del termine padre, termine che nel pensiero medio-platonico e stoico connota la funzione organizzatrice della divinità quale principio vitale di ordine razionale, per chiarire a Diogneto che il Figlio, principio di ordine razionale, è Padre in quanto crea il mondo. L'autore

---

60.

101 GIUSTINO, *1Apologia* 1,63. Ed. crit. E.J. GOODSPEED, *Die ältesten Apologeten, Texte mit kurzen Einleitungen*, pp. 71-73.

102 FILONE, *Allegorie delle leggi* 1,64. Ed. crit. C. MONDÉSERT, *Les Oeuvres de Philon d'Alexandrie. Legum Allegoriae*, t. 2, Paris 1962, p. 74. Cfr. Anche *Costruzione del mondo* 46.89.156. Ed. crit. R. ARNALDEZ, *Les oeuvres de Philon d'Alexandrie. De Opificio mundi*, Paris 1961, pp. 170.200.246.

103 *Atti di giovanni* 96-100. Ed. crit. M. BONNET (ed.), *Acta Apostolorum Apocrypha*, vol. I, Hildesheim 1959, pp. 198-201.

dell'*A Diogneto* pertanto si muove sulla stessa linea di Clemente Alessandrino, secondo il quale il Verbo è denominato padre perché è tutto nel Padre in quanto vi è unità e relazionalità tra Padre e Figlio.[104] A partire da tale ottica il Verbo, nell'*A Diogneto* come nel *Pedagogo*, funge da pedagogo e da padre, in quanto conduce chi lo segue alla conoscenza della verità. All'unisono con l'*A Diogneto* è il testo quartodecimano di Melitone di Sardi, il quale, nel trattato *Sulla pasqua*, attribuisce al Verbo sia la funzione di padre che quella di figlio. Melitone salvaguarda l'unità del Figlio rispetto al Padre perché il Figlio, in quanto generato dal Padre è Figlio e, in quanto crea tutte le cose, è Padre: "*Il Figlio* (*egli*) *in quanto genera è Padre, in quanto è generato è Figlio*".[105]

Similmente Atenagora afferma che il Figlio è nel Padre e il Padre nel Figlio:

> a sua immagine e per mezzo di lui tutte le cose sono state generate poiché il Padre e il Figlio sono una cosa sola e poiché il Figlio è nel Padre e il Padre nel Figlio nell'unità e nella potenza dello Spirito; mente e verbo del Padre è il Figlio di Dio.[106]

Non è neanche fuori luogo pensare che in *A Diogneto* 9,6 il titolo di padre possa essere riferito al Verbo non solo

---

104 CLEMENTE ALESSANDRINO, *Pedagogo* I,7,53,1; I,8,71,3. Ed. crit. H.I. MARROU – M. HARL, *Clément d'Alexandrie. Le Pédagogue*, pp. 206.236-238 e III,12,101,1. Ed. crit. C. MONDÉSERT – CH. MATRAY – H.I. MARROU, *Clément d'Alexandrie. Le Pedagogue*, Paris 1970, p. 188. Cfr. Anche V. GROSSI, *Il titolo cristologico "Padre" nell'antichità cristiana*, in "Augustinianum" 16 (1976), p. 253.

105 MELITONE DI SARDI, *Sulla Pasqua* 9,63-64. Ed. crit. O. PERLER, *Méliton de Sardes. Sur la Pâque et fragments*, Paris 1966, p. 64. Trad. di V. Grossi, *Il titolo cristologico*, p. 256.

106 ATENAGORA, *Supplica per i cristiani* 10,2. Ed. crit. E.J. GOODSPEED, *Die ältesten Apologeten. Texte mit kurzen Einleitungen*, p. 324. Trad. di C. BURINI, *Gli Apologeti greci*, pp. 261-262.

in relazione alla sua funzione redentrice e creatrice, ma anche in relazione alla sua funzione didattica che egli manifestò al mondo tramite i discepoli, dato che in 11,2 l'anonimo autore spiega al suo interlocutore che, attraverso l'insegnamento del Verbo, è possibile pervenire alla conoscenza dei misteri del Padre:

> Chi infatti, rettamente istruito e generato da un Logos benevolo, non cerca di apprendere chiaramente le cose che per mezzo di un Logos furono mostrate in maniera manifesta ai discepoli? Ad essi le manifestò il Logos apparendo, parlando apertamente, non compreso dagli increduli, e spiegandole invece a dei discepoli, i quali, stimati da lui fedeli, ottennero la conoscenza dei misteri del Padre.[107]

Quindi, partendo dal fatto che in 11,2, come afferma Norelli, i misteri del Padre rappresentano la dottrina della fede rivelata dal Figlio ai discepoli[108] e che in 10,1 la conoscenza di Dio si rivela nella fiducia da parte dell'uomo di essere stato salvato nel Figlio, è da concludere che il titolo di Padre in *A Diogneto* 9,6 potrebbe riferirsi al Figlio: infatti sia alla luce di *A Diogneto* 10,1, per mezzo del Verbo si arriva alla conoscenza del Padre in quanto Egli (il Figlio) è espressione della sua stessa bontà e amore, sia anche alla luce di *A Diogneto* 11,2, per mezzo del Verbo che ha impartito ai discepoli l'insegnamento sui misteri di Dio in quanto sapienza stessa del Padre, i discepoli possono giungere alla conoscenza di Dio. A tal proposito sembra pertinente affermare che il titolo di Padre in *A Diogneto* 9,6, alla luce di *A Diogneto* 10,2 e 11,2, riveste un'importanza salvifica anche per coloro che vogliono ereditare il regno di Dio attraverso l'imitazione del Verbo, nell'amore verso il

---

107 Ed. crit. H.I. MARROU, *A Diognète*, pp. 78-80. Trad. di E. NORELLI, *A Diogneto*, p. 123.

108 E. NORELLI, *A Diogneto*, p. 125 n. 11.

prossimo e nella comprensione del suo messaggio evangelico: coloro che imitano il Verbo nell'amare il prossimo e nel comprendere l'insegnamento del Verbo divengono a loro volta i "*padri*" della verità perché mostrano agli altri la via per arrivare al Padre, alla stessa stregua del Figlio unigenito.

Un testo significativo per illustrare tale concetto è la *Lettera* alla comunità di Filadelfia, nella quale Ignazio di Antiochia diviene "*padre*" per i credenti perché li esorta a diventare imitatori di Cristo.[109] Anche lo pseudo-Barnaba ammonisce i cristiani a diventare imitatori della bontà di Dio che si è realizzata nel Figlio.[110] Quindi in *A Diogneto* 9,6 si può annettere al titolo di padre un senso analogico in riferimento ai credenti: essi partecipano alla conoscenza di Dio perché essi imitano il Verbo che diviene per loro Padre nell'ascolto della Sua parola e nella testimonianza fattiva della carità.

2.6. Il Logos consigliere

Nella lista dei titoli, attribuibili al Logos, (Verbo), in *A Diogneto* 9,6 compare anche quello di σύμβουλον. Il termine greco σύμβουλον, che risulta essere composto dall'unione della particella συν con la voce verbale βούλομαι, designa una deliberata volontà di pervenire a una decisione insieme a qualcuno,[111] venendo a esprimere in tal

---

109 IGNAZIO di Antiochia, *Lettera ai Filadelfiesi* 7,2. Ed. crit. P.Th. CAMELOT, *Ignace d'Antioche Polycarpe de Smyrne. Lettres Martyre de Polycarpe*, p. 126. Trad. di A. QUACQUARELLI, *I Padri Apostolici*, p. 130.
110 Ps. BARNABA, *Epistola* 2,9. Ed. crit. F.S. BARCELLONA, *Lettera di Barnaba*, pp. 80-82.
111 Per il significato etimologico di συμβούλιον cfr. συμβούλιον in W. BAUER, *A Greek-English*, p. 778; H.G. LIDDEL - R. SCOTT, *A Greek-*

modo una relazione tra persone che si ritrovano insieme per decidere su qualcosa.

Infatti nel suo significato primitivo la voce verbale βούλομαι indica la volontà di scegliere: Omero in particolar modo dà al termine tale significato: "*voglio (βούλομ ἐγώ) che l'armata si salvi, non che si perda (...)*".[112] Anche il prosatore e storico Erodoto che visse nel V sec. a.C. dà al termine tale significato: "*Per me stesso e per quanti mi stanno a cuore desidero (βούλομαι) che alcune cose riescano felicemente e altre falliscano (...)*".[113] Conseguentemente, sempre nel pensiero greco, la voce verbale βούλομαι, che insieme alla particella σύν compone la voce verbale συνβούλομαι, viene a designare la predisposizione di porsi in interrelazione con qualcuno per ascoltare i suoi suggerimenti. Infatti in Senofonte, il termine σύμβουλον assume il significato di consiglio che Ciro chiede alle divinità dopo avere compiuto sacrifici in loro onore:

> Ciro sacrificò dapprima a Zeus re, poi alle altre divinità e chiese che col loro favore e la loro benevolenza fossero all'esercito guide e fiancheggiatori valenti e suggeritori di buoni consigli (σύμβουλων τῶν ἀγαθῶν).[114]

Lo stesso significato ricorre anche in Platone:

> Nessun dio e nessun uomo che abbia un minimo

English Lexicon, Oxford 1995, col. 1677.

112 OMERO, *Iliade* I,117. Ed. crit. P. MAZON – P. CHANTRAINE – P. COLLART, *Homère. Iliade*, Paris 1961, p. 8. Trad. di M.G. CIANI – E. AVEZZÙ, *Iliade di Omero*, Torino 1998, p. 109.

113 ERODOTO, *Storie* III,40,8. Ed. crit. Ph.E. LEGRAND, *Hérodote. Histoires*, Paris 1958, p. 68. Trad. di A. COLONNA - F. BEVILACQUA, *Le storie di Erodoto*, vol. I, Torino 1996, p. 520. Cfr. anche ERODOTO, *Storie* III,124,10. Ed. crit. Ph.E. LEGRAND, *Hérodote. Histoires*, p. 161.

114 SENOFONTE, *Cyropedia* 3,3,21. Ed. crit. e trad. di F. FERRARI, *Senofonte. Ciropedia*, Milano 1995, p. 303.

di buon senso (νοῦν ἔχων σύμβουλος) potrebbe istigare qualcuno a trascurare i propri genitori".[115]

In *A Diogneto* 9,6 col termine *σύμβουλος* l'autore denomina la benevolenza di Dio che si è compiuta nel Figlio in quanto il Padre, come l'autore dell'*A Diogneto* rileva nel contesto immediato di 9,1-6, aveva deciso il piano di salvezza insieme al Figlio:

> Dentro di sé sapeva dunque ogni cosa, avendola disposta insieme con suo figlio (...). Dio aveva prestabilito di manifestare la propria benevolenza (...) consegnò lui stesso il proprio figlio in riscatto per noi (...) aver mostrato nel tempo presente il Salvatore dotato del potere di salvare anche ciò che non può salvarsi, sul fondamento di entrambi questi argomenti volle che credessimo alla sua benevolenza, che lo considerassimo (...) consigliere.[116]

Quindi in *A Diogneto* 9,6 il termine *σύμβουλος* ben si addice al Verbo per il fatto che tale termine implica una relazione tra padre e figlio per cui l'uno si consiglia con l'altro: in tal modo il Verbo diviene consigliere del Padre perché tra Padre e Figlio sussiste una comune decisione. Come conseguenza del fatto che il Padre ha predisposto il suo piano salvifico, in comune accordo con il Figlio fin dall'eternità, il Padre, per l'anonimo autore in 8,9, ha comunicato solo al Figlio questa sua volontà salvifica perché con il Figlio il Padre si è consigliato prima della creazione del mondo, essendo il Figlio il principale collaboratore del Padre: "*Avendo però concepito un*

---

115 PLATONE, *Leggi* XI,930e. Ed. crit. I. BURNET, *Platonis Opera*, t. 5, Oxonii 1959, p. 930. Trad. di G. REALE, *Platone. Tutti gli scritti*, Milano 1991, p. 1712. Cfr. Anche ESCHILO, *Supplica* 170. Ed. crit. P. MAZON, *Eschile*, Paris 1963, p. 19.

116 Ed. crit. H.I. MARROU, *A Diognète*, pp. 72-74. Trad. di E. NORELLI, *A Diogneto*, pp. 113-114.

progetto grande e inesprimibile, lo comunicò solo al proprio Figlio".[117] L'autore dell'*A Diogneto* in 11,7 conferisce al Figlio la piena potestà per il fatto che il Figlio, avendo disposto tutto con il Padre, come l'autore ha affermato in 9,1, prende su di sé la stessa autorità del Padre in quanto il Figlio decide a chi impartire il suo insegnamento: "*E se tu non contristerai questa grazia, conoscerai ciò che il Logos insegna per mezzo di chi vuole, quando lo decide (βούλεται)*".[118] L'autore dell'*A Diogneto*, mediante tale termine, che evoca una volontaria comunione tra Padre e Figlio, ricalca il passo neotestamentario di Rm 11,33-36. In esso Paolo denomina il Figlio consigliere (σύμβουλος) del Padre mediante la citazione di Is 40,13, in quanto il Figlio è partecipe della volontà del Padre e condivide la sua volontà realizzando il progetto che il Padre ha deciso su di lui:

> O profondità della ricchezza, della sapienza e della scienza di Dio! Quanto sono imperscrutabili i suoi giudizi e inaccessibili le sue vie! Infatti, chi mai ha potuto conoscere il pensiero del Signore?
> O chi mai è stato suo consigliere (σύμβουλος)?
> O chi gli ha dato qualcosa per primo, sí che abbia a riceverne il contraccambio? (Rm 11,33-36).

Anche in 11,27 Matteo evidenzia che il Figlio realizza la missione che il Padre gli ha affidato, in quanto il Figlio rivela il Padre a coloro che Egli vuole:

> Tutto mi è stato dato dal Padre mio; nessuno conoce il Figlio se non il Padre, e nessuno conosce il Padre se non il Figlio e colui al quale il Figlio lo voglia (βούλεται) rivelare (Mt 11,27-

---

117 Ed. crit. H.I. MARROU, *A Diognète*, p. 70. Trad. di E. NORELLI, *A Diogneto*, p. 108.
118 Ed. crit. H.I. MARROU, *A Diognète*, p. 72. Trad. di E. NORELLI, *A Diogneto*, p. 124.

28).

Tenendo conto quindi dei significati che il termine σύμβουλος riveste in 8,9 e in 9,1 l'autore dell'*A Diogneto* dà al termine σύμβουλον più un senso cristocentrico che teocentrico, al quale invece si riconducono le concezioni medio-giudaiche e rabbiniche.

Infatti Filone, in ambito medio-giudaico, servendosi del linguaggio filosofico greco per far notare ai cultori della filosofia greca e della filosofia della religione, le concezioni medio-giudaiche relative agli attributi di Dio, allude col termine βούλημα alla volontà di Dio che decise di creare il mondo:

> Cosí, quando volle (βουληθείς) creare questo nostro mondo visibile, foggiò prima il mondo intelligibile per poter disporre di un modello incorporeo e in tutto simile al divino, ai fini di creare il mondo materiale (...).[119]

Anche Flavio Giuseppe usa tale termine riferendolo alla volontà di Dio: "*Siccome era suo volere (βουλόμενος) che la posterità di Lui si astenesse dall'amalgamarsi con gli altri, Dio gli ordinò di circonciderlo (...)*".[120]

L'autore dell'*A Diogneto* prende pertanto le distanze dalle concezioni medio-giudaiche e rabbiniche. Infatti secondo queste concezioni Dio si consigliava con gli angeli al fine di creare l'uomo: "*Prima della creazione del mondo Dio fu tanto umile da consultarsi con gli angeli intorno al*

---

[119] FILONE, *La creazione del mondo* 16. Ed. crit. R. ARNALDEZ, *Les oeuvres de Philon d'Alexandrie. De Opificio mundi*, Paris 1961, p. 150. Trad. di C.K. REGGIANI, *Filone Alessandrino. De Opificio Mundi, De Abrahamo, De Josepho*, Roma 1979, p. 54.

[120] FLAVIO GIUSEPPE, *Antichità giudaiche* I,192. Ed. crit. H. St. J. THACKERAY, *Josephus. Jewish Antiquities*, London-Cambridge 1961, p. 94. Trad. di L. MORALDI, *Flavio Giuseppe. Antichità giudaiche*, Torino 1998, p. 81.

suo proposito di formare l'uomo".[121] Anche nel *Targum Bereshit* 1, che è una raccolta di omelie sul Pentateuco, viene rilevato che prima della creazione del mondo Dio si consigliò con la torah: "*Quando il Santo, creò il suo mondo, si consigliò con la torah e creò il suo mondo*".[122]

2.7. Il Logos medico

L'autore dell'*A Diogneto* impiega in 9,6 il termine ἰατρός. Il termine ἰατρός nel linguaggio greco ha un duplice significato: concreto e metaforico. Nel suo significato concreto il termine *iatros* designa il medico che guarisce le ferite e le malattie del corpo.[123] Omero aveva un'alta considerazione della mansione del medico:

> molto più di altri uomini vale un medico (ἰατρός) per estrarre le frecce e spalmare sulle ferite farmaci che placano il male.[124]

In epoca più tarda gli dei vengono considerati i medici che guariscono il corpo e lo spirito di ogni individuo.[125] In Platone il medico viene identificato con Eros che libera l'uomo dai mali terreni procurandogli la felicità, che è il massimo compimento della salute umana:

> Infatti Eros è, fra gli dei, il più amico degli uomini, perché è soccorritore degli uomini e medico (ἰατρός) di quei mali che, se fossero risanati, ne verrebbe alla stirpe umana la più

---

121 Cfr. L. GINZBERG, *Le leggende degli ebrei*, vol. I, p. 63.

122 P. TASINI, *In principio. Interpretazioni ebraiche del racconto della creazione. Il midrash*, vol. I, Roma 1988, p. 54.

123 Cfr. A. OEPKE, *ἰάομαι*, in *GLNT*, vol. IV, Brescia 1968, col. 668-672.

124 OMERO, *Iliade* XI,514. Ed. crit. P. MAZON – P. CHANTRAINE – P. COLLART – R. LANGUMIER, *Homère. Iliade*, Paris 1961, p. 128. Trad. di M.G. CIANI – E. AVEZZÙ, *Iliade di Omero*, Torino 1998, p. 543.

125 Cfr. A. OEPKE, *ἰάομαι*, in *GLNT*, vol. IV, Brescia 1968, col. 679-683.

grande felicità.[126]

In ambito medioplatonico Plutarco, in linea con Platone, per il quale medico viene designato Eros, che è il dio amico degli uomini, denomina con tale titolo gli dei.[127] A tale significato non era disgiunta la pratica magica che considerava la malattia come il risultato dell'azione punitiva degli dei malvagi, azione che veniva combattuta con l'ausilio di alcune sostanze. Secondo la testimonianza di Diogene Laerzio, scrittore e filosofo greco vissuto nel III sec. d.C., venivano offerti sacrifici a divinità sconosciute per rabbonire le divinità adirate:

> Nicia vinse nella 46.ma Olimpiade per purificare la loro città e fece cessare la peste nella maniera seguente. Avendo preso delle pecore nere e bianche, le condusse sull'Areopago. E le lasciò andare dove esse volevano, dopo avere ordinato ai suoi assistenti di offrire (...) un sacrificio al dio del vicinato (di sacrificarle, là dove ciascuna di queste si addormentava al dio del vicinato). Ed è così che il male cessò (...).[128]

L'autore dell'*A Diogneto* sembra denominare, alla luce del contesto immediato di *A Diogneto* 9,6 col termine *iatros* il Figlio, che è la totale espressione dell'amore del Padre, nel

---

126 PLATONE, *Symposium* 189d. Ed. crit. I. BURNET, *Platonis Opera*, t. II, p. 189. Trad. di G. REALE, *Platone. Tutti gli scritti*, Milano 1991, p. 499. Cfr. anche ESCHILO, *Prometeo incatenato* 378. Ed. crit. P. MAZON, *Eschyle. Les suppliantes, les perses, les sept contre thèbes, prométhée enchainé*, Paris 1963, p. 174.

127 Vedi PLUTARCO, *Convivalium disputationum* 3,1,3. Ed. crit. F. FUHRMANN, *Plutarque. Oeuvres morales*, t. IX, Paris 1972, pp. 114-116. Cfr. anche *Precetti coniugali* 38. Ed. crit. J. DEFRADAS – J. HANI – R. KLAERR, *Plutarque. Oeuvres morales*, t. II, Paris 1985, p. 160.

128 DIOGENE LAERZIO, *Vite di filosofi* I,110. Ed. crit. C. GABR. COBET - ANT. WESTERMANNO - J.F. BOISSONADIO, *Diogenis Laertii. Vitae philosophorum*, Parisiis 1878, col. 28-29. Trad. di J.F. BALAUDÉ-L. BRISSON, *Classiques modernes*, Librairie Générale Francaise 1999, pp. 146-147.

quale si manifesta la benevolenza di Dio. Ammesso, come sostiene Norelli, che la benevolenza di Dio è un attributo di Dio,[129] urge dire che anche tale attributo è strettamente correlato alla venuta storica del Verbo perché in Lui si compie la benevolenza e l'amore di Dio per gli uomini. Non è possibile limitarci a considerare la benevolenza di Dio esclusivamente come un attributo di Dio perché ciò sarebbe in contraddizione con la teologia cristologica che soggiace a tale attributo, al cui fondamento cristologico fa riferimento lo stesso autore in 9,6:

> (...) e aver mostrato nel tempo presente il Salvatore dotato del potere di salvare anche ciò che non può salvarsi, sul fondamento di entrambi questi argomenti volle che credessimo alla sua benevolenza, che lo considerassimo (...) medico (9,6).[130]

Ad avanzare l'ipotesi che l'autore dell'*A Diogneto* riferisca il titolo *iatros* al Figlio concorre il fatto che in numerosi passi del Nuovo Testamento il titolo di medico è strettamente connesso alla figura del Verbo. Egli stesso si autodesigna medico, in quanto in Lui si realizza l'economia della salvezza; per tale motivo Gesù è il medico delle anime peccatrici, come viene ben rilevato in Mc 2,17: "*Gesù disse loro: "Non sono i sani che hanno bisogno del medico, ma i malati*" (Mc 2,17).

L'autore dell'*A Diogneto*, in conformità a Marco, denominando col termine *iatros* il Logos, prende le distanze dalle pratiche magiche di coloro che offrivano sacrifici alle divinità per il fatto che Gesù guarisce senza esigere sacrifici o preghiere particolari ma esige la fede in Lui (Mc 5,33-35). L'autore dell'*A Diogneto*, mediante il titolo *iatros*, vuole far notare al suo interlocutore, in sintonia con 1Pt 2,24, che

---

129 E. NORELLI, *A Diogneto*, p. 115 n. 15.
130 Ed. crit. H.I. MARROU, *A Diognète*, p. 74. Trad. di E. NORELLI, *A Diogneto*, p. 114.

Gesù non esige sacrifici perché Egli stesso ha rimesso col sacrificio del suo sangue i peccati dell'umanità (1Pt 2,24). Pertanto l'autore dell'*A Diogneto* fa intuire al suo interlocutore, richiamandosi a Gv 2,11.23, che Cristo è medico in quanto la guarigione fisica non è effetto solo della Sua potenza, come nella concezione magica, ma soprattutto è segno della benevolenza salvifica di Dio che si è realizzata in Cristo e anche conseguenza del rapporto di amore e di fiducia che il peccatore ha nei riguardi del Verbo.

La designazione del Verbo in *A Diogneto* 9,6 col titolo di *iatros* sarebbe giustificabile anche col fatto che l'anonimo autore indirettamente prende posizione nei confronti del culto di Asclepio che, nella Roma imperiale, era considerato il dio guaritore di malattie e rivelatore di cose future, contraccusando in tal modo Celso che biasima i cristiani per non aver aderito a tale culto:

> Non tollerano di ritenere dei i Dioscuri Eracle, Asclepio e Dioniso perché questi erano in origine degli uomini. (...). Eppure per il bene degli uomini essi hanno compiuto molte nobili imprese, mentre Gesù, una volta morto, fu visto, dicono ma da chi? (...) Da quelli della propria confraternite, e per di più fu visto come un fantasma. (...) III,24: (...) invece un gran numero di persone, Greci e barbari è concorde nell'affermare di aver visto spesso Asclepio e di vederlo ancora, e non come pura apparizione, bensí nella funzione di sanare gli infermi, di beneficare e di predire il futuro a intere città a lui consacrate.[131]

Antecedentemente all'*A Diogneto* nella *Lettera agli Efesini* di Ignazio è implicita sia la polemica contro la

---

131 ORIGENE, *Contro Celso* III,22-24. Ed. crit. M. BORRET, *Origène. Contre Celse*, Paris 1968, pp. 50-56. Trad. di S. RIZZO, *Celso. Contro i cristiani* Milano 1989, pp. 125-127.

concezione ellenistica di medico che guarisce mediante le medicine sia contro la concezione magico-rituale delle guarigioni, denominando esplicitamente Gesù l'unico medico che, ingenerato prima di tutti i secoli, ha preso carne umana nel seno di Maria:

> Non c'è che un solo medico, materiale e spirituale, generato e ingenerato, fatto Dio in carne, vita vera nella morte, nato da Maria e da Dio, prima passibile poi impassibile, Gesù Cristo nostro Signore.[132]

È pertinente al riguardo affermare che l'autore dell'*A Diogneto* si pone sulla stessa linea della teologia di Clemente Alessandrino relativa alla funzione pedagogica del Verbo che diviene guida per i ciechi, in quanto li illumina con la sua parola, ammaestrandoli alla stessa stregua di un bravo pedagogo:

> E come non hanno bisogno del medico i sani finché stanno bene, ma i malati hanno bisogno della sua arte (Lc 5,31), così anche noi, che nella vita siamo malati di vergognosi desideri, di vituperevoli intemperanze (...) abbiamo bisogno del Salvatore (...). Abbiamo dunque bisogno noi malati del Salvatore, noi traviati abbiamo bisogno di uno che ci guidi, ciechi, di uno che ci illumini.[133]

L'autore, dando un significato cristocentrico al termine medico, prende le distanze indirettamente non solo dalla concezione teocentrica afferente il titolo di medico, secondo la quale con tale titolo viene denominata la potenza

---

132 IGNAZIO, *Lettera agli Efesini* 7,2. Ed. crit. P.Th. CAMELOT, *Ignace d'Antioche, Polycarpe de Smirne. Lettres, Martyre de Polycarpe*, p. 64. Trad. di A. QUACQUARELLI, *I Padri Apostolici*, p. 102.
133 CLEMENTE ALESSANDRINO, *Pedagogo* I,9,83,2-3. Ed. crit. H. MARROU – M. HARL, *Clément d'Alexandrie. Le Pédagogue*, p. 258. Trad. di M.G. BIANCO, *Il Protrettico, Il Pedagogo*, p. 263.

risanatrice di Dio inviata agli uomini attraverso l'arcangelo Raffaele suo messaggero,[134] ma anche da quella raziocentrica. Il filosofo Filone, precursore della teologia giudaica, lega il termine iatros alla ragione e spiega chiaramente che Dio è colui che guarisce le debolezze dell'anima.[135]

2.8. Il Logos mente

Nell'*A Diogneto* 9,6 emerge anche il termine νοῦν. Il termine nous nel suo significato di origine greca indica la percezione mentale.[136] Infatti tra i presocratici il termine nous designa l'attività mentale dell'uomo. Parmenide, fondatore della scuola di Elea, aveva insignito l'uomo di tale facoltà:

> Conforme all'atteggiamento nel quale di volta in volta ci si trova in relazione al rapporto di luce o di notte proprio delle articolate membra, cosí si manifesta negli uomini la loro intuizione (nous) (...) il pensiero (νόημα) del singolo è il pieno di luce e di notte.[137]

Tra i presocratici il termine nous oltre a designare l'attività mentale viene ad indicare la mente divina, ordinatrice del mondo. Il filosofo ionico Anassagora in

---

134 Cfr. L. GINZBERG, *The Legends*, vol. I, pp. 54.151. Vedi anche FILONE, *Allegorie delle leggi* 215. Ed. crit. C. MONDÉSERT, *Les Oeuvres de Philon d'Alexandrie. Legum allegoriae*, Paris 1962, p. 294.

135 FILONE, *Allegorie delle leggi* 124. Ed. crit. C. MONDÉSERT, *Les Oeuvres de Philon d'Alexandrie. Legum allegoriae*, Paris 1962, pp. 240-242.

136 Per il significato etimologico cfr. J. BEHM, νοῦς, in *GLNT*, vol. VII, Brescia 1971, col. 1038-1039.

137 PARMENIDE, *frammenti* 16,2. Ed. crit. e trad. di M. UNTERSTEINER, *Parmenide*, Firenze 1958, p. 167.

particolare mette in rilievo tale concetto: "*E alla rotazione universale dette impulso l'intelligenza (nous), sí che da principio si attuasse il moto rotatorio*".[138] Anche Senofane, poeta e filosofo greco eleata, identifica il nous con l'essenza divina:

> L'essenza di Dio è sferica e nulla possiede di simile all'uomo: egli è tutto νοῦν, intelletto (φρόνησιν) ed eterno (...). Egli affermava anche che la molteplicità delle cose è subordinata al nous.[139]

Più tardi il termine *nous* viene ad assumere un significato teoretico e metafisico. Il *nous* designa per Platone l'intelletto che è la parte più nobile dell'anima in quanto è affine al divino mondo delle idee.[140] Anche Aristotele rileva l'eccellenza del *nous* che, rispetto all'anima vegetativa e sensitiva è trascendente, immortale e divina in quanto affine a Dio.[141] In continuità con la concezione platonico-aristotelica del *nous* si colloca il medio-platonico Plutarco, il quale affermerà che il Logos emanato dal primo dio imprime sulla materia i principi razionali essendo costituito di necessità e di intelligenza: "*la potenza che tutto attraversa è la necessità e un'intelligenza (νοῦς)*".[142] Anche il medioplatonico Alcinoo sostiene che non solo il primo dio

---

138 ANASSAGORA, *frammenti* I,167. Ed. crit. e trad. di D. LANZA, *Anassagora. Testimonianze e frammenti*, Firenze 1966, pp. 221-237.

139 SENOFANE, *frammenti* I,113. Ed. crit. e trad. di M. UNTERSTEINER, *Senofane. Testimonianze e frammenti*, Firenze 1955, pp. 1-10.

140 PLATONE, *Fedro* 247c-d. Ed. crit. I. BURNET, *Platonis Opera*, t. II, p. 247. *Repubblica* 6,508C-E. Ed. crit. I. BURNET, *Platonis Opera*, t. IV. p. 508.

141 ARISTOTELE, *Generazione degli animali* 2,3.6. Ed. crit. A. FIRMIN-DIDOT, *Aristotelis. Opera omnia*, Parisiis 1854, pp. 351-353.359-365.

142 PLUTARCO, *La procreazione dell'anima nel Timeo* 1026C. Ed. F. DÜBNER (ed.), *Plutarchi. Scripta moralia*, vol. II, Parisiis 1890, col. 1255. Trad. di S. LILLA, *Il medio-platonismo*, p. 19.

possiede l'intelligenza ma anche l'anima del mondo che partecipa dell'intelligenza del primo dio:
> il primo dio risveglia come da un letargo profondo o da un sonno e fa volgere verso di sé l'intelligenza (νοῦν) dell'anima del mondo e l'anima stessa, in modo che questa, guardando i suoi esseri intelligibili e desiderando i suoi pensieri, accolga le idee e le forme.[143]

In seguito Attico asserisce che il demiurgo in quanto conosce i modelli originari è egli stesso intelligenza:
> Platone pensa che Dio è il padre, il demiurgo, il padrone e il tutore di tutte le cose proprio grazie a queste nature primarie e, in base alle sue opere, riconosce che l'artefice prima pensa ciò che è in procinto di fabbricare, e solo successivamente infonde nelle cose la somiglianza a ciò che ha pensato. Questo significa che i pensieri di Dio sono anteriori alle cose: essi sono i modelli incorporei ed intelligibili delle cose che nascono, sono sempre identici e nello stesso stato, esistono in massimo grado e in modo primario, e per ciascuna delle altre cose sono concause della sua identità, basata sulla sua somiglianza ai modelli.[144]

Anche il giudeo-alessandrino Filone afferma che il *nous* è la causa generatrice di tutte le cose, in quanto agisce nel mondo dando un ordine a tutto secondo il suo criterio di ordine razionale:
> Nell'ordine dell'universo esiste una causa attiva e un oggetto passivo, e che la causa attiva è

---
143 ALCINOO, *Didascalo* 169,14,37-41. Ed. crit. P. LOUIS – J. WHITTAKER, *Alcinoos. Enseignement des doctrines de Platon*, pp. 32-33. Trad. di S. LILLA, *Il medio-platonismo*, p. 28.
144 ATTICO, *frammenti* 9,35-45. Ed. crit. E. DES PLACES, *Atticus. Fragments*, p. 69. Trad. di S. LILLA, *Il medio-platonismo*, p. 60.

l'intelletto universale, perfettamente puro e incontaminato, che trascende la virtù, che trascende il sapere, che trascende persino il bene e il bello.[145]

L'anonimo autore fa notare a Diogneto in 10,2 sempre col termine *nous* la facoltà sovrana dell'anima che Dio ha dato all'uomo perché l'uomo è stato creato ad immagine di Dio, cioé del Verbo:

a essi ha dato ragione e intelligenza, solo a essi ha permesso di alzare lo sguardo verso di lui, essi ha plasmato secondo la propria immagine, a essi ha inviato il suo figlio unigenito, a essi ha promesso il regno che è nei cieli, che darà a quanti lo avranno amato.[146]

Risuona in *A Diogneto* 10,2 l'eco del pensiero platonico e medioplatonico del *nous* che viene ad assumere un significato teoretico e metafisico in rapporto all'anima umana: il *nous* posto nell'uomo è immagine dell'archetipo *nous* divino. Tale rapporto viene espresso in maniera chiara da Filone di Alessandria.[147] Si avverte in *A Diogneto* 10,2 in senso analogico il rapporto che Filone instaura tra il *nous* divino e il *nous* umano, sull'orma della filosofia stoica, per la quale il *nous* che regge il cosmo è il principio razionale che è nell'anima dell'uomo. Infatti Filone deduce, a partire da tale concezione stoica, che la funzione del *nous* nell'anima dell'uomo è la medesima funzione che Dio

---

145 FILONE, *La creazione del mondo* 8. Ed. crit. R. ARNALDEZ, *Les oeuvres de Philon d'Alexandrie. De Opificio mundi*, Paris 1961, p. 146. Trad. di C.K. REGGIANI, *Filone Alessandrino. De Opificio mundi, De Abrahamo, De Iosepho*, Roma 1979, p. 52. Cfr. Anche *Leggi speciali* 1,18. Ed. crit. S. DANIEL, *Les oeuvres de Philon d'Alexandrie. De specialibus legibus*, Paris 1975, p. 20.

146 Ed. crit. H.I. MARROU, *A Diognète*, p. 76. Trad. di E. NORELLI, *A Diogneto*, p. 117.

147 FILONE, *Leggi speciali* 1,207. Ed. crit. S. DANIEL, *Les oeuvres de Philon d'Alexandrie. De specialibus legibus*, p. 132.

espleta nel mondo:
> È sul modello dell'unico intelletto universale, come secondo un archetipo, che fu riprodotto l'intelletto individuale di ogni uomo, che in certo modo è dio di chi lo porta e lo tiene dentro di sé come un'immagine sacra.[148]

Pertanto nell'*A Diogneto* 10,2 è sottintesa la concezione filoniana del *nous* umano quale immagine del *nous* divino che, per l'anonimo autore, è il Verbo, concezione che è espletata in maniera chiara nel *Protrettico* di Clemente Alessandrino:
> Immagine di Dio è infatti il suo Verbo (e il Verbo divino, luce archetipa della luce, è legittimo figlio della mente, cioé del Padre), e un'immagine del Verbo è l'uomo vero, cioé la mente (nous) che è nell'uomo, il quale per questo è detto essere stato creato a immagine di Dio e a sua somiglianza, perché, per mezzo dell'intelligenza del suo cuore, egli è fatto simile al divino Verbo e perciò razionale.[149]

Se da una parte l'autore dell'*A Diogneto* quindi in 9,6 si avvale della concezione platonica e medioplatonica del *nous* quale facoltà intellettiva dell'anima per informare il suo interlocutore che l'immagine di Dio ossia del Verbo si riflette nel *nous* umano creato a sua immagine; dall'altra prende le distanze dalla stessa concezione medio-platonica del *nous* umano che è per natura affine a Dio, al fine di rendere chiaro a Diogneto, sulla stessa linea dell'apostolo

---

148 FILONE, *La creazione del mondo* 69. Ed. crit. R. ARNALDEZ, *Les oeuvres de Philon d'Alexandrie. De Opificio mundi*, p. 186. Trad. di C.K. REGGIANI, *Filone Alessandrino. De Opificio mundi, De Abrahamo, De Iosepho*, Roma 1979, p. 70.
149 CLEMENTE ALESSANDRINO, *Protrettico* X,98,4. Ed. crit. C. MONDÉSERT - A. PLASSART, *Clément d'Alexandrie. Le Protreptique*, Paris 2004, p. 166. Trad. di Q. CATAUDELLA, *Clemente Alessandrino. Protrettico ai greci*, Torino 1940, p. 204.

Paolo, che il *nous* umano può pervenire alla conoscenza di Dio se illuminato dalla sapienza divina: "*e la pace di Dio, che sorpassa ogni intelligenza, custodirà i vostri cuori e i vostri pensieri* (νοήματα) *in Cristo Gesù*" (Fil 4,7).

In 11,5 l'autore spiega a Diogneto che i santi comprendono i misteri del Padre per opera della grazia che ha infuso in loro il dono dell'intelligenza. Non è quindi fuori luogo considerare il dono del *nous* in 11,5 come l'effetto dell'azione dello Spirito Santo, a cui Roasenda fa riferimento,[150] in forza del quale il fedele conosce i misteri del Padre. L'autore dell'*A Diogneto* vuole mostrare al suo interlocutore che l'intelletto umano per sua natura non può pervenire alla conoscenza di Dio perché non è divino, ma in virtù dell'azione dello Spirito Santo, in forza del quale l'uomo può pervenire a tale conoscenza.

Pertanto l'autore dell'*A Diogneto* mostra al suo interlocutore che il *nous*, che in 10,2 Dio ha dato all'uomo come facoltà intellettiva della mente, non è affine per natura al divino, come sosteneva Platone, ma è affine per analogia a Dio, perché alla luce di *A Diogneto* 11,5 l'autore mostra a Diogneto che l'uomo non può pervenire alla conoscenza dei misteri del Padre attraverso il *nous,* ma attraverso la grazia che apre la mente alla conoscenza di Dio illuminando la mente dell'uomo con la sapienza divina (νοῦν). È pertinente affermare che l'autore dell'*A Diogneto* è in linea con Origene, per il quale non è possibile raggiungere la conoscenza di Dio solo attraverso la facoltà naturale dell'intelletto ma attraverso lo Spirito di Cristo, che non menoma la facoltà razionale dell'uomo ma la perfeziona:

> Iddio ci conceda di affrontare il nostro assunto con la mente e con l'animo nostro, non nudo, ma ben protetto dalla divina ispirazione, cosí che la fede degli uomini, cui noi desideriamo giovare,

---

150 P. ROASENDA, *In Epistulae,* pp. 251-252.

non sia basata sulla sapienza degli uomini, ma
che invece noi possiamo ricevere lo Spirito di
Cristo dal Padre suo, che solo può darlo, e quindi
essere aiutati a divenire partecipi del Verbo di
Dio, distruggendo "ogni rocca elevata contro la
conoscenza di Dio.[151]

Anche in 8,11 l'autore ribadisce al suo interlocutore che è possibile comprendere ($νοῆσαι$) il piano divino di salvezza, perché Egli procurò di farcelo comprendere:

Ma quando lo ebbe rivelato mediante il suo figlio
diletto ed ebbe manifestato ciò che era preparato
sin dall'inizio, ci procurò tutto insieme:
partecipare ai suoi benefici, vedere, comprendere
($νοῆσαι$).[152]

In 11,2 l'autore rileva l'incapacità della facoltà razionale dell'uomo a comprendere l'insegnamento del Logos senza l'aiuto della grazia divina: i discepoli, avendo rinnovato la mente alla luce della Parola di Dio, hanno compreso l'insegnamento del Logos, diversamente i pagani non hanno compreso l'insegnamento del Verbo perché non hanno disposto la loro mente all'intelligenza della fede, che Dio ha dato loro mediante l'azione della grazia:

Chi, infatti, rettamente istruito e generato da un
Logos benevolo, non cerca di apprendere
chiaramente le cose che per mezzo di un logos
furono mostrate in maniera manifesta ai
discepoli? Ad essi le manifestò il logos
apparendo, parlando apertamente, non compreso
dagli increduli, e spiegandole invece a dei
discepoli, i quali, stimati da lui fedeli, ottennero

---

151 ORIGENE, *Contro Celso* 5,1. Ed. crit. M. BORRET, *Origène. Contre Celse*, Paris 1969, p. 16. Trad. di A. COLONNA, *Contro Celso di Origene*, Torino 1971, p. 410.

152 H.I.MARROU, *A Diognète*, p. 72. Trad. di E. NORELLI, *A Diogneto*, pp. 108-109.

la conoscenza dei misteri del Padre.[153]

Lo stretto rapporto che intercorre tra il nous umano quale facoltà naturale che Dio ha conferito all'uomo, e il nous divino che è stato donato all'uomo attraverso il dono della grazia, perché l'uomo sia in grado di conoscere il piano di salvezza nascosto prima dei secoli e poi rivelato in Cristo si ritrova nella *Lettera* dello ps. Barnaba:

> Benedetto il nostro Signore, fratelli, che ha posto in noi la sapienza e l'intelligenza (νοῦν) dei suoi segreti (...). Infatti, dopo averci rinnovati con la remissione dei peccati ha fatto di noi un'altra figura, in modo che avessimo l'anima dei fanciulli, come se ci avesse creati di nuovo.[154]

Pertanto in *A Diogneto* 9,6 il termine *nous*, riferito alla benevolenza di Dio che si realizza nel Verbo, ricorre in 10,2 e in 11,2-5 per chiarire a Diogneto che l'immagine di Dio, cioé del Verbo si riflette nell'intelletto. A tal riguardo l'uomo diviene simile a Dio non per natura, come sostiene Platone e poi i medioplatonici per i quali l'intelletto è connaturale a Dio per natura, bensí diviene simile al Verbo mediante l'azione dello Spirito che illumina l'intelletto dell'uomo, rendendolo simile al Verbo. La parentela di ordine analogico e non di ordine ontologico, che intercorre nell'*A Diogneto* tra l'intelletto divino quale immagine archetipa di Dio ossia del Verbo e l'intelletto umano quale immagine concreta del Verbo nell'uomo, ricorre anche nel *Protrettico* di Clemente Alessandrino, il quale, attraverso l'immagine del sole che illumina la mente umana, chiarisce che questa può partecipare della mente divina attraverso il dono della grazia perché la mente umana da sola, senza l'illuminazione dello Spirito, non può giungere a Dio:

---

153 H.I. MARROU, *A Diognète*, pp. 78-80. Trad. di E. NORELLI, *A Diogneto*, p. 123.
154 Ps. BARNABA, *Epistola* 6,10. Ed. crit. e trad. di F. SCORZA BARCELLONA, *Epistola di Barnaba*, Torino 1975, p. 93.

Il sole non potrebbe mostrare il vero Dio, ma il buon Verbo, il quale è il sole dell'anima, dal quale solamente, quando sia sorto nella profondità della mente, viene illuminato l'occhio dell'anima, solo Lui può mostrare Dio.[155]

2.9. Il Logos luce

In *A Diogneto* 9,6, nella lista dei titoli che possono essere attribuiti al Verbo, compare anche il termine φῶς. Il termine greco phos nel suo significato originario non indica solamente la luce visibile considerata come mezzo necessario per vedere alcunché,[156] ma con tale termine viene intesa anche la luce della verità, alla quale l'uomo perviene tramite la conoscenza. Fin dall'antichità greca presso Parmenide, discepolo di Senofane, tale termine racchiude in sé un duplice significato: fisico e traslato. La luce è non solo principio di ogni cosa perché da essa si sono originate tutte le cose, ma è anche il principio della verità divina che l'uomo può contemplare con l'aiuto dell'intelletto:

> Poiché poi tutte le manifestazioni naturali sono state designate come luce diurna e notte e precisamente presenti, conforme alle loro naturali proprietà, in qualsiasi cosa, tutto è pieno unitamente di luce e di notte oscura, l'una e l'altra eguali, dal momento che nessuna delle due possiede un qualche potere sull'altra (fr. 9,1); fr. 16,2: l'uguale è, infatti, quello che negli uomini

---

155 CLEMENTE ALESSANDRINO, *Protrettico* 6,68,4. Ed. crit. C. MONDÉSERT – A. PLASSART, *Clément d'Alexandrie. Le Protreptique*, Paris 2004, p. 134. Trad. di M.G. BIANCO, *Il Protrettico, Il Pedagogo di Clemente Alessandrino*, p. 139.

156 Per il significato originario di luce cfr. H. CONZELMANN, φῶς, in *GLNT*, vol. IX, Brescia 1988, col. 365-375.

tutti e nel singolo dal modo di essere delle membra è conosciuto: il pensiero del singolo è il pieno di luce e di notte.[157]

Per Platone il termine φῶς designa l'essere puro in sé che è trasparente e luminoso, alla quale l'uomo aspira. L'uomo conosce la verità man mano che si avvicina alla sorgente luminosa:

> Quando l'anima si rivolge a ciò che la verità e l'essere illuminano, lo intende e lo conosce e risulta dotata di intelligenza; quando invece si rivolge a ciò che è mescolato con tenebra, a ciò che nasce e perisce, allora può solo opinare e resta ottusa, cambiando in su e in giù le opinioni, e assomiglia a chi non ha intelletto: "Questo, pertanto, che fornisce la verità alle cose conosciute e al conoscente la facoltà di conoscerle, devi dire che è l'Idea del Bene. Ed essendo essa causa di conoscenza e di verità, ritienila conoscibile.[158]

In seguito il medio-platonico Alcinoo, rifacendosi a Platone, afferma che il Bene appare come luce per l'anima che nel mentre si eleva verso di Lui pensa anche a Dio:

> chi contempla la bellezza dei corpi risale da essa alla bellezza dell'anima, poi a quella presente nelle occupazioni e nelle leggi (...) e poi al vasto mare della bellezza, dopo la quale pensa il bene stesso, amato e desiderato, che appare come una luce e che brilla per l'anima che cosí si eleva; assieme ad essa pensa anche a Dio, grazie

---

157 PARMENIDE, *frammenti* 9,1; 16,2. Ed. crit. H. DIELS-W. KRANZ, *Die Fragmente der Vorsokratiker*, vol. I, pp. 240-241.244. Trad. di M. UNTERSTEINER, *Parmenide*, Firenze 1958, pp. 155.167.
158 PLATONE, *De Repubblica* VI,508d-e. Ed. crit. I. BURNET, *Platonis Opera*, t. IV, p. 508. Trad. di G. REALE, *Platone. Tutti gli scritti*, pp. 1234-1235.

all'eccellenza presente in ciò che è prezioso.[159]

Anche per il pagano Celso il Bene assoluto si identifica con la luce della verità che brilla nell'anima di ogni uomo e al quale ogni uomo anela in quanto

> il primo Bene non può assolutamente essere "espresso in parole", ma nasce "in seguito ad una lunga convivenza" e "all'improvviso, nell'anima, come una luce accesa da una scintilla che vi sia balzata.[160]

L'autore dell'*A Diogneto* in 9,6, richiamandosi alla tradizione ellenica per quanto riguarda il motivo della luce, sembra voler dire al suo interlocutore che il Verbo è la luce perché in Lui si è manifestata la pienezza della vita: infatti l'autore dell'*A Diogneto* dà tale titolo al Verbo dopo aver detto che il Salvatore ha il potere di salvare l'impossibile. Per questo motivo Dio padre volle che credessimo alla sua benevolenza denominata luce, benevolenza realizzatasi in Cristo.

A tal proposito è pertinente affermare che l'autore dell'*A Diogneto* si inserisce nel solco della tradizione evangelica. Infatti in Gv 8,12 il Verbo viene denominato luce perché, sulla falsariga del pensiero greco per cui la luce è il Bene supremo cui tende l'anima conoscitiva, è il faro da cui si dipana la conoscenza di Dio: "*Io sono la luce del mondo; chi segue me, non camminerà nelle tenebre, ma avrà la luce della vita.*" A tal riguardo è interessante l'osservazione della Mara, la quale in un suo recente studio

---

159 ALCINOO, *Didascalo* 165,10,27-34. Ed. crit. P. LOUIS – J. WHITTAKER, *Alcinoos. Enseignement des doctrines de Platon*, pp. 24-25. Trad. di S. LILLA, *Il medio-platonismo*, p. 30.

160 CELSO, *Contro i cristiani* VI,3. Ed. crit. M. BORRET, *Origène. Contre Celse*, t. III, p. 184. Trad. di S. RIZZO, *Celso. Contro i cristiani*, Milano 1989, p. 197. Cfr. Anche MASSIMO DI TIRO, *Orazioni* XI,10,215-229. Ed. crit. M.B. TRAPP (ed.), *Maximus Tyrius. Dissertationes*, Stutgardiae-Lipsiae 1994, pp. 96-97.

afferma che phos dovrebbe riferirsi a Cristo.[161] In sintonia con la Mara urge sottolineare che in *A Diogneto* 9,6 tale titolo sembra riferirsi più al Verbo che a Dio, come invece reputano Wengst e Meecham,[162] data anche la stretta correlazione che tale titolo ha nei riguardi della tradizione evangelica, dove è preponderante il suo riferimento a Cristo.

Alla luce del contesto immediato e prossimo di *A Diogneto* 9,6 il titolo di luce sembra riferirsi alla venuta storica del Verbo più che essere un attributo di Dio, come invece sostiene Norelli.[163] Infatti ad alimentare una tale convinzione concorre il fatto che nell'*A Diogneto* 9,6 e in 7,3 la bontà del Padre si rivela e si manifesta nel Figlio. Anzi proprio perché la bontà di Dio nell'*A Diogneto* si realizza nel Figlio, viene preclusa la concezione rabbinica della luce. Alcuni maestri ebrei paragonarono la luce primordiale alla luce della gloria di Dio, riflesso della sua bellezza:

> R. Shimon ben Jehozadaq interrogò R. Shemuel bar Nahman. Gli disse: "Poiché ho udito di te che sei esperto di aggadah, donde fu creata la luce? Gli disse: "È insegnato che il Santo, benedetto egli sia, si avvolse di luce come di un manto e fece brillare lo splendore della sua gloria da un capo all'altro del mondo.[164]

Anche nella *Pesiqtà de R. Kahana* 21,5,6, che è un midrash omiletico su alcuni sabati e feste, la luce della gloria di Dio risplendeva all'inizio della creazione:

> Donde usciva la luce al mondo? Il Santo,

---

161 M.G. MARA, *Art. Cit.*, pp. 275-276.

162 H.G. MEECHAM, *The Epistle to Diognetus*, Manchester 1949, p. 131; K. WENGST, *Didache* p. 333.

163 E. NORELLI, *A Diogneto*, p. 115 n. 15.

164 *Genesi Rabbâ* III,4. Ed. crit. H. FREEDMAN – M. SIMON – I. EPSTEIN, *Midrash Rabbah*, London 1961, pp. 20-21. Trad. di P. TASINI, *Op. cit.*, p. 55.

benedetto egli sia, si avvolse con una veste
bianca, e il mondo intero brillava dello splendore
della sua gloria.[165]

Alcuni maestri ebrei identificarono la luce primordiale col Messia futuro:

> Disse R. Abba Serungija: la luce dimora con lui
> (Dan 2,22): è il re Messia, com'è detto: "Sorgi,
> risplendi, perché viene la tua luce" (Is 60,1).
> Disse R. Jehuda bar R. Simon: "Fin dall'inizio
> della creazione del mondo Egli rivela le cose
> profonde e nascoste" (Dan 2,22).[166]

Similmente nella *Pesiqtà Rabbati* 36,161 col titolo di luce viene denominato il messia:

> Qual è la luce che l'assemblea di Israele attende?
> È la luce del Messia, com'è detto: Dio vide che la
> luce era buona. Insegna che il Santo, benedetto
> egli sia, guardò il messia e le sue opere prima che
> il mondo fosse creato, e nascose la luce per il suo
> messia, per la sua generazione, sotto il suo trono
> di gloria.[167]

Ancora prima della tradizione giudaico-rabbinica la luce veniva anche a significare la luce della Torah.[168] Nel *Testamento dei dodici patriarchi* la Torah viene denominata col titolo di legge.[169]

Tornando in *A Diogneto* 9,6 quindi ci sembra da

---

165 Ed. crit. J. NEUSNER, *Pesiqta de Rab Kahana*, vol. II, Atlanta-Georgia 1987, p. 75. Cfr. P. TASINI, *Op. cit.*, p. 55.

166 *Genesi Rabbâ* I,6. Ed. crit. H. FREEDMAN – M. SIMON – I. EPSTEIN, *Midrash Rabbah*, London 1961, p. 3. Trad. di P. TASINI, *Op. cit.*, p. 58.

167 Cfr. P. TASINI, *Op. cit.* p. 64.

168 Cfr. H. CONZELMANN, φῶς, in *GLNT*, vol. IX, Brescia 1988, col. 398-408.

169 Cfr. *Testamento di Aser* II,10. Ed. crit. M. De JONGE, *The Testaments of the twelve Patriarchs*, Leiden 1978, p. 138.

escludere l'ipotesi che il termine *phos* possa essere riferito esclusivamente a un attributo di Dio; per l'autore dell'*A Diogneto* colui che crede nel Verbo arriva alla luce della gloria di Dio, non alla maniera di colui che perviene alla contemplazione della luce divina attraverso l'illuminazione estatica:

> Quanti possono attingere un pò di più da questa visione, spesso si addormentano, distaccandosi dal corpo, e si imbattono nella visione più bella, (...). Lo vedrai, infatti, quando non avrai più da dire nulla riguardo ad esso, poiché la conoscenza di esso e la sua contemplazione sono silenzio e inattività di tutti i sensi. (...); quando questa Bellezza ha illuminato tutto l'intelletto e l'intera anima, essa la illumina e la attira attraverso il corpo, e così trasforma l'uomo intero nella sua essenza. È impossibile infatti, figlio mio, che l'anima che ha contemplato la bellezza del Bene sia divinizzata finché rimane in un corpo umano.[170]

Pertanto l'autore dell'*A Diogneto*, facendo precedere in 9,6 al titolo di luce la venuta storica del Verbo, mostra al suo interlocutore, sulla linea di Giovanni, che Dio ha conferito il titolo di luce al Figlio perché attraverso di Lui si pervenga al Padre. Se da un lato l'autore dell'*A Diogneto* riprende il motivo filosofico della luce, interpretata come conoscenza razionale per mezzo della quale l'anima ascende alla luce primordiale, per informare Diogneto che Cristo è la luce primigenia alla cui conoscenza pervengono coloro che credono in Cristo, dall'altro si distanzia dalle concezioni platonica e gnostica della luce, perché i credenti pervengono

---

170 *Corpus hermeticum* X,5-6. Ed. crit. A.D. NOCK – A.J. FESTUGIÈRE – I. RAMELLI, *Corpus hermeticum*, Milano 2005, pp. 258-259. Per lo stesso concetto nella gnosi cfr. H. CONZELMANN, φῶς, in *GLNT*, vol. IX, Brescia 1988, col. 445-457.

alla conoscenza di Dio non solo tramite la conoscenza razionale né tramite l'illuminazione, ma attraverso la fede in Cristo. Ancora prima dell'anonimo autore Clemente Romano era arrivato a sostenere che non è possibile pervenire alla conoscenza di Dio soltanto attraverso l'uso della ragione, ma attraverso la mediazione del Figlio:

> Per mezzo suo (Cristo) fissiamo lo sguardo sulle altezze dei cieli, per mezzo suo osserviamo come in uno specchio la sua faccia immacolata e sublime, per mezzo suo si sono aperti gli occhi del cuore, per mezzo suo la nostra mente ottusa e ottenebrata rifiorisce alla luce, per mezzo suo il Signore ha voluto farci gustare la scienza immortale.[171]

Anche nella *Supplica ai Greci* di Taziano si ritrova la polemica contro la concezione filosofica della luce: l'anima non ha in sé la facoltà di accedere alla luce eterna, se non è aiutata dallo spirito di Dio che la solleva verso l'alto:

> Di per sé, infatti, l'anima è tenebra e nulla di luminoso vi è in essa (...). Perciò, trovandosi da sola di fronte alla materia, si piega verso il basso e muore insieme al corpo. Se invece gode dell'accoppiamento con lo spirito divino non è più senza aiuto, ma si solleva verso quelle regioni dove lo spirito la conduce.[172]

Sembrerebbe che l'autore dell'*A Diogneto*, impiegando il termine *phos*, ricalchi in modo implicito la concezione propedeutica della luce con la quale Clemente Alessandrino denomina il Figlio. A partire da tale ottica l'anonimo autore

---

[171] CLEMENTE ROMANO, *Epistola ai Corinti* 1,36,2. Ed. crit. A. JAUBERT, *Clément de Rome. Épître aux Corinthiens*, Paris 2000, pp. 158-160. Trad. di A. QUACQUARELLI, *I Padri Apostolici*, p. 73.
[172] TAZIANO, *Discorso ai Greci* 13. Ed. crit. E.J. GOODSPEED, *Die ältesten Apologeten, Texte mit kurzen Einleitungen*, p. 280. Trad. di C. BURINI, *Gli apologeti greci*, p. 200.

esorterebbe Diogneto a credere nel Verbo, che è la luce dell'anima, per fargli osservare che la conoscenza razionale non impedisce la conoscenza di Dio anzi è ad essa propedeutica:

> Accogli Cristo, accogli la facoltà di vedere, accogli la tua luce "affinché tu conosca bene il Dio e l'uomo (Om. Il. V,128)". Dolce è il Verbo che ci ha illuminati (...). Come infatti può non essere desiderabile colui che ha reso chiara la mente sepolta nelle tenebre e ha aguzzato "gli occhi dell'anima portatori di luce" (Platone, Tim. 45), (...) cosí se non avessimo conosciuto il Verbo e non fossimo stati da lui illuminati con i suoi raggi, in nulla ci distingueremmo dai volatili che vengono imboccati (...) per la morte. Accogliamo la luce per poter accogliere Dio. Accogliamo la luce e diventiamo discepoli del Signore.[173]

Si può presupporre pertanto che in *A Diogneto* 9,6 vi è condensata la teologia di Clemente Alessandrino, per il quale Cristo è luce dell'anima in quanto Cristo è l'immagine archetipa della mente dell'uomo creato a sua immagine e somiglianza:

> Immagine di Dio è il suo Verbo (è Figlio autentico della mente il divino verbo, luce archetipa della luce) immagine del Verbo è l'uomo vero, cioè la mente che è nell'uomo, il quale per questo è detto creato a immagine e a somiglianza di Dio, poiché per l'intelligenza del suo cuore è fatto simile al Verbo divino e perciò

---

[173] CLEMENTE ALESSANDRINO, *Protrettico* XI,113,2-4. Ed. crit. C. MONDÉSERT - A. PLASSART, *Clément d'Alexandrie. Le Protreptique*, p. 181. Trad. di M.G. BIANCO, *Il Protrettico, Il Pedagogo*, pp. 179-180. Cfr. Anche *Protrettico* VI,68,4. Ed. crit. C. MONDÉSERT - A. PLASSART, *Clément d'Alexandrie. Le Protreptique*, pp. 133-134.

razionale.[174]

Si potrebbe scorgere in *A Diogneto* 9,6 anche un'allusione al contesto battesimale: allusione che Clemente Alessandrino volge a Cristo che è luce salvifica. Luce che viene contemplata mediante il battesimo:

> Questa operazione è denominata in molti modi: dono, illuminazione, perfezione, lavacro. Lavacro per il quale siamo strappati ai peccati, dono per il quale ci sono condonate le pene dovute ai nostri peccati, illuminazione per la quale si contempla quella santa luce della salvezza, cioé illuminazione per la quale penetriamo con lo sguardo il divino.[175]

---

[174] CLEMENTE ALESSANDRINO, *Protrettico* X,98,4. Ed. crit. C. MONDÉSERT - A. PLASSART, *Clément d'Alexandrie. Le Protreptique*, pp. 166-167. Trad. di M.G. BIANCO, *Il Protrettico, Il Pedagogo*, p. 168.

[175] CLEMENTE ALESSANDRINO, *Pedagogo* I,6,26,2. Ed. crit. H.I. MARROU, - M. HARL, *Clément d'Alexandrie. Le Pédagogue*, p. 158. Trad. di M.G. BIANCO, *Il Protrettico, Il Pedagogo*, p. 218. Cfr. Anche GIUSTINO, *Dialogo con Trifone* 122,5. E.J. GOODSPEED, *Die ältesten Apologeten, Texte mit kurzen Einleitungen*, pp. 241-242.

2.10. Il Logos onore

Un altro appellativo conferito dall'autore dell'*A Diogneto* alla benevolenza di Dio è τιμή (onore). Nel pensiero greco il termine *timé* assume il significato di onore, se riferito a una persona. Infatti Omero con tale termine designa il ministero del re, che per la sua alta carica dignitaria, incute ai suoi sudditi rispetto e riverenza.[176] Senofonte, scrittore ateniese del periodo attico, spiega che il termine *timé*, esprimente l'onore verso una persona, è strettamente collegato all'alto rango a cui una persona appartiene. Ciò suscita agli occhi degli altri rispetto, venerazione e stima:

> I giovani si rallegrano delle lodi dei vecchi, e i più vecchi gioiscono del rispetto (τιμαῖς) dei più giovani; e con piacere ricordano le imprese del tempo passato, e si compiacciono di ben agire al presente, essendo per causa mia cari agli dei, amati dagli amici, onorati (τίμιοι) dalle patrie.[177]

Sempre Omero dà al termine *timé* anche un senso religioso. Questo esprime la particolare cura che gli dei hanno nei riguardi dell'uomo per aiutarlo durante le vicissitudini della vita:

> batteva pauroso l'elmo intorno alle tempie, mentre lottava. Zeus in persona lo difendeva dall'alto del cielo, e a lui solo, tra i molti, dava gloria ed onore (τιμᾷ).[178]

---

176 OMERO, *Odissea* I,117. Ed. crit. A.T. MURRAY, *Homer. The Odyssey*, Cambridge - London 1960, p. 10. Cfr. a tal proposito J. SCHNEIDER, τιμή, in *GLNT*, vol. XIII, Brescia 1981, col. 1270-1276.
177 SENOFONTE, *Memorabili* 2,1,33. Ed. crit. e trad. di A. LABRIOLA, *Senofonte. Memorabili*, Milano 1997, pp. 166-169.
178 OMERO, *Iliade* 15,609-613. Ed. crit. A.T. MURRAY, *Homer. The Iliad*, London 1963, pp. 150-152. Trad. M.G. CIANI - E. AVEZZÙ, *Iliade di Omero*, Torino 1998, p. 711.

Nel suo senso religioso timé ha pure il significato di onore che gli uomini hanno per gli dei, che hanno loro concesso in cambio favori: Esiodo, poeta del periodo ionico, in particolar modo esprime tale concetto:

> Ecate, che fra tutti Zeus Cronide onorò (ἐτίμησε), e a lei diede illustri doni (...) quando qualcuno degli uomini che abitano la terra fa sacrifici secondo le leggi e implora la grazia, invoca Ecate e grande favore lo segue; (...) a lui la ricchezza concede (...).[179]

Per Platone il termine *timé* non solo indica la venerazione degli dei[180] ma anche la carica onorifica degli altolocati.[181] Sulla stessa orma di pensiero si colloca lo stoico Plutarco, il quale, associando *timé* e *dunamis* alla divinità, afferma che gli dei vengono onorati in forza della loro potenza per i benefici che hanno concesso all'uomo.[182]

L'autore dell'*A Diogneto*, designando col titolo *timé* la benevolenza di Dio che si realizza nel Verbo fattosi carne, sulla falsariga del significato senofonteo del termine *timé*, vuole far notare al suo interlocutore che il Verbo nel suo stesso essere è onore perché è dello stesso lignaggio del Padre.

È pertinente anche affermare che l'autore dell'*A Diogneto* annette a *timé* non solo il significato di dignità e di carica onorifica data al Figlio ma anche, in sintonia col significato omerico di onore in relazione all'atteggiamento

---

[179] ESIODO, *Teogonia* 411-428. Ed. crit. P. MAZON, *Hésiode. Théogonie, Les travaux et les jours. Le bouclier*, p. 47. Trad. di G. ARRIGHETTI, *Esiodo. Teogonia*, Milano 1994, pp. 88-91.

[180] PLATONE, *Leggi* 4,723e. Ed. crit. I. BURNET, *Platonis Opera*, t. V, Oxonii 1959, p. 723.

[181] PLATONE, *Repubblica* 8,549c. Ed. crit. I. BURNET, *Platonis Opera*, vol. IV, Oxonii 1958, p. 549.

[182] PLUTARCO, *Sulla scomparsa degli oracoli* 21. Ed. crit. R. FLACELIÈRE, *Plutarque. Oeuvres morales*, t. VI, Paris 1974, pp. 126-128.

benevolo e prodigale degli dei nei confronti dell'uomo, il significato di totale donazione del Padre nel Figlio che si è sacrificato per redimere l'umanità, significato che si evince a partire dal contesto immediato di *A Diogneto* 9,1-6, dove l'amore di Dio per l'uomo si è realizzato nel Figlio, che ha riscattato con la sua morte in croce i peccati dell'umanità. Indubbiamente l'anonimo autore è stato influenzato anche dalla lettera agli Ebrei, nella quale l'apostolo Paolo in 2,9 afferma esplicitamente che a Cristo viene attribuito l'onore, a motivo della passione e della sua morte:

> Però quel Gesù, che fu fatto di poco inferiore agli angeli, lo vediamo ora coronato di gloria e di onore (τιμῇ) a causa della morte che ha sofferto, perché per la grazia di Dio Egli provasse la morte a vantaggio di tutti.

Anche in Ap 5,12s. viene affermato che solo l'agnello di Dio immolato è degno di ricevere il titolo di onore.

L'autore dell'*A Diogneto*, richiamandosi sia a Eb 2,6-10 che ad Ap 5,12ss. dove *timé* è riferito al Verbo immolato, respinge il culto dell'imperatore,[183] al quale la legge romana deve rispetto e onore, perché solo il Verbo è degno di tale titolo. Anche attraverso l'immagine del re, in *A Diogneto* 7,4, che manda suo figlio re, immagine espressa in ambito greco da Omero e da Esiodo per indicare l'onore riservato all'alto ufficio del re,[184] l'autore denota la pari dignità del Figlio nei confronti del Padre: in tal senso il titolo onore conferito al Figlio in 9,6, in riferimento a 7,4 acquista il significato di dignità e di alto ufficio che il Padre ha

---

183 Cfr. G. JOSSA, *I cristiani e l'impero romano*, in E. DAL COVOLO – R. UGLIONE (a cura di), *Chiesa e impero. Da Augusto a Giustiniano*, Roma 2001, pp. 95-100.

184 Cfr. OMERO, *Odissea* I,117. Ed. crit. A.T. MURRAY, *Homer. The Odyssey*, vol. I, Cambridge-London 1960, p. 10. ESIODO, *Teogonia* 347. Ed. crit. P. MAZON, *Hésiode. Théogonie, Les travaux et les jours, Le bouclier*, p. 44.

conferito in maniera unica al Figlio. Nell'accezione *timé* di *A Diogneto* 9,6 si riflette probabilmente, in consonanza al significato esiodeo della venerazione degli uomini per gli dei a motivo dei benefici ricevuti, anche il significato di onore e di riconoscenza che l'uomo rivolge al Verbo, che lo ha riscattato dalla schiavitù del peccato rendendolo libero di partecipare alla sua grazia santificante. Tale concetto si ritrova nella *Lettera* di Clemente Romano *ai Corinzi*: *"Guardiamo il sangue di Gesù Cristo e consideriamo quanto sia prezioso (τίμιον) al Padre suo. Effuso per la nostra salvezza portò al mondo la grazia del pentimento"*.[185]
Sempre Clemente Romano ribadisce che chi imita Cristo eredita la Sua gloria:

> Coloro che hanno sopportato con fiducia hanno ereditato la gloria e l'onore (δόξαν καί τιμήν), sono stati esaltati e scritti da Dio nel suo memoriale per i secoli dei secoli Amen.[186]

A tal proposito in *A Diogneto* 9,6 vi è il significato che Origene dà a *timé*, il quale connette il termine τιμιώτερον al Figlio che viene onorato dall'uomo, in quanto Cristo con la sua morte e risurrezione gli ha dato la possibilità di salvarsi:

> Senza l'uomo, non avremmo potuto accogliere il beneficio che ci deriva dal Logos, se egli fosse rimasto Dio, presso il Padre, com'era nel principio e se non avesse assunto un uomo, il primo di tutti, il più nobile (τιμιώτερον), il più puro (...). Al seguito di questo, anche noi saremo in grado di riceverlo e ciascuno di noi nella

---
[185] CLEMENTE ROMANO, *Epistola ai Corinti* 1,7,4. Ed. crit. A. JAUBERT, *Clément de Rome. Épître aux Corinthiens*, Paris 2000, p. 110. Trad. di A. QUACQUARELLI, *I Padri Apostolici*, p. 53.
[186] CLEMENTE ROMANO, *Epistola ai Corinti* 1,45,8. Ed. crit. A. JAUBERT, *Clément de Rome. Épître aux Corinthiens*, Paris 2000, p. 174. Trad. di A. QUACQUARELLI, *I Padri Apostolici*, p. 79.

misura e nel modo in cui gli avremo fatto posto nella nostra anima.[187]

Infatti in *A Diogneto* 9,6 l'anonimo autore fa precedere al titolo di onore la funzione salvifica del Verbo, affermando che Dio ha mostrato nel tempo presente il Salvatore dotato del potere di salvare anche ciò che non può salvarsi. In tal modo l'anonimo autore fa intuire al suo interlocutore lo stretto legame che intercorre tra la salvezza, apportata dal Verbo con la sua morte e risurrezione, e l'onore che viene tributato al Verbo per questo beneficio compiuto col suo sacrificio.

In tale ottica l'autore dell'*A Diogneto* prende le distanze da Filone, il quale tributa onore a Dio, al culto di Dio e all'ebdomade.[188] È possibile asserire, - dato il contesto prossimo di *A Diogneto* 10,2 dove l'amore e la benevolenza di Dio per l'uomo si sono realizzate nel Verbo, il quale, creando l'uomo a sua immagine e somiglianza, gli ha dato il potere di sottomettere tutte le cose a sé, - che il termine timé di *A Diogneto* 9,6 abbia un significato salvifico in rapporto all'uomo che, in quanto creato a immagine e somiglianza di Dio, è onorato nei confronti di tutte le altre creature. In tal senso in *A Diogneto* 9,6, alla luce di 10,2, risuona l'eco del Salmo 8,6-10 per cui Dio ha dato gloria e onore all'uomo in quanto gli ha dato il potere di sottomettere tutto ciò che è sulla terra, nel mare e nel cielo:

> Eppure l'hai fatto poco meno degli angeli, di gloria e di onore lo hai coronato: gli hai dato potere sulle opere delle tue mani, tutto hai posto sotto i suoi piedi (Sal 8,6-10).

---

187 ORIGENE, *Commento a Giovanni* II,10,6,26. Ed. crit. C. BLANC, *Origène. Commentaire sur Saint Jean*, t. II, Paris 1970, pp. 398-400. Trad. di E. CORSINI - N. ABBAGNANO, *Commento al vangelo di Giovanni*, Torino 1968, p. 387.

188 Cfr. FILONE, *De specialibus legibus* II,149. Ed. crit. S. DANIEL, *Les oeuvres de Philon d'Alexandrie. De specialibus legibus,* Paris 1975, p. 322.

Il motivo della sottomissione all'uomo di tutte le cose era già presente prima dell'*A Diogneto*, nel *Pastore* di Erma: *"Egli non creò il mondo per l'uomo e tutta la sua creazione sottomise all'uomo dandogli il potere di dominare ogni cosa che è sotto il cielo ?"*.[189]

A partire da tale quadro l'autore dell'*A Diogneto* in 10,2 alla luce di 7,2, mediante il concetto della sottomissione dell'uomo a Dio, riprende il significato biblico dell'immagine da Gen 1,26, per mostrare al suo interlocutore che il Verbo è denominato onore in quanto solo all'uomo ha dato il privilegio di dominare tutto il creato perché è stato creato a immagine di Dio, ovvero del Verbo, al quale Dio ha conferito la suprema potestà regale su tutto quanto è stato creato. Nello stesso ordine di idee si esprime Clemente Romano, il quale nella sua prima *Lettera ai Corinzi*, collega l'onore al potere che gli uomini hanno sulle cose della terra: *"Tu, Signore, re celeste dei secoli concedi ai figli degli uomini gloria, onore e potere sulle cose della terra"*.[190]

Non è fuori luogo neanche avanzare l'ipotesi che l'autore dell'*A Diogneto* possa annettere a *timé* anche il motivo del giudizio, dato che nel contesto prossimo di *A Diogneto* 7,4 il Figlio ha la potestà di esercitare la carica di giudice escatologico. Carica che il Padre ha conferito al Figlio, al quale può essere attribuito onore alla stessa stregua del Padre che lo ha creato a Sua immagine: *"(...) A giudicare, infatti, lo invierà in futuro: e chi sosterrà la sua venuta?"* (7,6).[191] Tale concetto era precedentemente

---

189 ERMA, *Pastore Precetto* 12,4,2. Ed. crit. R. JOLY, *Hermas. Le Pasteur,* Paris 1968, p. 204. Trad. di A. QUACQUARELLI, *I Padri Apostolici*, p. 288.
190 CLEMENTE ROMANO, *Epistola ai Corinti* 1,61,2. Ed. crit. A. JAUBERT, *Clément de Rome. Épître aux Corinthiens,* p. 200. Trad. di A QUACQUARELLI, *I Padri Apostolici*, p. 90.
191 Ed. crit. H.I. MARROU, *A Diognète,* p. 68. Trad. di E. NORELLI, *A Diogneto*, p. 102.

affermato da Giovanni in 5,23, dal quale l'autore dell'*A Diogneto* prende indubbiamente ispirazione. Giovanni lega l'onore del Figlio al suo ufficio di giudicare gli uomini:

> Il Padre infatti non giudica nessuno ma ha rimesso ogni giudizio al Figlio, perché tutti onorino (timōsin) il Figlio come onorano (timōsin) il Padre. Chi non onora il Figlio, non onora il Padre che lo ha mandato (Gv 5,22-24).

2.11. Il Logos gloria

Nella lista dei titoli, attribuiti alla benevolenza di Dio che si è resa manifesta nel Verbo, figura in *A Diogneto* 9,6 anche il termine *dóxa*. Il termine *dóxa*, oltre ad avere nel pensiero greco il significato di opinione,[192] ha anche il significato di gloria.[193] Demostene, il maggiore oratore attico, nella sua orazione, dà al termine il significato di gloria nel senso positivo di buona fama:

> Difatti, con le guerre e con le spedizioni, che sembrano la causa della sua grandezza, Filippo ha reso le sue forze militari più malsicure di quanto non lo fossero di natura. Non pensate, o Ateniesi, che Filippo e i suoi sudditi si rallegrino per gli stessi motivi; al contrario, egli aspira alla fama (δόξης), è animato da spirito di emulazione, preferisce agire a rischio di subire un insuccesso, - anteponendo a una vita tranquilla la gloria (δόξαν) per azioni che mai nessun re macedone ha portato a termine.[194]

---

192 Cfr. G. KITTEL, δόξα, in *GLNT*, vol. II, Brescia 1966, col. 1348-1350.

193 Cfr. G. KITTEL, δόξα, in *GLNT*, vol. II, Brescia 1966, col. 1351-1353.

194 DEMOSTENE, *Orazioni* 2,15. Ed. crit. C. FUHR, *Demosthenis*.

Prima ancora il poeta elegiaco Solone, nella sua preghiera alle Muse, aveva dato al termine doxa il significato di gloria inteso come reputazione positiva:

> Splendide figlie di Memoria e di Zeus Olimpio
> Muse della Piezia, ascoltate la mia preghiera.
> Datemi la prosperità da parte degli dei beati, e di avere da parte di tutti gli uomini sempre buona fama (δόξαν).[195]

L'autore dell'*A Diogneto* si avvale del termine doxa di origine greca per rendere noto al suo interlocutore che la benevolenza di Dio, realizzantesi nella morte e risurrezione del Verbo, acquista il senso di gloria nel suo duplice significato: da una parte assume il significato di buona fama per il fatto che la benevolenza di Dio, realizzantesi nel sacrificio del Verbo, è diventata buona novella per gli uomini, mentre dall'altra viene assunta come l'ideale di vita in quanto chi imita la benevolenza di Dio, che si è realizzata nella passione di Cristo, raggiunge la felicità. Felicità che per l'anonimo autore è ideale di vita:

> Infatti la felicità non sta nell'opprimere il proprio prossimo, nel voler prevalere sui più deboli, nell'essere ricchi e fare violenza agli inferiori, né con un simile comportamento si può imitare Dio, anzi tali azioni sono estranee alla sua maestà (10,5).[196]

Quanto al primo significato del termine gloria Clemente Romano precisa che coloro che sono stati esaltati lo furono per la volontà di Dio, che giustificò tutti fin dal principio: "*Tutti furono glorificati* (ἐδοξάσθησαν) *ed esaltati non per*

Orationes, Stutgardiae-Lipsiae, p. 24. Trad. di I. SARINI, *Demostene. Orazioni*, Milano 1992, p. 217.

195 SOLONE *frammenti* I,3ss. Ed. crit. e trad. di M. FANTUZZI, *Solone. Frammenti dell'opera poetica*, Milano 2001, p. 101.

196 Ed. crit. H.I. MARROU, *A Diognète*, p. 76. Trad. di E. NORELLI, *A Diogneto*, p. 117.

se stessi o per le loro opere o per l'azione giusta che avevano compiuto, ma per la volontà Sua".[197] Ignazio, nella sua *Lettera agli Smirnesi*, precisa che il Verbo ha reso saggi e quindi pieni di gloria coloro che hanno riposto la loro fede nella croce di Cristo:

> Gloria a Gesù Cristo Dio che vi ha resi cosí saggi. Ho constatato che siete perfetti nella fede che non muta, come inchiodati nel corpo e nell'anima alla croce di Gesù Cristo e confermati nella carità del suo sangue.[198]

In ordine al secondo significato del termine gloria l'autore dell'*A Diogneto*, mediante il concetto della benevolenza di Dio che si è realizzata nella passione di Cristo, sembra rifarsi alla prima *Lettera* di Clemente Romano, nella quale viene rilevato che quanti, come Pietro, hanno sopportato molte fatiche, imitando la passione che il Verbo sopportò fino alla morte di croce, raggiungono la gloria, ritenuta il traguardo finale della loro vita: "*Prendiamo i buoni apostoli. Pietro per l'ingiusta invidia non una o due, ma molte fatiche sopportò, e cosí col martirio raggiunse il posto della gloria (δόξης)*".[199] Ancora prima dei padri Apostolici il termine *doxa*, - cosí come l'anonimo autore lo pospone alla benevolenza di Dio che nel contesto immediato di *A Diogneto* 9,1-6 si realizza nel riscatto del Verbo, - era presente già nel Nuovo Testamento. In particolar modo nella *Lettera agli Ebrei* 13,20-21 il

---

197 CLEMENTE ROMANO, *Epistola ai Corinti* 1,32,3. Ed. crit. A. JAUBERT, *Clément de Rome. Épître aux Corinthiens*, Paris 2000, p. 152. Trad. di A. QUACQUARELLI, *I Padri Apostolici*, p. 70.

198 IGNAZIO, *Lettera agli Smirnesi* 1,1. Ed. crit. P.Th. CAMELOT, *Ignace d'Antioche, Polycarpe de Smyrne. Lettres, martyre de Polycarpe*, Paris 1998, p. 132. Trad. di A. QUACQUARELLI, *I Padri Apostolici*, p. 133.

199 CLEMENTE ROMANO, *Epistola ai Corinti* 1,5,3-4. Ed. crit. A. JAUBERT, *Clément de Rome. Épître aux Corinthiens*, Paris 2000, p. 108. Trad. di A. QUACQUARELLI, *I Padri Apostolici*, p. 52.

termine gloria viene riferito a Cristo in relazione alla sua risurrezione, attraverso la quale viene riconosciuta la sua particolare identità divina:

> Il Dio della pace che ha fatto tornare dai morti il pastore grande delle pecore, in virtù del sangue di un'alleanza eterna, il Signore nostro Gesù, vi renda perfetti in ogni bene, perché possiate compiere la sua volontà, operando in voi ciò che a lui è gradito per mezzo di Gesù Cristo, al quale sia gloria (δόξα) nei secoli dei secoli Amen.

Anche nella prima *Lettera di Pietro* 1,11.21 la gloria viene attribuita a Cristo in virtù della sua morte e risurrezione:

> (...) quando predicava le sofferenze destinate a Cristo e le glorie (δόξας) che dovevano seguirle (...) voi per opera sua credete in Dio, che l'ha risuscitato dai morti e gli ha dato gloria (δόξαν) e cosí la vostra fede e la vostra speranza sono fisse in Dio.

Non solo a partire dal contesto immediato di *A Diogneto* 9,1-6 il termine *dóxa* (gloria) è riferito al sacrificio pasquale di Gesù, ma anche in 12,9 il termine gloria viene impiegato in relazione al contesto pasquale della morte e risurrezione di Cristo, per mezzo del quale viene glorificato il Padre:

> E la salvezza si mostra, gli apostoli sono dotati d'intelligenza, la Pasqua del Signore si avvicina, i tempi si uniscono e il Logos si armonizza con il cosmo, e istruendo i santi si allieta, lui, per mezzo del quale è glorificato (δοξάζεται) il Padre, cui è la gloria (δόξα) nei secoli. Amen.[200]

In tal senso il titolo di gloria, con cui l'anonimo autore designa in 9,6 la benevolenza di Dio che si è manifestata nel

---

[200] Ed. crit. H.I. MARROU, *A Diognète*, pp. 82-84. Trad. di E. NORELLI, *A Diogneto*, p. 131.

Verbo attraverso la sua morte e risurrezione, alla luce di *A Diogneto* 12,9, dove tale termine ricorre anche nello stesso contesto pasquale, riveste un significato salvifico in ordine al memoriale della sua morte e risurrezione: nel Verbo morto e risorto si rispecchia la gloria del Padre. Per lo stretto riferimento al memoriale della pasqua in *A Diogneto* 12,9 il termine *doxa* viene ad assumere un senso cristologico ed ecclesiale ad un tempo, in quanto i fedeli riconoscono la gloria di Dio per mezzo della morte e risurrezione del Verbo, gloria che si perpetua attraverso l'azione della grazia che lo Spirito effonde nella chiesa.

Prima dell'*A Diogneto* il rapporto che intercorre tra la gloria del Verbo e la grazia effusa sulla chiesa era presente nella *Didaché,* nella quale l'autore evidenzia che mediante l'eucaristia, memoriale della passione e morte di Cristo, la chiesa glorifica Dio:

> Per l'eucaristia ringraziate cosí: Prima sul calice: "Ti ringraziamo, o Padre nostro, per la santa vite di Davide tuo servo che a noi rivelasti per mezzo di Gesù tuo figlio. A te la gloria nei secoli". Per il pane spezzato: "Ti ringraziamo Padre nostro (...).[201]

Anche Giustino nella *IApologia* collega la glorificazione di Dio al ringraziamento che la chiesa rivolge al Padre, a motivo del memoriale della morte e risurrezione di Cristo:

> Poi al presidente dei fratelli viene portato il pane e una coppa d'acqua e del vino temperato; egli, dopo averli ricevuti, innalza lode e gloria (δόξαν) al Padre di tutte le cose nel nome del Figlio e dello Spirito Santo e compie un lungo rendimento di grazie, per essere stati degni

---

201 *Didaché* 9,2-3. Ed. crit. W. RORDORF – A. TUILIER, *La doctrine des douze apôtres* (*Didaché*), Paris 1998, pp. 174-176. Trad. di A. QUACQUARELLI, *I Padri Apostolici*, p. 34.

di questi doni da parte sua.[202]

Pertanto l'autore dell'*A Diogneto*, denominando col termine *doxa* la benevolenza di Dio che si è manifestata nell'opera redentrice del Verbo, prende posizione nei confronti del giudaismo rabbinico, per il quale la *doxa* era identificata con lo splendore della *shekinah* di Jahvé. Nella *Pesiqtà de R. Kahana*, che è un midrash omiletico su alcuni sabati e feste, viene affermato che la gloria di Dio si rende visibile al mondo con lo splendore della sua grande maestà: "*Il Santo, benedetto Egli sia, si avvolse con una veste bianca, e il mondo intero brillava dello splendore della sua gloria* ".[203] Anche in *Genesi Rabbâ* viene espresso tale concetto:

R. Shimon ben Jehozadaq interrogò R. Shemuel bar Nahman. Gli disse: "Poiché ho udito di te che sei esperto di aggadà, donde fu creata la luce? Gli disse: "È insegnato che il Santo, benedetto egli sia, si avvolse di luce come di un manto e fece brillare lo splendore della sua gloria da un capo all'altro del mondo.[204]

L'autore dell'*A Diogneto* si distanzia anche dalla concezione apocalittica giudaica della gloria di Dio che si rende visibile negli angeli, in quanto nell'*A Diogneto* la benevolenza di Dio si è manifestata nel Figlio che non è stato creato alla stessa stregua degli angeli, ma che è stato generato da Dio e che nell'evento pasquale del Figlio Dio è stato glorificato, concezione che si riscontra nell'*Ascensione*

---

202 GIUSTINO, *Apologia* 1,65,3. Ed. crit. E.J. GOODSPEED, *Die ältesten Apologeten*, p. 74. Trad. di C. BURINI, *Gli apologeti greci*, p. 146.
203 *Pesiqtà de Rab Kahana* XXI,V,6. Ed. crit. J. NEUSNER, *Pesiqta de Rab Kahana*, Atlanta-Georgia 1987, p. 75. Trad. di P. TASINI, *In principio*, p. 55.
204 *Genesi Rabbâ* III,4. Ed. crit. H. FREEDMAN – M. SIMON – I. EPSTEIN, *Midrash Rabbah*, vol. I, London 1961, pp. 20-21. Trad. di P. TASINI, *In principio*, p. 55.

di Isaia.²⁰⁵ Però è anche da considerare che in *1Enoch*, Cristo è considerato superiore agli angeli perché, seduto sul trono della gloria di Dio, giudicherà nel nome di Dio tutte le schiere degli angeli.²⁰⁶

Pertanto l'anonimo autore in *A Diogneto* 7,3-5, mediante l'immagine del re che invia suo figlio re, si preoccupa non solo di salvaguardare la eguaglianza del Figlio rispetto al Padre,²⁰⁷ ma rileva anche il motivo della regalità del Verbo. Molto probabilmente l'anonimo autore, con l'immagine del re che invia il figlio re, vuole indicare che il Figlio (Verbo) gode della stessa carica dignitaria e gloriosa del Padre. Infatti per Teofilo l'immagine del re, attribuita al Padre, è un titolo onorifico che è indice di gloria:

> Mi dirai allora: "Tu che vedi, descrivimi l'immagine di Dio!". (...). Nella gloria egli è infinito; nella grandezza è incontenibile (...). Se lo chiamo re, nomino la sua gloria (δόξαν).²⁰⁸

L'autore dell'*A Diogneto* in 9,6 connette non solo il titolo di gloria alla benevolenza di Dio che si è realizzata nel Verbo ma, in riferimento al contesto prossimo di *A Diogneto* 10,1-7, lo connette implicitamente anche a coloro che avranno amato il Verbo: "*A essi ha inviato il suo Figlio unigenito, a essi ha promesso il regno che è nei cieli, che*

---

205 *Ascensione di Isaia* 11,23-36. Ed. crit. P. BETTIOLO – A.G. KOSSOVA – C. LEONARDI – E. NORELLI, - L. PERRONE, *Corpus Christianorum series apocryphorum*, vol. 7, Brepols-Turnhout 1995, pp. 123;159;233;315-317. Vedi anche il contributo di E. NORELLI, *L'ascensione di Isaia: studi su un apocrifo al crocevia dei cristianesimi*, Bologna 1994.

206 *1Enoch* 55,4. Ed. crit. J. FLEMMING, *Das Buch Henoch. Äthiopischer Text*, Leipzig 1902, p. 59.

207 Cosí reputa S. ZINCONE, *A Diogneto*, p. 73 n. 107.

208 TEOFILO, *ad Autolico* 1,3. Ed. crit. R.M. GRANT, *Theophilus of Antioch. Ad Autolycum*, p. 4. Trad. di C. BURINI, *Gli apologeti greci*, pp. 365-366.

darà a quanti lo avranno amato" (10,2).[209] A tal riguardo l'anonimo autore sembra anticipare gli *Atti di Giovanni* dello pseudo-Procoro, che è un testo apocrifo del Nuovo Testamento, nel quale la gloria di Dio si manifesta a coloro che lo hanno amato imitando Cristo:

> Si deve obbedire più a Dio che agli uomini per la grande gloria della sua maestà e la gloria da lui promessa a quelli che lo amano. Non negherò dunque Cristo mio Dio, che mi ha amato e mio maestro, e non cesserò la predicazione del vangelo e del suo nome finché avrò portato a termine il corso intrapreso del suo servizio.[210]

Si può notare in tale concetto il pensiero di Paolo, per il quale coloro che Dio ha predestinato alla salvezza sono glorificati:

> Quelli che poi ha predestinati li ha anche chiamati; quelli che ha chiamati li ha anche giustificati; quelli che ha giustificati li ha anche glorificati (ἐδόξασεν) (Rm 8,30).

Pertanto l'autore dell'*A Diogneto*, impiegando il termine *doxa* nel contesto immediato di *A Diogneto* 9,1-6 come attributo relativo alla benevolenza di Dio che si è realizzata nel riscatto del Verbo, vuole esprimere, alla luce del contesto prossimo di *A Diogneto* 7,1-9.10,2-7 e 12,7-9, che tale termine è posto in correlazione anche con coloro che sono stati resi partecipi del suo regno di gloria, in quanto hanno imitato il Verbo amando gli altri con lo stesso amore di totale donazione con cui Egli amò il genere umano.

---

209 Ed. crit. H.I. MARROU, *A Diognète*, p. 76. Trad. di E. NORELLI, *A Diogneto*, p. 117.
210 *Atti di Gv. dello ps. Procoro* 8. Ed. crit. Th. ZAHN, *Acta Joannis*, Hildesheim 1975. Trad. di M. ERBETTA, *Gli apocrifi del N.T. Atti e leggende*, vol. II, Torino 1966, pp. 81-82.

2.12. Il Logos forza

Anche il termine ἰσχύς in *A Diogneto* 9,6 è riferito alla benevolenza di Dio. Il termine greco ἰσχύς, che ha il significato di forza,[211] possiede nel pensiero greco una connotazione fisica che è strettamente collegata alla potenza. Infatti Anassagora attribuisce al *nous,* ordinatore dell'universo, l'appellativo di ἰσχύς in quanto questo detiene una grande forza fisica dal momento che dà impulso al moto rotatorio e, conseguentemente, al processo di formazione di tutte le cose:

> Intorno all'intelligenza ha scritto questo: "(...) tutte le altre cose hanno parte di ogni cosa, ma l'intelligenza è illimitata, indipendente e non è mescolata ad alcuna cosa (...). È infatti la più sottile e la più pura di tutte le cose e possiede piena conoscenza di tutto e ha grandissima forza (ἰσχύει).[212]

Similmente per Aristofane il termine indica la robustezza del corpo sano: "*Allora ero giovane (...) nel pieno vigore (ἰσχύον) delle mie forze.*".[213] Anche Platone dà a tale termine il significato di robustezza che sprigiona da un corpo sano.[214] L'autore dell'*A Diogneto* si avvale del termine greco ἰσχύς molto probabilmente per designare l'identità del Verbo, nel quale si realizza la benevolenza di Dio: Verbo

---

211 Per il significato etimologico cfr. W. GRUNDMANN, ἰσχύω, in GLNT, vol. IV, Brescia 1968, col. 1211. Cfr. anche P. CHANTRAINE, *Dictionnaire étymologique de la langue grecque,* vol. I, Paris 1990, p. 472.

212 ANASSAGORA, *frammenti* I,167. Ed. crit. e trad. di D. LANZA, *Anassagora,* Firenze 1966, pp. 221-237.

213 ARISTOFANE, *Vespe* 358. Ed. crit. B.B. ROGERS, *Aristophanes. The acharnians, the clouds, the knights, the clouds, the wasps,* London 1960, p. 438. Trad. di R. CANTARELLA, *Le commedie,* vol. III, Milano 1954, p. 267.

214 Cfr. PLATONE, *Protagora* 351A Ed. crit. I. BURNET, *Platonis Opera,* t. III, p. 350. *Repubblica* 2,371e. Ed. crit. I. BURNET, *Platonis Opera,* t. IV, Oxonii 1962, p. 371.

che, a motivo della sua morte e risurrezione, ha donato sia la sua forza fisica che spirituale per sconfiggere il peccato.

L'autore dell'*A Diogneto*, sulla falsariga del concetto anassagoreo di forza, sembra voglia far notare a Diogneto che tale titolo denota l'identità stessa del Verbo che nel suo essere è forza, in quanto detiene il potere su tutte le cose. Nello stesso ordine di idee si esprime Teofilo di Antiochia:

> l'immagine di Dio è inesprimibile e inenarrabile, né può essere vista con gli occhi del corpo (...) nella forza (ἰσχύι) è incomparabile; nella sapienza senza confronto; (...) se lo chiamo verbo nomino il suo principio, (...) se lo chiamo forza (ἰσχύν), nomino il suo potere (...). [215]

Un pensiero simile si nota nel *Pastore* di Erma, dove l'azione benefica del Verbo si dispiega attraverso la sua signoria che possiede su tutte le cose create:

> Il figlio di Dio non è sotto forma di servo, ma in grande potenza (...) e signoria. Gli rispondo: "non intendo come". "Perché, dice, Dio piantò la vigna, cioé creò il popolo e lo diede al figlio suo e il figlio stabilí gli angeli su di loro per custodire ognuno. Egli cancellò i loro peccati, patendo assai e sostenendo molte fatiche. Egli avendo purificato i peccati del popolo insegnò le vie della vita, dando la legge ricevuta dal Padre.[216]

Analogamente Giustino afferma che il Verbo è la potenza di Dio che si rivela nella sua carne per redimere il mondo:

> solo Gesù Cristo, in modo del tutto speciale, è

---

215 TEOFILO d'Antiochia, *ad Autolico* 1,3. Ed. crit. R.M. GRANT, *Theophilus of Antioch. Ad Autolycum*, p. 4. Trad. di C. BURINI, *Gli apologeti greci*, pp. 365-366.
216 ERMA, *Pastore. Similitudini* V,6,1. Ed. crit. R. JOLY, *Hermas. Le pasteur*, Paris 1968, pp. 236-238. Trad. di A. QUACQUARELLI, *I Padri Apostolici*, p. 300.

figlio di Dio, rivelandosi suo Verbo, suo primogenito e sua potenza; fattosi uomo per suo volere ci insegnò queste cose per la trasformazione e la restaurazione del genere umano.[217]

In tale quadro è pertinente sostenere che l'autore dell'*A Diogneto,* denominando *ἰσχύς* la benevolenza di Dio che si è resa concreta nel sacrificio di un solo giusto, Gesù Cristo, vuole far notare a Diogneto che il Verbo continuerà a mostrare la potenza di Dio nella vita terrena di ciascun cristiano. Quindi l'anonimo autore in 9,6, in conformità all'apostolo Paolo, riferisce il termine *ἰσχύς* alla passione e risurrezione di Cristo, per mezzo della quale Egli sconfisse, come abbiamo visto, la morte e le tenebre del peccato (1Cor 1,25). Parallelamente a tale termine, per cui il Verbo serba la sua forza (*ἰσχύς*) in virtù dell'autorità divina che Dio gli ha dato per salvare l'uomo dal peccato tramite la sua morte e risurrezione, l'autore dell'*A Diogneto* impiega anche il termine *δύναμις* in 7,7-8 per informare Diogneto che coloro che non hanno rinnegato Cristo sono andati incontro al martirio, avendo preso a modello Cristo che con la potenza di Dio ha avuto la forza di sconfiggere il peccato nel mondo tramite la sua morte e risurrezione:

> Non vedi che sono gettati alle belve perché rinneghino il Signore, e non sono vinti? Non vedi che, quanti più ne sono puniti, tanto più ne abbondano altri? Questo non appare come l'opera di un uomo: questa è potenza (δύναμις) di Dio, questi sono indizi della sua presenza.[218]

Sembra pertinente affermare che in *A Diogneto* 7,7-8 vi

---

217 GIUSTINO, *Apologia* 1,23,2. Ed. crit. E.J. GOODSPEED, *Die ältesten Apologeten*, p. 42. Trad. di C. BURINI, *Gli apologeti greci,* p. 104.
218 Ed. crit. H.I. MARROU, *A Diognète*, pp. 68-70. Trad. di E. NORELLI, *A Diogneto*, p. 102.

sia uno stretto collegamento tra la potenza di Dio e il martirio. Potenza di Dio che si estrinseca anche nella forza della sua Parola, grazie alla quale il martire in *A Diogneto* 7,7-8 testimonia la sua fede. Anche Giustino identificava la potenza di Dio col Verbo: "*Da lui venivano discorsi brevi e concisi; non era un sofista, ma potenza di Dio (...) era il suo Verbo*".[219] Il concetto di forza riferito al Verbo era già presente nella *Lettera* dello pseudo-Barnaba, nella quale viene evidenziato, attraverso la metafora della pietra, che la carne del Verbo è resa forte dalla potenza di Dio, a motivo della quale coloro che hanno creduto in lui, hanno sperato in lui e similmente sono diventati una dura pietra:

> Chi crederà in essa vivrà in eterno. Dunque la nostra speranza è in una pietra? Non sia mai! Dice così perché il Signore ha reso forte (ἰσχύι) la sua carne. Dice infatti: "Mi ha reso come una dura pietra (...).[220]

In *A Diogneto* 7,7-8 Norelli osserva che l'autore si preoccupa di far notare al suo interlocutore non tanto la polemica antignostica sottesa al martirio, come invece nota Tibiletti,[221] quanto "*il carattere non umano del cristianesimo*"[222]: in *A Diogneto* 7,7-8 si scorge una polemica nei confronti della concezione di un pagano che reputa assurdo il martirio di un cristiano. Questa polemica era messa in rilievo da Giustino nella sua *1Apologia* a proposito della morte di croce del Cristo che, in quanto simbolo della forza e del potere di Dio, non è stato compreso dai figli di Zeus.[223]

---

219 GIUSTINO, *Apologia* 1,14,5. Ed. crit. E.J. GOODSPEED, *Die ältesten Apologeten*, p. 35. Trad. di C. BURINI, *Gli apologeti greci*, p. 95.
220 Ps. BARNABA, *Epistola* 6,3. Ed. crit. e trad. di F.S. BARCELLONA, *Epistola di Barnaba*, pp. 90-91.
221 C. TIBILETTI, *Osservazioni lessicali sull'A d Diognetum*, p. 239.
222 Cfr. E. NORELLI, *A Diogneto*, p. 107 n. 24.
223 GIUSTINO, *Apologia* 1,55,1-2. Ed. crit. E.J. GOODSPEED, *Die*

L'autore dell'*A Diogneto* afferma in 9,1 che tramite la potenza di Dio è possibile entrare nel regno di Dio: "*Dopo aver manifestato l'incapacità da parte nostra di entrare nel regno di Dio, ne divenissimo capaci grazie alla potenza (δυνάμει) di Dio*".[224] L'autore dell'*A Diogneto* in 9,1 col termine δύναμις designa, sulla linea di Gv 3,5, il Verbo, tramite il quale chi crede nella sua potenza rinasce nello Spirito e, in tal modo, può entrare nel regno di Dio. A tal proposito è da notare che l'autore dell'*A Diogneto* in 9,1 alluda, in linea con Gv 3,5, col termine potenza al contesto battesimale, contesto in cui il fedele per opera della potenza dello Spirito rinasce dall'alto (Gv 3,5).

L'autore dell'*A Diogneto* sembra porsi in sintonia alla teologia battesimale di Clemente Alessandrino, il quale afferma che il credente viene trasformato interiormente dalla potenza dello Spirito:

> La potenza (δύναμις) che produce la trasformazione del battezzato non si esercita sul corpo (poiché è lo stesso uomo che rimonta dall'acqua), ma sull'anima.[225]

A tal riguardo si può avanzare l'ipotesi che l'anonimo autore prenda posizione nei confronti dei demoni che i pagani adoravano e ai quali rendevano culto, facendo intuire a Diogneto che la potenza di Dio si realizza in Cristo. Una polemica simile si riscontra nel *Dialogo con Trifone* 30,3, dove Giustino controbatte a Trifone la potenza di Dio che si manifesta attraverso Gesù Cristo in nome del quale vengono cacciati i demoni:

> Infatti sempre invochiamo Dio per mezzo di

ältesten Apologeten, p. 66.
224 Ed. crit. H.I. MARROU, *A Diognète*, p. 72 Trad. di E. NORELLI, *A Diogneto*, p. 113.
225 CLEMENTE ALESSANDRINO, *Excerpta ex Theodoto* 77. Ed. crit. F. SAGNARD, *Clément d'Alexandrie. Extraits de Théodote*, Paris 1948, p. 201.

Gesù Cristo di preservarci dai demoni, che sono estranei al culto di Dio e che un tempo noi adoravamo, affinché dopo esserci volti a Dio grazie a lui siamo irreprensibili. Noi lo chiamiamo soccorritore e redentore. Di lui anche i demoni temono la potenza del nome, essi che vengono oggi esorcizzati e sottomessi nel nome di Gesù Cristo, crocifisso sotto Ponzio Pilato, procuratore della Giudea. È dunque evidente a tutti che il Padre gli ha dato una potenza tale che i demoni sono sottomessi al suo nome e all'economia della sua passione.[226]

Pertanto l'autore dell'*A Diogneto* vuole far notare al suo interlocutore che il termine ἰσχύς in *A Diogneto* 9,6 ha un duplice significato in rapporto al Verbo in cui si è realizzata la benevolenza di Dio: da un lato con tale titolo viene denominata la forza redentrice del Verbo, dall'altro lato con tale titolo vengono denominati i fedeli che partecipano alla forza del Verbo in quanto essi stessi credono nel Verbo unigenito redentore del genere umano. Forza che essi stessi vivono in analogia alla forza della croce che il Verbo sperimentò in occasione della pasqua, come dice chiaramente Origene nella sua *Omelia su Geremia* 14,9-10:

> La mia forza (ἰσχύς) è venuta meno tra quelli che mi maledicono (Ger 15,10). L'apostolo dice del Salvatore che "è stato crocifisso per la sua debolezza (...).[227]

---

[226] Ed. crit. E.J. GOODSPEED, *Die ältesten Apologeten*, p. 124. Trad. di G. VISONÀ, *Dialogo con Trifone*, p. 149.

[227] ORIGENE, *Omelia su Geremia* 14,9. Ed. crit. P. HUSSON-P. NAUTIN, *Origène. Homélies sur Jérémie*, Paris 1977, pp. 82-84. Trad. di L. MORTARI, *Origene. Omelie su Geremia*, Roma 1995, pp. 176-177.

2.13. Il Logos vita

Infine l'anonimo autore in 9,6 termina la lunga lista dei titoli, probabilmente riferiti al Figlio, col termine ζωή. Il termine ζωή fin dalle origini dell'antichità greca veniva a designare non solo la forza vitale scaturita dalla sostanza divina, in forza della quale tutte le cose venivano all'esistenza,[228] ma anche la "*vitalità fisica*"[229]degli esseri viventi, al cui significato fisico non era disgiunto quello figurato: la vitalità caratteristica di ogni essere vivente è intimamente connessa all'anima, che è la linfa vitale per la quale ogni uomo, biologicamente parlando vive, e per la quale l'uomo comprende se stesso. Successivamente Platone in *Timeo* 39e denomina l'intelligenza divina ζωή in quanto è il sommo essere vivente che contempla i propri pensieri. A partire da tale ottica sempre per Platone colui che vive la vera vita è colui che ama la sapienza: per questa ragione non è possibile per lui abbandonare o estromettersi dalla filosofia.[230] Anche per gli stoici la vita è considerata non solo sotto il profilo fenomenico, ma soprattutto sotto il profilo metafisico, in quanto l'uomo che vive secondo la facoltà razionale realizza il suo progetto di vita.[231] In seguito

---

[228] Vedi DIOGENE DI APOLLONIA, *frammenti* 5. Ed. crit. H. DIELS, *Die Fragmente der Vorsokratiker*, vol. II, Berlin 1952, pp. 52-53. DIOGENE LAERZIO, *Vite di filosofi* 8,27. Ed. crit. R.D. HICKS, *Diogenes Laertius. Lives of eminent philosophers*, vol. II, London-Cambridge 1958, pp. 342-344; SENOFANE, *frammenti* 1,42. Ed. crit. H. DIELS, *Die Fragmente der Vorsokratiker*, vol. I, Berlin 1951, p. 125.

[229] Cfr. R. BULTMANN, ζάω, in *GLNT*, vol. III, Brescia 1967, col. 1365-1366.

[230] Cfr. PLATONE, *Timeo* 39e. Ed. crit. I. BURNET, *Platonis Opera*, t. IV, Oxonii 1962, p. 39. PLATONE, *Repubblica* 495c. Ed. crit. I. BURNET, *Platonis Opera*, t. IV, p. 495.

[231] Cfr. v. ARNIM, *SVF* I,91,24ss. e III,6,7ss.; EPITTETO, *Dissertazioni* 2,9,1-7ss. Ed. crit. J. SOUILHÉ, *Épictète. Entretiens*, vol. II, Paris 1949, p. 33.

il medio-platonico Plutarco, richiamandosi al *Timeo* di Platone e al *Filebo* dove compare una stretta connessione tra l'anima (ψυχή) e il νοῦς, identifica il dio sommo con l'intelligenza, la quale, infusa nell'anima mundi, dà a questa la potestà di dirigere l'universo perché a questa è stato demandato il compito di far scaturire la vita e l'ordine su ogni essere vivente: "*Nell'anima l'intelligenza e la ragione che guida tutte le cose migliori e ne è signore è Osiride*".[232] Inoltre Plutarco spiega che la vita eterna è prerogativa della divinità in quanto è ad essa inerente la eminente facoltà della conoscenza e del pensiero.[233] Anche Massimo di Tiro, sull'orma del concetto platonico dell'anima immortale che è vita per l'uomo, asserisce che la vita degli uomini è una continua e quotidiana ricerca del bene, mentre la vita di Dio è eterna.[234] Anche Filone dà al termine zoé un senso aretalogico, senso che viene realizzato in colui che vive secondo virtù.[235]

L'anonimo autore si avvale in 9,6 del termine greco *zoé* per far notare a Diogneto, sulla falsariga del concetto platonico e medioplatonico della vita, che il Figlio è vita perché in lui risiede la salvezza. A partire infatti dal contesto immediato di *A Diogneto* 9,6 il Figlio è denominato vita perché in lui che ha riscattato il mondo si è realizzata la benevolenza di Dio: mediante il suo sacrificio l'uomo ha la possibilità di pervenire al Padre e quindi di raggiungere la

---

232 PLUTARCO, *De Iside et Osiride* 371A. Ed. crit. C. FROIDEFOND, *Plutarque. Oeuvres morales*, t. V, Paris 1988, p. 222. Trad. di S. LILLA, *Il medioplatonismo*, p. 14.

233 PLUTARCO, *De Iside e Osiride* 351d-e. Ed. crit. C. FROIDEFOND, *Plutarque. Oeuvres morales*, t. V, Paris 1988, p. 178.

234 MASSIMO DI TIRO, *Dissertazioni* 6,1. Ed. crit. M.B. TRAPP (ed.), *Maximus Tyrius. Dissertationes*, p. 46.

235 FILONE, *Allegorie delle leggi* 1,35. Ed. crit. C. MONDÉSERT, *Les oeuvres de Philon d'Alexandrie. Legum Allegoriae*, Paris 1962, pp. 56-58. *Leggi speciali* 1,345. Ed. crit. S. DANIEL, *Les oeuvres de Philon d'Alexandrie. De specialibus legibus*, Paris 1975, p. 218.

salvezza. Evidente è lo sfondo giovanneo nell'*A Diogneto* 9,6 dove nel Figlio si è riversata tutta la benevolenza e l'amore del Padre offrendo se stesso in riscatto, perché tutti abbiano la vita nel suo nome:

> E come Mosé innalzò il serpente nel deserto, cosí bisogna che sia innalzato il figlio dell'uomo, perché chiunque crede in lui abbia la vita (ζωήν) eterna (Gv 3,14-16).

Sull'orma di Giovanni l'anonimo autore fa osservare al suo interlocutore che coloro che credono in Cristo, in cui si è compiuta la benevolenza e l'amore di Dio, possono giungere al Padre attraverso lo Spirito, come Giovanni rileva nel Dialogo di Gesù con Nicodemo (Gv 3,1-22). In tale prospettiva l'anonimo autore prende le distanze non solo dalla filosofia medioplatonica, per la quale invece l'uomo, attraverso la conoscenza, può pervenire alla vita celeste, ma anche dalla dottrina ermetica greca che, sebbene rappresenti la *zoé* come una potenza divina che agisce sull'uomo, l'uomo non la può percepire attraverso le sue facoltà sensitive, ma attraverso la contemplazione estatica.[236]

In 5,9-12 l'autore dà al termine *zoé* un duplice significato: fisico e formale. L'autore dell'*A Diogneto* infatti spiega in 5,9-12.16, impiegando il termine ζωή che i cristiani, pur vivendo sulla terra, sono cittadini del cielo perché superano con il loro comportamento le leggi; sebbene condannati a morte e castigati ricevono la vita:

> Passano la vita sulla terra, ma sono cittadini del cielo. Obbediscono alle leggi stabilite, eppure con la loro vita superano le leggi. Amano tutti, eppure da tutti sono perseguitati. Non sono

---

236 Cfr. *Corpus hermeticum* I,21-31; XIII,15-21. Ed. crit. A.D. NOCK – A. FESTUGIÈRE - I. RAMELLI, *Corpus hermeticum*, Milano 2005, pp. 84-90.386-388. Vedi pure IV,5; X,4-6. Ed. crit. A.D. NOCK – A. FESTUGIÈRE - I. RAMELLI, *Corpus hermeticum*, Milano 2005, pp. 148.258.

> conosciuti, eppure sono condannati; sono messi a morte, eppure ricevono la vita (...). Fanno il bene, e sono castigati come malfattori; castigati, si rallegrano come se ricevessero la vita.[237]

Il termine *zoé* è impiegato dall'anonimo autore in *A Diogneto* 5,9-12.16 non solo per indicare la vitalità spontanea dei cristiani, ma anche per designare il loro costume di vita che è diverso dagli altri, in quanto sono "*cittadini del cielo*" (5,9).[238] L'autore dell'*A Diogneto* in 5,9 subisce l'influsso di Fil 3,20 anche se, come ravvisa Norelli, "*manca la tensione escatologica verso la parusia del Signore e la trasformazione del nostro corpo di miseria in corpo di gloria, che determina il senso del passo paolino*".[239] Come osserva Norelli il motivo dei cristiani cittadini del cielo è un topos ricorrente nella chiesa.[240] Infatti Clemente Romano afferma che sono cittadini del cielo coloro che, conducendo una vita irreprensibile sulla terra, acquistano gloria agli occhi di Cristo:

> se per colpa mia si sono avuti sedizione, liti e scismi vado via. Me ne parto dove volete e faccio quello che il popolo comanda purché il gregge di Cristo viva in pace con i presbiteri costituiti. 3. Ciò facendo si acquisterà una grande gloria in Cristo e ogni luogo lo riceverà. "Del Signore è la terra e quanto essa contiene" (Sal 24(23),1). 4. Così hanno fatto e faranno quelli che con una condotta senza rimorsi, sono cittadini di Dio.[241]

---

237 Ed. crit. H.I. MARROU, *A Diognète*, pp. 62-64. Trad. di E. NORELLI, *A Diogneto*, pp. 89-90.

238 Ed. crit. H.I. MARROU, *A Diognète*, pp. 62-64. Trad. di E. NORELLI, *A Diogneto*, p. 89.

239 E. NORELLI, *A Diogneto*, p. 92 n. 13.

240 E. NORELLI, *Ibid*.

241 CLEMENTE ROMANO, *Epistola ai Corinti* I,54,2-4. Ed. crit. A. JAUBERT, *Clément de Rome. Épître aux Corinthiens,* Paris 2000, p. 186.

Lo stesso motivo si ritrova nel *Protrettico* di Clemente Alessandrino:

> Chi, potendo essere cittadino del cielo, cerca l'erebo, mentre gli è possibile coltivare i campi del paradiso e percorrere gli spazi del cielo e partecipare della vitale e incorruttibile fonte, camminando nell'aria, sulla traccia di quella luminosa nube, come Elia, contemplando la pioggia che porta la salvezza?.[242]

In forza di tale motivo l'anonimo autore giustifica a Diogneto il diverso comportamento che i cristiani hanno nei confronti dei pagani. Infatti in *A Diogneto* 5,10 il termine vita è posto in relazione all'atteggiamento etico dei cristiani che "*con la loro vita superano le leggi*", atteggiamento che si fonda sulla base del fatto che la loro patria è il cielo. Un testo significativo che ci consente di comprendere meglio il rapporto tra le leggi civili e le leggi proprie del credente è il *Protrettico* di Clemente Alessandrino, dove appunto viene spiegato che il legislatore, a cui i cristiani obbediscono, è Dio e conseguentemente essi seguono il suo codice morale di vita, diversamente dagli ateniesi che osservano le leggi di Solone.[243] Questo codice morale nell'*A Diogneto* 5,10 è superiore alle leggi umane ma non è osservato dai cristiani al posto delle legislazioni vigenti, in quanto i cristiani obbediscono alle leggi vigenti. Se in *A Diogneto* 5,10 manca l'accento polemico nei confronti dell'autorità, diversamente dagli altri apologisti che protestano nei riguardi dei cristiani che si sottomettono alle leggi civili, è evidente l'influsso di

---

Trad. di A. QUACQUARELLI, *I Padri Apostolici*, p. 84.

242 CLEMENTE ALESSANDRINO, *Protrettico* 92,3. Ed. crit. C. MONDÉSERT – A. PLASSART, *Clément d'Alexandrie. Le Protreptique*, Paris 2004, p. 160. Trad. di Q. CATAUDELLA, *Clemente Alessandrino. Protreptico ai Greci*, Torino 1940, p. 192.

243 CLEMENTE ALESSANDRINO, *Protrettico* 10,108,4. Ed. crit. C. MONDÉSERT – A. PLASSART, *Clément d'Alexandrie. Le Protreptique*, Paris 2004, p. 176.

Paolo, il quale prescriveva l'obbedienza alle leggi civili (Rm 13,1ss.). In tal senso i cristiani per l'anonimo autore superano le leggi vigenti perché sono cittadini del regno di Dio, regno che Cristo ha apportato con la sua venuta nella carne. A tal proposito è pertinente l'osservazione del Norelli, per il quale

> il confronto con Clemente aiuta dunque a cogliere la specificità del nostro testo, con le sue intenzioni rassicuranti riguardo alla piena integrazione dei cittadini cristiani. Da notare anche l'assenza, nell'A Diogneto, perfino della riserva sul culto imperiale, mai assente dagli altri testi cristiani che protestano lealtà allo stato in tutto il resto.[244]

Proprio per il fatto che i cristiani sono cittadini del regno di Dio l'autore dell'*A Diogneto* continua ad affermare che se anche i cristiani sono messi a morte essi ricevono la vita: "*Non sono conosciuti, eppure sono condannati; sono messi a morte, eppure ricevono la vita*" (5,12).[245] Essi ricevono la vita perché credono, come precisa Norelli, che "*attraverso quella che sembra quaggiù morte essi passano a quella che veramente è vita in cielo*".[246] Infatti l'anonimo autore in 10,7 afferma:

> Allora, pur trovandoti sulla terra, vedrai che Dio governa nei cieli, allora comincerai a parlare i misteri di Dio, allora amerai e insieme ammirerai coloro che sono castigati perché non vogliono rinnegare Dio, allora condannerai l'inganno del mondo e il suo errore, quando conoscerai la vera vita in cielo, quando disprezzerai l'apparente

---

244 E. NORELLI, *A Diogneto*, p. 93 n. 14.

245 Ed. crit. H.I. MARROU, *A Diognète,* p. 64. Trad. di E. NORELLI, *A Diogneto*, p. 89.

246 E. NORELLI, *A Diogneto*, p. 94 n. 18.

morte di quaggiù (...).[247]

Nello stesso ordine di idee si muove Ignazio di Antiochia, il quale afferma alla sua comunità di Efeso che nella morte c'è la vita vera, perché Cristo risuscitò dalla morte:

> non c'è che un solo medico, materiale e spirituale, generato e ingenerato, fatto Dio in carne, vita vera nella morte, nato da Maria e da Dio, prima passibile poi impassibile, Gesù Cristo nostro Signore.[248]

In tale quadro l'autore dell'*A Diogneto* in 5,16 aggiunge che i cristiani, pur essendo perseguitati e castigati come malfattori, sono contenti perché ricevono la vita: "*Fanno il bene, e sono castigati come malfattori; castigati, si rallegrano come se ricevessero la vita*".[249] Ancora una volta l'autore dell'*A Diogneto*, sulla falsariga di Paolo, afferma che i cristiani, benché sono perseguitati, sono contenti perché la loro vita ha il suo fondamento nel messaggio pasquale della morte e risurrezione di Cristo (2Cor 6,10-11). Per l'autore dell'*A Diogneto* i cristiani si rallegrano durante le persecuzioni perché sanno di essere cittadini del regno di Dio inaugurato da Cristo: in tal modo il cristiano per l'anonimo autore è colui che vive in Cristo. Egli agisce grazie allo spirito di Cristo che gli dà la forza e l'entusiasmo di essere testimoni della gioia della risurrezione anche nelle persecuzioni.

Inoltre l'autore dell'*A Diogneto* fa osservare in 12,2-6 al suo interlocutore, riferendosi all'immagine dell'albero della

---

247 Ed. crit. H.I. MARROU, *A Diognète*, p. 78. Trad. di E. NORELLI, *A Diogneto*, pp. 117-118.

248 IGNAZIO, *Lettera agli Efesini* 7,2. Ed. crit. P.Th. CAMELOT, *Ignace d'Antioche, Polycarpe de Smyrne. Lettres, martyre de Polycarpe*, Paris 1998, p. 64. Trad. di A. QUACQUARELLI, *I Padri Apostolici*, p. 102.

249 Ed. crit. H.I. MARROU, *A Diognète*, p. 64. Trad. di E. NORELLI, *A Diogneto*, p. 90.

vita e della conoscenza di Gen 2,9, che non vi è conoscenza senza la vita:

> In questo luogo infatti sta piantato l'albero della conoscenza e l'albero della vita (ζωῆς): però non l'albero della conoscenza uccide, ma la disobbedienza uccide (...). Né infatti c'è vita (ζωή) senza conoscenza, né conoscenza sicura senza vita (ζωῆς) vera: per questo ciascuno dei due è piantato vicino all'altro. Ben scorgendo questo significato e biasimando la conoscenza che si esercita senza il precetto di verità dato per la vita, l'apostolo dice: "La conoscenza gonfia, l'amore invece edifica". Chi infatti crede di sapere qualcosa senza la conoscenza vera, che riceve testimonianza dalla vita (ζωῆς), non ha acquisito la conoscenza, è ingannato dal serpente, perché non ha amato la vita (ζωήν). Ma chi con timore ha acquisito la conoscenza e cerca la vita (ζωήν), pianta nella speranza, attendendo frutto.[250]

Evidentemente qui l'anonimo autore è stato influenzato da Giovanni, il quale ci comunica che quanti hanno ricevuto da Dio la capacità e la possibilità di dare la vita, hanno conosciuto la vita eterna che proviene da Dio e che ci è stata resa manifesta nel Figlio:

> Cosí parlò Gesù. Quindi alzati gli occhi al cielo disse: "Padre, è giunta l'ora, glorifica il figlio tuo, perché il Figlio glorifichi te. Poiché tu gli hai dato potere sopra ogni essere umano, perché egli dia la vita eterna a tutti coloro che gli hai dato. Questa è la vita eterna: che conoscano te, l'unico vero Dio, e colui che hai mandato, Gesù Cristo"

---

[250] Ed. crit. H.I. MARROU, *A Diognète*, pp. 80-82. Trad. di E. NORELLI, *A Diogneto*, p. 130.

(17,1-3).

Un'eco simile risuona nella *Didaché* 9,2-3 dove, nell'ambito della preghiera eucaristica, viene ringraziato Dio padre per la conoscenza e la vita, fatte a noi comprendere attraverso suo figlio Gesù:

> Per l'eucaristia ringraziate cosí: prima sul calice: "Ti ringraziamo, o Padre nostro per la santa vite di David tuo servo che a noi rivelasti per mezzo di Gesù tuo figlio. A te la gloria nei secoli". Per il pane spezzato: "Ti ringraziamo, Padre nostro, per la vita e la conoscenza che a noi rivelasti per mezzo di Gesù tuo figlio. A te la gloria nei secoli.[251]

Citando 1Cor 8,1 e rifacendosi a 1Cor 9,10, l'anonimo autore spiega a Diogneto che tra conoscenza e vita vi è unità perché chi conosce il Verbo ma non accoglie il suo messaggio di salvezza non porta frutto nel regno di Dio, mentre invece chi accoglie il messaggio pasquale del Figlio, che per amore si è dato in riscatto, edifica nell'amore e raccoglie frutti di bene. L'aggettivo ἀληθής impiegato dall'autore in 12,4, in connessione col termine vita (ζωή), si ritrova in 12,7 dove la parola vera è il Logos che Diogneto ha accolto, Logos che in 12,4 era presentato con lo stesso aggettivo ἀληθής connesso al termine vita: "*Il cuore sia per te conoscenza, ti sia vita la parola vera (ἀληθής), che avrai accolta*" (12,7).[252] Quindi l'autore dell'*A Diogneto* in 12,4-7 impiega il termine *zoé* per designare il Verbo, perché come asserisce anche Norelli "*l'identificazione Logos-vita è rinforzata dall'applicazione a entrambi dello stesso*

---

[251] Ed. crit. W. RORDORF – A. TUILIER, *La doctrine des douze apôtres (Didachè)*, Paris 1998, pp. 174-176. Trad. di A. QUACQUARELLI, *I Padri Apostolici*, pp. 34-35.

[252] Ed. crit. H.I. MARROU, *A Diognète*, p. 82. Trad. di E. NORELLI, *A Diogneto*, p. 130.

aggettivo ἀληθής".[253]

In 12,8 l'anonimo autore chiarisce ulteriormente sempre con l'immagine dell'albero della vita, che questo, come sostengono Norelli e Reijners, non è altro che l'albero del Verbo, cioé la croce in quanto

> l'espressione il suo albero non può che riferirsi al Logos-vita appena menzionato. Allora l'albero della vita è al tempo stesso l'albero del Logos, cioé, secondo un significato largamente diffuso di xylon, la croce;[254]

mentre invece Cristo verrebbe identificato con il frutto dell'albero, frutto che diviene, sempre in *A Diogneto* 12,7, conseguentemente oggetto di amore. Diversa è l'opinione sia di Nautin che di Rizzi, i quali asseriscono che l'albero è il Logos stesso.[255] Pertanto anche in *A Diogneto* 12,7 il termine *zoé* riveste un'importanza staurologica in riferimento al Cristo, che apporta un messaggio di salvezza eterno a colui che lo ama. Un'idea simile ricorre nel *Pastore di Erma*, dove i fedeli, che hanno imitato la croce di Cristo nel sacrificio di se stessi, vengono designati mediante l'immagine di "*alberi pieni di frutti, adorni di frutti diversi*".[256]

---

253 E. NORELLI, *A Diogneto*, p. 133 n. 15.
254 Cfr. E. NORELLI, *A Diogneto*, p. 133 n. 16. Cfr. anche G.Q. REIJNERS, *The terminology*, pp. 6-16.
255 Cfr. P. NAUTIN, *Lettres et écrivains chrétiens des II et III siècles*, Paris 1961, p. 168; M. RIZZI, *La questione*, pp. 139-140.
256 ERMA, *Pastore. Similitudini* 9,28,1. Ed. crit. R. JOLY, *Hermas. Le Pasteur*, p. 346. Trad. di E. NORELLI, *A Diogneto*, p. 131 n. 5.

3. IL LOGOS AL COMPIMENTO PASQUALE DOPO LA SUA REALIZZAZIONE STORICA NELLA NUOVA ECONOMIA DELLA SALVEZZA

3.1. La giustificazione

L'autore dell'*A Diogneto* presenta in 9,1 il tema della giustificazione avvalendosi del termine δικαιοσύνη:
> Per tutto il tempo precedente, però, permise che noi ci lasciassimo trasportare a nostro piacimento da impulsi disordinati, facendoci sviare dai piaceri (...) non certo perché si compiacesse dei nostri peccati, (...) né perché approvasse il periodo passato dell'iniquità, ma perché organizzava il periodo presente della giustizia (δικαιοσύνη), affinché, dopo che in quel primo periodo le nostre stesse opere ci avevano dimostrati indegni della vita, ora ne fossimo resi degni dalla benevolenza di Dio.[1]

L'autore dell'*A Diogneto* impiega il termine greco δικαιοσύνη che per Platone designava la virtù della rettitudine: infatti nella *Repubblica* Platone definisce con il termine δίκαιος il dovere che è inerente a ciascun individuo:
> E così, o Glaucone, io credo che si possa dire giusto (δίκαιον) un uomo allo stesso titolo con cui si dice giusta (δικαία) una Città. (...). La Città era giusta (δικαία) perché ciascuna delle tre classi di cui è composta svolgeva in essa il compito che le spettava. (...). Dobbiamo

---
1 Ed. crit. H.I. MARROU, *A Diognète*, p. 72. Trad. di E. NORELLI, *A Diogneto*, p. 113.

ricordarci che ognuno di noi, nel quale le singole
facoltà assolvano alla propria funzione, sarà
giusto (δίκαιος) e anche farà quel che deve.(...).
Non è forse vero che alla facoltà razionale spetta,
dunque, il compito di comandare, in quanto è
sapiente e ha la responsabilità di tutta l'anima
(...)".[2]

Quindi il termine *δικαιοσύνη* per Platone designa la virtù dell'anima che è atta a compiere la funzione che le è propria per natura:

Ma, creare condizioni di salute significa far sì
che le parti di un corpo dominino o siano
dominate in conformità alla natura; invece creare
condizioni di malattia vuol dire farle
reciprocamente comandare oppure ubbidire
contro natura. Fare giustizia (δικαιοσύνην)
equivarrà a disporre la facoltà dell'anima nei
reciproci rapporti di superiorità e subordinazione
secondo un ordine naturale; creare ingiustizia,
invece, significherà far sì che dominino o siano
dominate in modo contrario a natura. (...). La
virtù, dunque, a quanto risulta, sarebbe una
specie di salute, di bellezza, di buona forma
dell'anima; il vizio, al contrario, sarebbe la
malattia, la bruttezza e la fiacchezza.[3]

Anche per lo Stagirita la giustizia è la virtù etica con cui l'uomo assegna qualche cosa a ciascuno in maniera equa:

La giustizia (δικαιοσύνη) è una specie di
medietà, ma non allo stesso modo delle altre

---

[2] PLATONE, *Repubblica* IV,441d-e. Ed. crit. I. BURNET, *Platonis Opera*, t. IV, p. 441. Trad. di G. REALE, *Platone. Tutti gli scritti*, Milano 1991, p. 1180.

[3] PLATONE, *Repubblica* IV,444d. Ed. crit. I. BURNET, *Platonis Opera*, t. IV, p. 444. Trad. di G. REALE, *Platone. Tutti gli scritti*, Milano 1991, pp. 1182-1183.

virtù, bensì perché essa aspira al giusto mezzo, mentre l'ingiustizia mira agli estremi. La giustizia (δικαιοσύνη) è la disposizione secondo la quale l'uomo giusto (δίκαιος) è definito come uomo portato a compiere, in base ad una scelta, ciò che è giusto, ed a distribuire sia tra se stesso e un altro, sia tra due altri, non in modo da attribuire a se stesso la parte maggiore e al prossimo la parte minore del bene desiderato (...), ma da attribuire a ciascuno una parte proporzionalmente eguale".[4]

Pure gli stoici considerano "*la giustizia (δικαιοσύνην) una scienza che permette di attribuire i beni a ciascuno in maniera equa.*",[5] in quanto essa "*è una stabile disposizione a dare a ciascuno il suo, secondo il dovuto*".[6] Rifacendosi al concetto platonico della giustizia il medioplatonico Apuleio considera la giustizia la quarta virtù propria dell'anima. La giustizia suddivisa nelle altre tre parti dell'anima ha il compito di regolare la funzione di entrambe, in modo che queste adempiono con rettitudine la loro mansione:

> secondo Platone, la quarta virtù, la giustizia (iustitiam), che si divide egualmente tra queste tre parti dell'anima e che è una scienza, fa sí che ciascuna porzione dell'anima rimanga obbediente, svolgendo il suo ruolo secondo la

---

[4] ARISTOTELE, *Etica Nicomachea* 5,1133b32-1134a. Ed. crit. I. BYWATER, *Aristotelis. Ethica Nicomachea*, Oxonii 1959, p. 101. Trad. di C. MAZZARELLI, *Aristotele. Etica Nicomachea*, Milano 1998, pp. 204-207.

[5] STOBEO, *Anthologia* II,59,4 in V. ARNIM, *SVF*, vol. III, *frammento* 262, p. 63. Ed. crit. e trad. di R. RADICE, *Stoici antichi. Tutti i frammenti*, Milano 1998, pp. 1094-1095.

[6] ANDRONICO, *Sulle sofferenze* 19 in V. ARNIM, SVF, vol. III, *frammento* 266, p. 65. Ed. crit. e trad. di R. RADICE, *Stoici antichi. Tutti i frammenti*, pp. 1098-1099.

ragione e la misura.[7]

Similmente alla concezione stoica della giustizia si pone quella giuridica. Nel *Digesto* il giureconsulto Ulpiano definisce la giustizia "*il diritto costante e la perpetua volontà di dare a ciascuno il suo*".[8]

L'autore dell'*A Diogneto* impiega in 9,1 il termine δικαιοσύνη per far notare a Diogneto che Dio, per il suo immenso amore per l'uomo, preparava il piano di salvezza. L'anonimo autore si discosta pertanto dalla concezione platonica della giustizia, perché in *A Diogneto* 9,1 l'uomo non solo non era giusto perché non compiva il proprio dovere, ma perché era incapace per natura di pervenire alla salvezza. L'autore dell'*A Diogneto* in 9,2 prende le distanze anche dalla concezione aristotelica e neoplatonica della giustizia, per il fatto che l'anima per natura non può pervenire al suo fine, che è quello di raggiungere Dio, se non attraverso la benevolenza di Dio che si è resa concreta nel Figlio:

> Ma quando la nostra iniquità fu giunta al colmo e fu manifestato compiutamente che la ricompensa che se ne poteva attendere era castigo e morte, e quando fu venuto il momento a partire dal quale Dio aveva prestabilito di manifestare la propria benevolenza e potenza (o sovrabbondante affetto e amore di Dio per gli uomini), non ci odiò né ci respinse né ci serbò rancore, ma fu paziente, sopportò, nella sua misericordia prese su di sé i nostri peccati, consegnò lui stesso il proprio figlio in riscatto (λύτρον) per noi.[9]

---

7 APULEIO, *Platone e la sua dottrina* VII,229. Ed. crit. J. BEAUJEU, *Apulée. Opuscules philosophiques et fragments*, Paris 1973, p. 84. Trad. di S. LILLA, *Il medio-platonismo*, p. 46.

8 DIGESTO, *Dalla giustizia e dal diritto* 10. Ed. Crit. P. KRUEGER – TH. MOMMSEN, *Corpus Iuris Civilis*, vol. I, Berolini 1922, col. 29.

9 Ed. crit. H.I. MARROU, *A Diognète*, pp. 72-74. Trad. di E. NORELLI, *A*

È sottintesa pure nell'*A Diogneto* la presa di distanza dalla concezione stoica e giuridica della giustizia, in quanto la misericordia di Dio giustifica tutti indipendentemente dai doveri che sono propri di ciascuno. Infatti l'autore dell'*A Diogneto* presenta in 9,1-2 a Diogneto il tema della giustizia strettamente connessa al mistero della salvezza realizzatosi in Cristo, mistero che era presente già in forma umbratile prima della venuta storica del Verbo, a motivo del fatto che l'iniquità umana aveva raggiunto il suo culmine. A tal riguardo l'anonimo autore si pone in linea all'apostolo Paolo che, in Rm 3,26, adopera il termine δικαιοσύνη in relazione al piano di salvezza che il Padre aveva instaurato col suo Figlio prima dell'inizio della creazione, piano che avrà il suo compimento nella morte di croce del Figlio:

> Dio lo ha prestabilito a servire come strumento di espiazione per mezzo della fede, nel suo sangue,
> al fine di manifestare la sua giustizia (δικαιοσύνης), dopo la tolleranza usata verso i peccati passati, nel tempo della divina pazienza.
> Egli manifesta la sua giustizia (δικαιοσύνης) nel tempo presente, per essere giusto e giustificare chi ha fede in Gesù (Rm 3,25-27).

L'autore dell'*A Diogneto* si avvale anche del termine λύτρον per mostrare a Diogneto che Dio ha dato suo figlio in riscatto per noi, dato che tale termine fin dall'antichità greca aveva il significato di "*prezzo del riscatto*".[10] Per lo storico Erodoto il prezzo del riscatto per alcunché è connesso all'erogazione di una somma di denaro:

> Quanto ai Calcidesi catturati, li misero in ceppi e
> li tennero in carcere insieme ai prigionieri beoti;
> più tardi li liberarono in cambio di un riscatto

Diogneto, p. 113.
10 Sul termine λύτρον cfr. F. BUCHSEL, λύτρον, in *GLNT,* vol. VI, Brescia 1970, col. 916-918.

fissato a due mine a testa (...). E consacrarono la decima parte dei riscatti (λύτρων), facendo fabbricare una quadriga di bronzo (...).[11]

L'autore dell'*A Diogneto*, sebbene si avvalga del termine greco λύτρον per indicare il prezzo del riscatto, prende posizione nei confronti del concetto greco di lutron, per il quale il riscatto avveniva dietro l'erogazione di una somma di denaro. Per l'autore dell'*A Diogneto* invece il prezzo del riscatto si identifica con il sacrificio pasquale del Verbo. A tal proposito l'autore dell'*A Diogneto* si pone in sintonia con Mt 20,28, il quale col termine λύτρον indica il sacrificio del Figlio che darà la sua vita in riscatto per molti mediante la sua morte di croce: "*Appunto come il Figlio dell'uomo, che non è venuto per essere servito, ma per servire e dare la sua vita in riscatto (λύτρον) per molti*" (Mt 20,28). In tal modo nell'*A Diogneto* si riflette anche la concezione paolina del riscatto del Verbo, a motivo del quale vengono giustificati i criminali e gli empi. Infatti nella prima Lettera a Timoteo l'apostolo Paolo collega il termine λύτρον con la morte di Cristo: "*Uno solo, infatti, è Dio e uno solo il mediatore fra Dio e gli uomini, l'uomo Cristo Gesù, che ha dato se stesso in riscatto (λύτρον) per tutti*" (1Tm 2,5-7). Sempre in *A Diogneto* 9,3-5 l'anonimo autore spiega al suo interlocutore che il prezzo del riscatto consiste nella giustizia del Figlio che ha coperto i nostri peccati:

> Che altro, infatti, avrebbe potuto coprire (καλύψαι) i nostri peccati, se non la sua giustizia? In che era possibile che fossero giustificati i criminali ed empi che eravamo, se non nel solo figlio di Dio? O dolce scambio, o impenetrabile opera, o benefici inattesi: che il

---

11 ERODOTO, *Storia* 5,77. Ed. crit. A.D. GODLEY, *Herodotus*, vol. III, London-Cambridge, pp. 84-86. Trad. di A. COLONNA - F. BEVILACQUA, *Le storie di Erodoto*, Torino 1996, pp. 91-93.

crimine di molti si eclissasse in un solo giusto, e
la giustizia di uno giustificasse molti criminali.[12]

L'autore dell'*A Diogneto* impiega inoltre il verbo
καλύψαι per far osservare al suo interlocutore che la
giustizia di Dio, la quale si realizza nel riscatto del Figlio,
rende giusti i peccatori, in quanto il Figlio si addossa di tutti
i peccati, che l'uomo ha compiuto, riscattandoli. Tale verbo
era menzionato prima dell'*A Diogneto* da Erma nel *Pastore*,
in cui viene affermato che ad opera della passione del
Signore vengono cancellati i peccati dell'umanità:

> Egli cancellò (ἐκαθαρίσε) i loro peccati patendo
> assai e sostenendo molte fatiche (...). Egli avendo
> purificato i peccati del popolo insegnò le vie
> della vita, dando la legge ricevuta dal Padre.[13]

A partire da tale ottica l'autore dell'*A Diogneto* si
distanzia dalla concezione rabbinica della giustizia di Dio, la
quale giustifica l'uomo in base alle opere che egli ha
compiuto. Infatti nella *Mishnah Sotah* 1,7-9 viene affermato
che con la stessa misura con cui Dio esercita la giustizia,
Egli punisce coloro che hanno compiuto azioni malvage e
ricompensa coloro che hanno agito bene.[14] Anche se nel
testo parallelo della *Toseftà Sotah* 3,1-4,19 viene affermato
che la misura della misericordia di Dio supera di gran lunga
la misura della giustizia, si evince sempre che la bontà di
Dio giustifica l'uomo sulla base delle azioni che egli stesso
ha compiuto obbedendo o trasgredendo la Torah. D'altronde
pure Rabbí Aqibà, noto maestro ebreo del II secolo, dichiara
che la giustizia di Dio è commisurabile alla quantità delle

---

12 Ed. crit. H.I. MARROU, *A Diognète*, p. 74. Trad. di E. NORELLI, *A Diogneto*, pp. 113-114.
13 ERMA, *Pastore, similitudini* 5,6,2-3. Ed. crit. R. JOLY, *Hermas. Le Pasteur*, Paris 1968, p. 238. Trad. di A. QUACQUARELLI, *I Padri Apostolici*, Roma 1998, p. 300.
14 Cfr. *Mishnà, Sotah* 1,7-9. Ed. crit. H. DANBY, *The Mishnah*, Oxford-London 1954, p. 294.

azioni: *"Per quanto tutto sia previsto, la libertà di scelta è data. Ma il mondo è giudicato con bontà. Tutto dipende dalla quantità di opere buone o cattive"*.[15]

3.2. La fede

L'autore dell'*A Diogneto* in 8,5-6 presenta al suo interlocutore il tema della fede, alla quale soltanto è stato concesso di vedere Dio:

> Degli uomini, del resto, nessuno l'ha visto (εἶδεν) né l'ha conosciuto (ἐγνώρισεν), ma lui stesso si è manifestato. E si è manifestato attraverso la fede (πίστεως), alla quale soltanto è stato concesso di vedere (ἰδεῖν) Dio.[16]

L'autore dell'*A Diogneto* si avvale del termine *pistis* che nell'antichità greca indicava la fiducia.[17] Originariamente tale significato risale a Omero.[18] Anche in Eschilo *pistos* è impiegato nel senso di fiducia nelle armi.[19]

Il medesimo senso si ha in Tucidide nei riguardi delle parti che stipulano un contratto.[20] In seguito Platone indica col termine *pistis* non solo la credenza, che è distinta dal

---

15 *Pirqe Avoth* 3,16. Ed. crit. H. DANBY, *The Mishnah*, Oxford 1954, p. 452. Trad. di P. SACCHI, *Storia del II tempio*, Torino 1994, p. 343.

16 Ed. crit. H.I. MARROU, *A Diognète*, p. 70. Trad. di E. NORELLI, *A Diogneto*, p. 108.

17 Cfr. R. BULTMANN, πιστεύω, in *GLNT*, vol. VI, Brescia 1975, col. 341.

18 OMERO, *Odissea* 14,150. Ed. crit. A.T. MURRAY, *Homer. The Odyssey*, London-Cambridge 1960, vol. II, p. 44.

19 ESCHILO, *Prometeo incatenato* 915-917. Ed. crit. P. MAZON, *Eschyle. Les suppliantes, ler perses, les sept contre Thèbes, Prométhée enchainé*, t. I, Paris 1963, p. 193. Cfr. anche *I Persei* 52-55. Ed. crit. P. MAZON, *Eschyle. Les suppliantes, les perses, les sept contre Thèbes, Prométhée enchainé*, t. I, Paris 1963, pp. 64-65.

20 TUCIDIDE, I,68,1. Ed. crit. J. DE ROMILLY, *Thucydide. La guerre du Péloponnèse*, vol. I, Paris 1958, pp. 43-44.

nous e dalla *dianoia*,[21] ma anche la fede nella divinità.[22] Il significato religioso di *pistis* si ritrova anche nel medioplatonico Plutarco.[23] Nel *Contro Celso* si avverte lo stesso senso:

> Ma, qualora questi proponessero come Dio costui ed altri un altro, e tutti però allo stesso modo fossero pronti a dire: "Se vuoi salvarti, credi (πιστεύσον), altrimenti vattene!", che faranno dunque quelli che veramente vogliono salvarsi? Dovranno indovinare, tirando a testa e croce (...).[24]

Nella stoà la *pistis* esprime l'identità dell'uomo saggio, il quale mostra la sua sicurezza in quanto ha reso saldo ciò che ha appreso mediante l'uso della ragione, diversamente dallo stolto:

> Il saggio non è dubbioso (ἀπιστεῖν), perché il dubbio è il pensiero che qualcosa sia falso; la sicurezza (πίστιν) invece è una cosa buona, in quanto è un afferrare saldamente, che rende stabile ciò che si è concepito. Allo stesso modo, anche la scienza è rinsaldata dalla ragione, motivo per cui sostengono che lo stolto non ha scienza né sicurezza (πιστεύειν).[25]

---

21 PLATONE, *Repubblica* 6,511d-e. Ed. crit. I. BURNET, *Platonis Opera*, t. IV, p. 511.

22 PLATONE, *Leggi* 12,966d. Ed. crit. I. BURNET, *Platonis Opera*, t. V, p. 966.

23 PLUTARCO, *Superstizione* II,170f. Ed. crit. J. DEFRADAS – J. HANI – R. KLAERR, *Plutarque. Oeuvres morales*, t. II, Paris 1985, pp. 264-265. Cfr. a tal proposito R. BULTMANN, πιστευω, in *GLNT*, vol. VI, col. 352.

24 CELSO, *Contro i cristiani* VI,11. Ed. crit. M. BORRET, *Origène. Contre Celse*, t. III, Paris 1969, p. 204. Trad. di S. RIZZO, *Celso. Contro i cristiani*, Milano 1989, p. 201.

25 CRISIPPO, *frammenti* 548. Ed. crit. e trad. di R. RADICE, *Stoici antichi. Tutti i frammenti*, Milano 1998, pp. 1262-1263.

Anche lo stoico Epitteto afferma che la *pistis* è una qualità congenita nell'uomo per natura:

> Mentre Epitteto diceva che l'uomo è fatto per la lealtà (πίστιν), e che chi la manda in rovina manda in rovina la qualità propria dell'uomo.[26]

Nel *Corpus Hermeticum* la *pistis* è interconnessa col *nous*, per cui chi possiede l'intelligenza possiede la fede:

> Infatti, l'atto intellettivo (νοῆσαι) si identifica con l'atto di fede (πιστευσαῖς), e la mancanza di fede (ἀπιστῆσαι) equivale alla mancanza di comprensione intellettuale (μή νοῆσαι).[27]

Se da un lato l'autore dell'*A Diogneto* si avvale del termine di origine greca *pistis* per mostrare a Diogneto che Dio si è manifestato attraverso la fede, dall'altro lato egli prende le distanze dalla concezione crisippea e stoica della fede per la quale essa è insita nella natura dell'uomo, perché l'autore specifica al suo interlocutore che è possibile vedere Dio e comprendere i suoi benefici solo attraverso Suo figlio diletto. Attraverso il Figlio Dio ha manifestato al mondo il mistero di salvezza che il Padre aveva organizzato insieme al figlio fin dall'eternità:

> Avendo però concepito un progetto grande e inesprimibile, lo comunicò soltanto al proprio Figlio. Finché dunque manteneva nel mistero e custodiva il suo sapiente proposito, sembrava noncurante e indifferente verso di noi. Ma quando lo ebbe rivelato mediante il suo figlio diletto ed ebbe manifestato ciò che era preparato sin dall'inizio, ci procurò tutto insieme: partecipare ai suoi benefici, vedere (ἰδεῖν),

---

[26] EPITTETO, *Dissertazioni* 2,4,1. Ed. crit. SOUILHÉ, *Épictète. Entretiens*, vol. II, Paris 1949, p. 16. Trad. di C. CASSANMAGNAGO, *Diatribe, Manuale frammenti*, Milano 1982, p. 200.

[27] *Corpus hermeticum* IX,10. Ed. crit. A.D. NOCK - A.J. FESTUGIÈRE - I. RAMELLI, *Corpus hermeticum*, pp. 238-239.

comprendere (νοῆσαι). Chi di noi se lo sarebbe mai aspettato? (8,9-11).[28]

L'autore dell'*A Diogneto* fa sottintendere al suo interlocutore in 8,5, alla luce di 8,10-11, che l'uomo non può pervenire alla fede per sua propria natura ma per iniziativa dell'amore di Dio che si è realizzato nel Figlio: infatti l'autore dell'*A Diogneto* impiega in 8,5 la voce verbale *ἰδεῖν* che egli riprende in 8,10 spiegando, attraverso la stessa voce verbale, che Dio stesso si è fatto dono nel Figlio perché all'uomo venga data la possibilità di comprendere il mistero del Padre. L'autore dell'*A Diogneto* in 8,10-11, correlando l'amore di Dio padre, che si rivela nel Figlio, alla partecipazione del Padre da parte dell'uomo attraverso la fede, si rifà alla Lettera agli Efesini, nella quale viene rilevato che l'amore del Padre è la sorgente della fede per chi accetta tale dono, in quanto conosce Cristo oltrepassando ogni conoscenza di ordine razionale:

> Che il Cristo abiti per la fede (πίστεως) nei vostri cuori e cosí radicati e fondati nella carità (ἀγάπη) siate in grado di comprendere con tutti i santi quale sia l'ampiezza, la lunghezza, l'altezza e la profondità, e conoscere l'amore (ἀγάπην) di Cristo che sorpassa ogni conoscenza, perché siate ricolmi di tutta la pienezza di Dio (Ef 3,14-20).

È pertinente pure asserire che l'autore dell'*A Diogneto* in 8,5 prenda le distanze dalla concezione ermetica della fede, che è atto di intelligenza, per la quale l'iniziato ai misteri giunge alla visione di Dio. Per l'autore dell'*A Diogneto* l'uomo può giungere alla conoscenza di Dio non solo attraverso il dono della rivelazione di Dio nel Figlio, ma anche, come ebbe a dire l'apostolo Paolo, attraverso

---

28 Ed. crit. H.I. MARROU, *A Diognète*, pp. 70-72. Trad. di E. NORELLI, *A Diogneto*, pp. 108-109.

l'assenso che l'uomo dà a tale evento storicamente avvenuto (Rm 10,14-19). Vi è riflessa pertanto in *A Diogneto* 8,5 la teologia ireneana relativa alla fede, secondo la quale la fede è vista anche in rapporto alla dimensione soggettiva dell'uomo, in quanto l'uomo decide volontariamente di seguire il Verbo, che realmente si è fatto uomo per riscattare l'uomo dal peccato:

> Tutto è possibile a chi crede. E ancora: "Va e come hai creduto ti avvenga". Ora tutti i testi di questo genere dimostrano che l'uomo è libero rispetto alla fede. Per questo "chi crede in lui ha la vita eterna, ma chi non crede al Figlio non vedrà la vita, ché anzi sopra di lui rimane sospesa l'ira di Dio (Gv 3,36).[29]

Un pensiero simile si riscontra in Clemente Alessandrino, il quale, rifacendosi a Gv 3,36, afferma che tutto ciò che ha insegnato il Verbo è comprensibile razionalmente solo da colui che crede nel Verbo, per mezzo del quale è possibile vedere Dio:

> Nessuno conobbe Dio se non il Figlio e colui al quale l'abbia rivelato il Figlio" (Mt 21,27). Io so bene che Colui che apre questa porta, sinora chiusa, dopo rivela le cose che sono dentro e ci mostra quelle cose che non era possibile prima conoscere, se non da coloro che siano entrati per mezzo di Cristo, che è il solo per mezzo del quale si possa contemplare Dio.[30]

In tale logica, per l'autore dell'*A Diogneto,* la voce

---

29 IRENEO, *Contro le eresie* IV,37,5. Ed. crit. A. ROUSSEAU – B. HEMMERDINGER – L. DOUTRELEAU – Ch. MERCIER, *Irénée de Lyon. Contre les hérésies*, Paris 1965, p. 932. Trad. di E. BELLINI, *Ireneo di Lione. Contro le eresie e gli altri scritti*, Milano 1979, p. 396.
30 CLEMENTE ALESSANDRINO, *Protrettico* I,10,3. Ed. crit. C. MONDÉSERT - A. PLASSART, *Clément d'Alexandrie. Le Protreptique*, Paris 2004, p. 66. Trad. di Q. CATAUDELLA, *Clemente Alessandrino. Protreptico ai Greci,* p. 26.

verbale *ἰδεῖν* racchiude oltre il senso razionale anche un senso religioso-volitivo per il fatto che chi crede nel Verbo apre la sua mente e il suo cuore a tale evento rivelatore di Dio. Quindi la fede in *A Diogneto* 8,5-11, sebbene possa assumere il significato di semplice credenza, come sostiene Meecham e Norelli, i quali danno al termine un senso più intellettuale che religioso-volitivo,[31] implica non solo la disposizione della volontà dell'uomo, per la quale colui che ha fede apre il suo cuore alla rivelazione di Dio che si è realizzato in Cristo per amore del Padre, ma anche l'iniziativa divina che tramite il Verbo rivela a chi vuole tale mistero.

Infatti l'autore dell'*A Diogneto* in 10,4 ribadisce al suo interlocutore che ogni credente può diventare imitatore di Dio perché possiede la fede non solo grazie alla sua disposizione interiore-naturale - implicante la volontà e la ragione, perché senza l'uso della ragione non avviene la decisione - ma anche grazie alla volontà di Dio: "*Non stupirti che un uomo possa diventare imitatore di Dio: lo può, se egli lo vuole*" (10,4).[32] Anche in 9,6 l'autore dell'*A Diogneto,* impiegando il verbo πιστεύειν, che è correlato alla benevolenza di Dio, la quale si è manifestata nel Verbo, vuole rendere noto ancora una volta a Diogneto che la fede dell'uomo è vana se non ripone la sua fiducia in Colui che l'ha fondata. Solo se Diogneto accetta volontariamente che Dio si è manifestato nel Figlio per salvare l'umanità, per sua natura impotente a conseguire la salvezza, egli crede in Dio fattosi uomo:

> Dopo aver dunque dimostrato nel tempo precedente l'impotenza della nostra natura a conseguire la vita, e aver mostrato nel tempo

---

31 E. NORELLI, *A Diogneto*, p. 109, n. 7. Cfr. anche H.G. MEECHAM, *The Epistle to Diognetus*, Manchester 1949, p. 40.

32 Ed. crit. H.I. MARROU, *A Diognète*, p. 76. Trad. di E. NORELLI, *A Diogneto*, p. 117.

> presente il salvatore dotato del potere di salvare anche ciò che non può salvarsi, sul fondamento di entrambi questi argomenti volle che credessimo (πιστεύειν) alla sua benevolenza, che lo considerassimo nutritore (...).[33]

Il concetto dell'impossibilità di entrare nel regno di Dio se non attraverso il Figlio era già insito nel *Pastore* di Erma:

> Se tu vuoi entrare in una città e la città è cinta intorno dalla fortezza di mura e non ha che una sola porta, puoi entrare nella città senza passare per la porta che ha? Rispondo: "E come può essere diversamente?" (...). Cosí nel regno di Dio l'uomo non può entrare diversamente, se non mediante il nome del suo amato Figlio.[34]

Anche Clemente Romano specificava alla comunità di Roma che Dio giustificò tutti sin dall'inizio della creazione con la fede:

> non siamo giustificati né per la nostra sapienza o intelligenza o pietà o le opere compiute in santità di cuore, ma per la fede con la quale Dio onnipotente giustificò tutti sin dal principio.[35]

La *pistis* in *A Diogneto* 8,3-5 e 9,6 è strettamente ancorata all'amore di Dio che si è reso concreto nel Verbo, sulla falsariga del pensiero paolino e giovanneo: colui che crede diviene imitatore della carità di Dio. In riferimento al verbo πιστεύειν, che in *A Diogneto* 9,6 indica la fede di coloro che credono all'amore di Dio incarnato nel Verbo,

---

33 Ed. crit. H.I. MARROU, *A Diognète*, p. 74. Trad. di E. NORELLI, *A Diogneto*, p. 114.

34 ERMA, *Pastore. Similitudini* 9,12,5. Ed. crit. R. JOLY, *Hermas. Le Pasteur*, Paris 1968, pp. 316-318. Trad. di A. QUACQUARELLI, *I Padri Apostolici*, p. 327.

35 CLEMENTE ROMANO, *Epistola ai Corinti* 1,32,4. Ed. crit. A. JAUBERT, *Clément de Rome. Épître aux Corinthiens*, Paris 2000, p. 152. Trad. di A. QUACQUARELLI, *I Padri Apostolici*, p. 70.

l'autore dell'*A Diogneto* afferma chiaramente in 10,2-5 che colui che crede all'amore di Dio che si è fatto carne, diviene a sua volta imitatore di Dio nella carità:

> Dio infatti ha amato (ἠγάπησεν) gli uomini, per essi ha fatto il mondo (...). Ma quando avrai cominciato ad amarlo, sarai imitatore della sua bontà.[36]

L'autore dell'*A Diogneto* riprende tale concetto, come abbiamo precedentemente accennato, dall'apostolo Paolo, il quale, nella Lettera ai Tessalonicesi rileva la stretta interrelazione che sussiste tra la fede (πίστις) e la carità (ἀγάπη):

> La vostra fede (πίστις) infatti cresce rigogliosamente e abbonda la vostra carità (ἀγάπη) vicendevole; cosí noi possiamo gloriarci di voi nelle chiese di Dio, per la vostra fermezza e per la vostra fede (πίστεως) in tutte le persecuzioni e tribolazioni che sopportate (2Ts 1,3-5).

Al contempo l'autore dell'*A Diogneto* sembra prendere posizione nei confronti della gnosi, per la quale la fede è appannaggio esclusivo degli uomini spirituali che per natura possiedono la scintilla divina in quanto sono destinati a contemplare la divinità. Per l'autore dell'*A Diogneto* infatti colui che ha fede non ha la fede perché la possiede per natura, ma perché l'ha ricevuta in questo mondo per dono di Dio in quanto Dio stesso si è fatto carne. Tale polemica traspariva fin dal pensiero paolino. Infatti per Paolo il cristiano vive la fede nell'esperienza storica e non in un mondo atemporale, perché nella sua dimensione storica il cristiano vive il tempo della salvezza che sta tra il già e il non ancora (2Cor 5,6-8).

---

36 Ed. crit. H.I. MARROU, *A Diognète*, p. 76. Trad. di E. NORELLI, *A Diogneto*, p. 117.

A tal riguardo l'autore dell'*A Diogneto* prende anche le distanze dalla concezione medio-giudaica e rabbinica della fede. Per l'autore dell'*A Diogneto* la fede non è addebitata al merito che proviene dall'osservanza della legge, bensí è l'atto di fiducia che il credente accorda a Dio che si è manifestato per amore nel Figlio, per dare all'uomo la possibilità di pervenire alla salvezza.

Nell'*A Diogneto* riecheggia la controversia che Paolo ha instaurato coi giudei, per i quali la fede dipendeva dalla stretta osservanza delle opere della legge, ai quali l'apostolo contrappone il totale abbandono a Dio dell'uomo perché nella fede l'uomo non vanta alcun merito in base alla osservanza della legge, ma è l'atto di fiducia con cui l'uomo decide volontariamente di appartenere a Dio (Rm 3,20-25). Pertanto, alla luce di *A Diogneto* 9,6-10,5, la pistiç in 8,5 assume un carattere etico oltre che volitivo-intellettuale: chi crede nella bontà di Dio, a sua volta diviene imitatore della sua bontà nel fare del bene agli altri.

L'autore dell'*A Diogneto* anche in 11,3 impiega il verbo πιστεύειν:

> per questa ragione egli inviò il logos, perché apparisse al mondo: ed egli, disprezzato dal popolo, annunziato mediante gli apostoli, fu creduto (ἐπιστεύθη) dai gentili[37]

Nell'*A Diogneto* la fede dei gentili è stata dipesa anche dalla grazia (χάρις) perché l'autore dell'*A Diogneto* afferma in 11,7, attraverso il termine χάρις, che chi non contrista la grazia, conosce ciò che il Logos insegna attraverso i suoi discepoli: "*E se tu non contristerai (λυπῶν) questa grazia, conoscerai ciò che il Logos insegna per mezzo di chi vuole, quando lo decide*".[38] In *A Diognèto* 11,5-6 il termine χάρις è

---

37 Ed. crit. H.I. MARROU, *A Diognète*, p. 80. Trad. di E. NORELLI, *A Diogneto*, p. 123.

38 Ed. crit. H.I. MARROU, *A Diognète*, p. 80. Trad. di E. NORELLI, *A*

riferito al dono della grazia effuso sulla chiesa, mediante la quale il Logos agisce nella chiesa. La grazia dà l'intelligenza ai credenti per comprendere i misteri del Padre, cosí come i discepoli, che credevano in Cristo, hanno ricevuto dal Logos la conoscenza dei misteri del Padre:

> Questi è l'eterno, oggi riconosciuto Figlio, per mezzo del quale si arricchisce la chiesa, e la grazia (χάρις), dispiegandosi, si moltiplica nei santi, conferendo intelligenza, svelando i misteri, facendo conoscere i tempi, rallegrandosi a causa dei fedeli, donata a coloro che cercano, dai quali non vengono infranti i confini della fede né vengono trasgrediti i confini dei padri. 6. Allora il timore della legge è cantato, e la grazia (χάρις) dei profeti è conosciuta, e la fede (πίστις) dei vangeli è consolidata, e la grazia (χάρις) della chiesa esulta.[39]

Sebbene alcuni studiosi ritengono che il termine grazia in *A Diogneto* 11,5 si identifichi con lo Spirito Santo,[40] mentre gli altri ritengono che questa venga a significare la grazia della chiesa,[41] non è fuori luogo ammettere che la grazia, la quale si dispiega nella chiesa, è frutto dello Spirito Santo, per cui l'autore dell'*A Diogneto* può dare al termine χάρις di *A Diogneto* 11,7 sia l'uno che l'altro significato, i quali si includono a vicenda.

Diogneto, p. 124.

39 Ed. crit. H.I. MARROU, *A Diognète*, p. 80. Trad. di E. NORELLI, *A Diogneto*, pp. 123-124.

40 Cfr. H.G. MEECHAM, *Op. cit.*, p. 50; P. ROASENDA, *In Epistulae ad Diognetum XI-XII capita adnotatio*, in "Aevum" 9 (1935), pp. 251-252; M.G. MARA, *Osservazioni sull'Ad Diognetum*, in "Studi e materiali di storia delle religioni" 35 (1964), pp. 277-78.

41 Cfr. M. RIZZI, *La questione dell'unità dell'Ad Diognetum*, Milano 1989, p. 71 n. 11; H.I. MARROU, *A Diognète*, Paris 1965, p. 232; E. NORELLI, *A Diogneto*, p. 127, n. 17.

Col termine χάρις in 11,7 l'autore potrebbe indicare non solo i possibili effetti benefici operati dallo Spirito Santo in seno alla chiesa, ma anche la commemorazione degli eventi di Cristo, tramite la quale viene resa operante e permanente nella chiesa la fede nei vangeli. In tale logica l'anonimo autore dà al termine grazia un senso cristologico-ecclesiale, perché è nella chiesa che si ripropone in maniera viva il mistero di Cristo e si dispiega la fede dei vangeli: la fede della primitiva comunità e il mistero di Cristo non rimangono solo descritti nei vangeli e letti come semplici notiziarii, ma si rendono vivi, presenti e sempre attuali in ogni tempo. Si rileva così nell'*A Diogneto* una sorta di circolarità tra la fede e il mistero di Cristo, perché entrambi ricevono la loro linfa vitale dalla chiesa in quanto nella chiesa vengono resi concretamente e indefettibilmente presenti. Un'idea simile era presente nella *Lettera* di Clemente Romano, nella quale la riproposizione reale del mistero di Cristo veramente si rende presente attraverso l'azione dello Spirito Santo effuso su tutta la chiesa:

> Guardiamo il sangue di Gesù Cristo e consideriamo quanto sia prezioso al padre suo. Effuso per la nostra salvezza portò al mondo la grazia del pentimento (...). I ministri della grazia di Dio parlarono del pentimento per mezzo dello Spirito Santo (...). Non abbiamo un solo Dio, un solo Cristo e un solo spirito di grazia effuso su di noi e una sola vocazione in Cristo?.[42]

Anche lo ps. Barnaba afferma che la grazia è un dono spirituale effuso da Dio su tutta la chiesa:

> Poiché sono grandi e copiose le disposizioni di Dio a vostro riguardo, gioisco oltre ogni dire per i vostri beati e gloriosi spiriti: tanto è radicata in

---

42 CLEMENTE ROMANO, *Epistola ai Corinti* 1,7,4.8,1.46,6. Ed. crit. A. JAUBERT, *Clément de Rome. Épitre aux Corinthiens*, pp. 110.112.176. Trad. di A. QUACQUARELLI, *I Padri Apostolici*, pp. 53-54.79-80.

voi la grazia del dono spirituale che avete ricevuto.[43]

Tale concetto non era estraneo anche al tempo in cui visse l'anonimo autore. Giustino nel *Dialogo con Trifone* 119,5-120 afferma che, in virtù della stessa fede con cui Dio chiamò per opera dello Spirito Abramo che credette a Dio, noi abbiamo creduto alla parola di Dio che riecheggia nella chiesa per mezzo degli apostoli e annunciata per mezzo dei profeti:

> Che cos'è dunque che Dio ha concesso in più ad Abramo? È che con la sua voce gli ha rivolto una chiamata dicendogli di uscire dalla terra in cui abitava. Ora, con quella voce è tutti noi che egli ha chiamato, e noi siamo usciti dalla condotta di vita che avevamo, condotta iniqua come quella degli altri abitanti della terra, e assieme ad Abramo erediteremo la terra santa, eredità che riceveremo per i secoli eterni, essendo figli di Abramo in grazia della stessa fede. Come infatti Abramo credette alla voce di Dio e gli fu accreditato come giustizia, cosí anche noi abbiamo creduto – fino a dare la vita – alla voce di Dio che è nuovamente riecheggiata per mezzo degli apostoli del Cristo (...). Dio dunque promette ad Abramo un popolo che abbia la stessa fede, che sia pio e giusto e che diletti il Padre: ma non siete voi, nei quali non c'è fede.[44]

Quindi i gentili, per l'autore dell'*A Diogneto* in 11,3, hanno creduto al vangelo predicato dagli apostoli perché

---

43 Ps. BARNABA, *Epistola* 1,2. Ed. crit. e trad. di F. SCORZA BARCELLONA, *Epistola di Barnaba*, p. 79.
44 GIUSTINO, *Dialogo con Trifone* 119,5-120. Ed. crit. E.J. GOODSPEED, *Die ältesten Apologeten*, pp. 237-238. Trad. di G. VISONÀ, *Dialogo con Trifone*, pp. 340-341. Cfr. anche *Dial.* 131,4. Ed. crit. E.J. GOODSPEED, *Die ältesten Apologeten*, p. 253.

non hanno contristato l'azione dello Spirito che li ha chiamati a convertirsi. Infatti, come egli spiega in 11,7, chi non contrista l'azione dello Spirito Santo, che si dispiega nella chiesa, conosce i misteri del Logos. A tal riguardo in *A Diogneto* 11,7 riecheggia il motivo paolino della λύπη.

L'apostolo esorta la comunità di Efeso ad allontanarsi da ogni forma di malignità per non intaccare l'unità della fede nella comunità stessa, unità che lo Spirito Santo ha suggellato tramite la redenzione del Verbo:

> E non vogliate rattristare (λυπεῖτε) lo Spirito Santo di Dio, col quale foste segnati per il giorno della redenzione. Scompaia da voi ogni asprezza, sdegno, via, clamore e maldicenza con ogni sorta di malignità. Siate invece benevoli gli uni verso gli altri, misericordiosi, perdonandovi a vicenda come Dio ha perdonato voi in Cristo.[45]

Anche nel *Pastore* di Erma ricorre questo motivo. In particolar modo col termine λύπη viene rilevato che chi rattrista lo Spirito Santo si allontana da Dio perché in lui risiede collera e incertezza e, in quanto tale, non entra nel regno di Dio:

> Quando un indeciso è indotto a qualche impresa e fallisce per la sua incertezza, il dolore entra nell'uomo, contrista (λυπεῖ) lo Spirito Santo e lo caccia. Poi se la collera si attacca all'uomo per qualunque faccenda sia, lo esaspera molto; di nuovo la tristezza (λύπη) subentra nel cuore dell'uomo adirato che prova dolore per l'impresa compiuta e si pente perché ha agito male. Sembra che questa tristezza (λύπη) abbia salvezza perché chi ha fatto il male si è pentito. Ambedue le cose contristano (λυποῦσι) lo Spirito; l'incertezza perché non riuscí

---

45 PAOLO, *Lettera agli Efesini* 4,30-5.

nell'impresa, l'ira contrista lo Spirito perché operò il male. Ambedue sono moleste allo Spirito Santo, l'incertezza e la collera. Lungi da te la tristezza (λύπην) e non angustiare lo Spirito Santo che abita in te, perché non si rivolga a Dio contro di te e si allontani da te.[46]

In seguito, sempre in tale quadro, l'autore dell'*A Diogneto* in 11,3-5 fa notare al suo interlocutore che i gentili hanno creduto nel Verbo fattosi carne grazie all'azione dello Spirito Santo che li ha generati dall'alto, per dirla con Giovanni nell'episodio della samaritana (Gv 4,4-25). Azione che fortifica la fede dei santi rendendo viva e presente nei loro cuori la verità del Logos:

> Per questa ragione egli inviò il Logos, perché apparisse al mondo: ed egli, disprezzato dal popolo, annunziato mediante gli apostoli, fu creduto dai gentili. Questi è colui che era dall'inizio, colui che apparve nuovo e fu trovato antico e che sempre giovane è generato (γεννώμενος) nel cuore dei santi.[47]

L'autore dell'*A Diogneto* adopera la voce verbale γεννᾶν per mostrare a Diogneto che il Logos non è creato nel cuore dei santi ma è generato. In tal senso in *A Diogneto* 11,3-5 i santi sono considerati la dimora vivente dello Spirito perché in loro lo Spirito si rende perenne, facendo rivivere nell'oggi storico l'evento salvifico di Dio nel Figlio. Il Logos, per l'anonimo autore, è considerato antico a motivo

---

46 ERMA, *Pastore Precetti* 10,2,1-6. Ed. crit. R. JOLY, *Hermas. Le Pasteur*, pp. 188-190. Trad. di A. QUACQUARELLI, *I Padri Apostolici*, pp. 281-282.

47 Ed. crit. H.I. MARROU, *A Diognète*, p. 80. Trad. di E. NORELLI, *A Diogneto*, p. 123. Norelli precisa che il Verbo, prima della sua venuta storica, era celato nella legge dei profeti, e ad un tempo si mostra nuovo per l'evento salvifico che si è reso storico con la sua morte e risurrezione e che si rende sempre storico nel cuore dei santi attraverso l'azione santificatrice dello Spirito.

della sua preesistenza prima dell'inizio della creazione.

Nella *Supplica ai cristiani* Atenagora ha avuto modo di chiarire tale concetto. Infatti egli afferma che il Verbo è stato generato prima di tutte le cose non perché creato, ma perché esisteva insieme al Padre fin dall'eternità:

> È il primogenito (πρῶτον γέννημα) del Padre non perché creato (γενόμενον) (dal principio Dio, mente eterna aveva in se stesso il Verbo (...).[48]

L'autore dell'*A Diogneto* in 11,3-7 si pone nel solco della teologia di Origene, per il quale la generazione del logos nel cuore del credente è possibile attraverso lo Spirito di adozione, per mezzo del quale il credente diviene figlio di Dio:

> poiché non dirò che il giusto è stato generato da Dio una volta per tutte, ma che egli è sempre generato ad ogni opera buona perché è in essa che Dio genera il giusto (...). Se dunque il salvatore è sempre generato – e per questo dice: Prima di tutti i colli mi genera (...) sempre il salvatore è generato (γεννᾶται) dal Padre, cosí anche tu se hai lo spirito di adozione, sempre ti genera (γεννᾷ) in lui Dio ad ogni opera, a ogni pensiero, e cosí generato (γεννώμενος) divieni un figlio di Dio sempre generato in Cristo Gesù, al quale è la gloria e la potenza nei secoli dei secoli (...).[49]

---

48 ATENAGORA, *Supplica per i cristiani* 10,3. Ed. crit. B. POUDERON, *Athénagore. Supplique au sujet des chrétiens et sur la résurrection des morts*, Paris 1992, pp. 100-102. Trad. di C. BURINI, *Gli apologeti greci*, p. 262. Cfr. anche GIUSTINO, *2Apol.* 6,3. E.J. GOODSPEED, *Die ältesten Apologeten*, pp. 82-83.

49 ORIGENE, *Omelie su Geremia* 9,4. Ed. crit. P. HUSSON-P. NAUTIN, *Origène. Homélies sur Jérémie*, Paris 1976, pp. 389-395. Trad. di L. MORTARI, *Origene. Omelie su Geremia*, Roma 1995, pp. 120-122.

Pertanto la parola di Dio accolta nel cuore dei credenti diviene, in *A Diogneto* 12,9, alla luce di *A Diogneto* 11,6 il perno attorno a cui ruota non solo la letizia del Logos che vede generato nel cuore dei santi il suo insegnamento, ma la gioia di tutta la chiesa che, attraverso la grazia, ha conosciuto i misteri del Padre:

> E la salvezza si mostra, gli apostoli sono dotati di intelligenza, la pasqua del Signore si avvicina, i tempi si uniscono e il logos si armonizza con il cosmo e istruendo i santi si allieta, lui, per mezzo del quale è glorificato il Padre, cui è la gloria nei secoli Amen.[50]

In relazione al fatto quindi che nell'*A Diogneto* l'imitazione dell'amore di Dio è causata dall'amore di Dio, che si è reso concreto sia nella venuta storica del Verbo che nella sua venuta nel cuore di ogni uomo mediante l'efficacia della grazia, l'autore dell'*A Diogneto* in 10,7 dichiara che chi imita l'amore di Dio disprezza la morte terrena e quella eterna:

> Allora amerai e insieme ammirerai coloro che sono castigati perché non vogliono rinnegare Dio, allora condannerai l'inganno del mondo e il suo errore, quando conoscerai la vera vita in cielo, quando disprezzerai l'apparente morte di quaggiù, quando temerai la morte reale, riservata a quanti saranno condannati al fuoco eterno.[51]

L'anonimo autore, in tal caso, risponde alla domanda che Diogneto gli aveva rivolto in 1,1 riguardo alla causa per la quale i cristiani disprezzano la morte:

> Ti chiedi in quale Dio confidino e quale culto gli rendano, per essere portati tutti indistintamente a

---

50 *A Diogneto* 12,9. Ed. crit. H.I. MARROU, *A Diognète*, pp. 82-84. Trad. di E. NORELLI, *A Diogneto*, p. 131.

51 Ed. crit. H.I. MARROU, *A Diognète*, p. 78. Trad. di E. NORELLI, *A Diogneto*, pp. 117-118.

disdegnare il mondo, a disprezzare la morte e a non far conto, da una parte, degli dei riconosciuti dai greci, né, dall'altra osservare la superstizione dei giudei.[52]

La risposta che l'autore dà in 10,7 è una contraccusa a Marco Aurelio che, davanti a una simile condotta, taccia i cristiani di ostinatezza nelle loro posizioni:

> Questa prontezza, affinché possa dirsi proveniente da giudizio, non deve essere prodotto di uno sforzo pervicace di volontà, come fanno i cristiani; ma deve provenire da retta ragione e accompagnarsi a profonda gravità; se vuole poi riuscire a infondere persuasione in altri, deve rifuggire da ogni posa e da ogni ostentazione.[53]

La testimonianza della fede nel martirio era stata già espressa da Ignazio, il quale, nei confronti delle accuse che i pagani rivolgevano riguardo al martirio dei cristiani, rileva, nella sua *Lettera agli Smirnesi*, la stretta connessione che sussiste tra la fede professata e la fede vissuta: il martire crede in Cristo e imita Cristo dando la vita per lui.[54] Similmente a Ignazio anche negli *Atti di Apollonio* viene rilevato l'amore per la vita eterna a motivo della quale viene disprezzata la morte di quaggiù, amore che solo il credente può imitare perché ha un cuore che crede alla parola del Signore.[55] Come nota Gilmour la fede nell'*A Diogneto* è

---

52 Ed. crit. H.I. MARROU, *A Diognète*, p. 52. Trad. di E. NORELLI, *A Diogneto*, p. 75.

53 MARCO AURELIO, *Colloqui con se stesso* 11,3. Ed. crit. A.I. TRANNOY, *Marc-Aurèle. Pensées*, p. 124. Trad. di E. TUROLLA, *Marco Aurelio. Colloqui con se stesso*, Milano 1995, pp. 186-187.

54 IGNAZIO, *Lettera agli Smirnesi* 3,2. Ed. crit. P.Th. CAMELOT, *Ignace d'Antioche, Polycarpe de Smirne. Lettres, martyre de Polycarpe*, p. 134.

55 *Atti di Apollonio* 30-32. Ed. crit. H. MUSURILLO, *The Acts of the Christian martyrs*, Oxford 1972, p. 98.

"fede nella Parola, rivelata in Gesù e insegnata da Lui".[56]

In 7,2 sebbene non compaia il termine *pistis* l'autore si riferisce alla fede mediante la quale l'Onnipotente ha fissato nei cuori dei credenti la verità e la parola santa, fede che, come sostiene Gilmour, è *"accettazione del messaggio del piano di Dio e del suo ufficio per mezzo del quale egli coinvolge nel comunicare questo messaggio agli altri"*.[57] Meecham e Gilmour asseriscono, a proposito di *A Diogneto* 11,5-6, che il termine fede è correlato con la fede del risorto che continua nella vita della chiesa attraverso i voti battesimali dei cristiani[58] e attraverso i vangeli nei quali, come ribadisce Gilmour, *"la missione dell'incarnata parola è continuata"*.[59] Nell'ottica del piano di salvezza, dispiegato da Dio attraverso il Figlio, l'autore dell'*A Diogneto* in 12,8 potrebbe riferire il verbo πιστεύειν a Maria vergine, la nuova Eva. Per mezzo di lei, come avverte Gilmour e più specificamente a motivo della sua obbedienza a Dio padre, ella *"rende possibile l'iniziazione al nuovo ordine nel piano di Dio per la redenzione"*,[60] diventando per tal ragione, insieme al Figlio, corredentrice del genere umano.

---

56 C. GILMOUR, *Diognetus faith*, in "Prudentia" 19,2 (1987), p. 41.

57 C. GILMOUR, *Diognetus*, p. 38.

58 C. GILMOUR, *Diognetus*, p. 39; H.G. MEECHAM, *Op. cit.* p. 138.

59 C. GILMOUR, *Diognetus*, p. 40.

60 C. GILMOUR, *Diognetus*, p. 36.

4. LA VENUTA ESCATOLOGICA DEL LOGOS

4.1. L'attesa del regno

L'anonimo autore informa Diogneto in 6,8 che i cristiani attendono il regno di gloria che è in cielo:
L'anima immortale abita in una dimora mortale; anche i cristiani vivono come stranieri (παροικοῦσιν) fra ciò che è corruttibile, mentre aspettano l'incorruttibilità celeste.[1]

Non è da escludere la supposizione dello Zincone, il quale in *A Diogneto* 6,8 sembra "*ravvisare un'eco della risurrezione finale*"[2] prendendo come testo di riferimento 1Cor 15,53-54, nella quale viene affermato che i cristiani al suono della tromba nel giudizio finale verranno trasformati e resi gloriosi.

L'autore dell'*A Diogneto* si avvale dell'immagine dell'anima immortale che abita in una tenda mortale per far notare al suo interlocutore che anche i cristiani sono immortali in ordine alla fede in quanto hanno la certezza che Dio li renderà veramente immortali nel corpo e nello spirito alla fine dei tempi. In tal senso in *A Diogneto* 6,8 il parallelismo che intercorre tra l'anima e i cristiani è un parallelismo di tipo analogico. Anche secondo Norelli infatti sussiste nel paragone tra l'anima e i cristiani una analogia per il fatto che i cristiani non sono realmente immortali sulla terra, perché anche loro, come tutti gli altri esseri viventi, muoiono alla fine della loro vita temporale, invece non lo è l'anima rispetto al corpo.[3] È chiaro che l'autore dell'*A*

---

[1] Ed. crit. H.I. MARROU, *A Diognète*, p. 66. Trad. di E. NORELLI, *A Diogneto*, p. 96.

[2] S. ZINCONE, *A Diogneto*, p. 70 n. 86.

[3] E. NORELLI, *A Diogneto*, p. 99 n. 13.

Diogneto utilizza il paragone tra l'anima e i cristiani con l'intento di mostrare a Diogneto che i cristiani sono, nel breve arco della loro esistenza temporale, immortali sulla terra perché partecipano della immortalità, che Dio darà a tutti solo alla fine dei tempi.

In seguito in 5,5 l'autore dell'*A Diogneto* si avvale del termine πάροικοι per dichiarare che i cristiani abitano nella loro patria come stranieri e a tutto partecipano come cittadini:

> Abitano nella propria patria, ma come stranieri (πάροικοι), partecipano a tutto come cittadini e tutto sopportano come forestieri; ogni terra straniera è loro patria e ogni patria è terra straniera.[4]

Il termine πάροικος che, etimologicamente parlando, proviene da παρά e οἰκέω indica colui che abita accanto.[5] In Aristotele tale termine viene ad indicare colui che è un fuorilegge perché non è cittadino e non gode dei diritti della polis.[6] Nell'Antico Testamento tale termine viene utilizzato, parallelamente al significato fondamentale del greco profano, per designare la condizione etnica in cui viveva Abramo nella terra promessa: egli viveva nella terra promessa come πάροικος alla stessa stregua di un vicino di casa. Abramo viene considerato πάροικος perché vive permanentemente nel territorio di Canaan, diversamente da chi invece viene denominato παρεπίδημος perché risiede in un luogo per poco tempo (Gen 15,23). L'autore dell'*A Diogneto* in 5,5 ricalca Eb 11,10 perché, mediante il termine πάροικοι, viene evidenziato che Abramo soggiornava nella

---

4 Ed. crit. H.I. MARROU, *A Diognète*, p. 62. Trad. di E. NORELLI, *A Diogneto*, p. 89.

5 Cfr. K.L.M.A. SCHMIDT, πάροικος, in *GLNT*, vol. IX, Brescia 1974, col. 794-795.

6 Per tale concetto cfr. K.L.M.A. SCHMIDT, πάροικος, *Ibid.*

terra di Canaan come un pellegrino a motivo della fede che aveva riposto in Dio, allo stesso modo i cristiani abitano nella propria patria come forestieri in virtù della loro fede alla maniera di Abramo:

> Per fede Abramo, chiamato da Dio, obbedí partendo per un luogo che doveva ricevere in eredità, e partí senza sapere dove andava. Per fede soggiornò (παρώκησεν) nella terra promessa come in una regione straniera, abitando sotto le tende, come anche Isacco e Giacobbe, coeredi della medesima promessa. Egli aspettava infatti la città dalle salde fondamenta, il cui architetto e costruttore è Dio stesso (Eb 11,8-11).

L'autore dell'*A Diogneto* vuole far notare al suo interlocutore, in linea con la lettera agli Ebrei 11,8-11, che i cristiani soggiornano come forestieri nella loro patria alla stessa stregua di Abramo nella terra promessa a motivo della loro fede in Dio, fede tesa verso la realtà escatologica del regno di Dio. Perciò i cristiani vengono chiamati dall'anonimo autore in 5,9 cittadini di Dio perché anelano a una patria celeste, alla stessa maniera di Abramo che attendeva la città dove Dio lo avrebbe mandato: "*Passano la vita sulla terra, ma sono cittadini del cielo*".[7] Sulle stesse orme della *lettera agli Ebrei* l'anonimo autore mostra a Diogneto che i cristiani sono forestieri (πάροικοι) perché anelano alla patria celeste e attendono l'incorruttibilità celeste; diversamente da Ulisse che, uscito dalla patria, anela a ritornare al luogo da dove era partito.

L'autore dell'*A Diogneto* in 5,5 e 5,9 si inserisce nella tradizione paolina dell'attesa escatologica del regno di Dio. Sia in Fil 3,20 che in Ef 2,19, i cristiani già sulla terra vivono nella fede e non ancora in visione la condizione

---

[7] Ed. crit. H.I. MARROU, *A Diognète*, pp. 62-64. Trad. di E. NORELLI, *A Diogneto*, p. 89.

gloriosa dei santi propria del regno escatologico. Se in *A Diogneto* 5,9 manca, come afferma Norelli, un esplicito riferimento alla "*tensione escatologica, verso la parusia del Signore e la trasformazione del nostro corpo di miseria in corpo di gloria*",[8] tuttavia è pertinente asserire che i cristiani in *A Diogneto* 5,9 sono cittadini del cielo in quanto partecipano già durante la loro vita terrena alla dimensione escatologica che è il perno attorno a cui ruotano le sette antitesi che seguono in *A Diogneto* 5,9. Infatti le sette antitesi che seguono ad *A Diogneto* 5,9 e le tre antitesi che seguono ad *A Diogneto* 5,5 provano che i cristiani si distinguono dagli altri, in quanto il loro comportamento è diverso da quello dei pagani. Sulla base di ciò la differenza dei cristiani dagli altri non è solo etica come sostiene Norelli,[9] ma è fondamentalmente vocazionale, perché in ragione della loro vocazione i cristiani detengono una prassi di vita propriamente unica. I cristiani si distinguono dagli altri in *A Diogneto* 5,5 per la loro vocazione escatologica e, in quanto tali, sono cittadini del cielo perché, in linea con Meecham, hanno realizzato, sebbene in maniera parziale, nella loro vita la dimensione escatologica.[10] In ragione di questa loro convinzione i comportamenti etici ne sono la diretta conseguenza. Non si potrebbe nemmeno paragonare l'atteggiamento dei cristiani con il senso di alienazione che affligge l'uomo greco in quanto il corpo è vincolo dell'anima, per cui la fuga dal corpo era una liberazione per l'anima.[11] Se da una parte, alla stessa stregua di 2Cor 4,17, l'autore dell'*A Diogneto* si richiama al pensiero platonico, secondo il quale l'anima è pronta ad abbandonare la

---

[8] E. NORELLI, *A Diogneto*, p. 92 n. 13.

[9] E. NORELLI, *A Diogneto, Ibid.* Cfr. anche K. WENGST, *Paulinismus*, pp. 53-55.

[10] H.G. MEECHAM, *The Epistle*, p. 41.

[11] Cfr. a tal proposito SENECA, *Dialoghi* (*Consolazione a Marcia*) VI,24,5. Ed. crit. R. WALTZ, *Sénèque. Dialogues*, t. III, Paris 1967, p. 49.

provvisoria residenza di questo mondo, dall'altra parte si distanzia al contempo da tale concezione per il fatto che i cristiani, nell'attesa del regno di Dio, abitano nel mondo come ospiti (παροικοῦσιν) nel quale vivono la loro fede escatologica per vocazione. Meecham asserisce che in *A Diogneto* 5,5 vi è una escatologia di tipo realizzato.[12] Questo tipo di escatologia ha alcune frange di affinità nel pensiero greco. Infatti se ci avviciniamo un momento al pensiero di Filone, il quale afferma che il saggio

> soggiorna nel corpo sensibile come in terra straniera, e invece abita stabilmente nelle virtù intelleggibili come fossero la sua patria. E queste virtù sono dette da Dio, in quanto non differiscono per nulla dai suoi pensieri,[13]

ci accorgiamo che l'eco della provvisorietà della patria terrena, propria di Filone, risuona anche in Giustino, per cui come il saggio vive sulla terra in modo provvisorio, allo stesso modo il cristiano per Giustino vive in un mondo che è transeunte e caduco, perché la sua vera patria è quella celeste.

Non è però alquanto possibile paragonare questo tipo di estraneità in cui vivono i cristiani con l'estraneità vissuta dagli gnostici, i quali anelano a fuggire dal corpo perché si sentono stranieri nel corpo in quanto opera del demiurgo: questi si sentono estranei per natura perché provenienti da

---

12 H.G. MEECHAM, *Ibid.*

13 Cfr. FILONE, *Confusione delle lingue* 81. Ed. crit. J.G. KAHN, *Les Oeuvres de Philon d'Alexandrie. De Confusione linguarum*, Paris 1963, p. 84. Trad. di R. RADICE, *Filone. Tutti i trattati del commentario allegorico alla bibbia*, Milano 1994, p. 684. ANASSAGORA in DIOGENE LAERZIO II,3,7. Ed. crit. R.D. HICKS, *Diogenes Laertius. Lives of eminent philosophers*, London-Cambridge 1959, p. 136. Cfr. a tal proposito PLATONE, *Fedone* 83E-84B; Ed. crit. I. BURNET, *Platonis Opera*, t. I, pp. 83-84; EPITTETO, *Dissertazioni* 1,9,15ss. Ed. crit. J. SOUILHÉ, *Épictète. Entretiens*, t. 1, Paris 1962, p. 39.

un'origine diversa da quella del corpo,[14] mentre i cristiani lo sono per vocazione perché hanno corrisposto e hanno avuto fiducia alla grazia di Dio, che ha loro promesso un regno di gloria, diverso dal mondo in cui vivono.

L'autore dell'*A Diogneto* quindi in 5,5 mostra al suo interlocutore che i cristiani non anelano a fuggire il mondo perché opera degli dei malvagi, bensí partecipano a tutto attivamente come cittadini.

L'anonimo autore fa osservare a Diogneto che i cristiani partecipano alla vita della polis non in senso pieno: a differenza dell'uomo greco, per il quale la polis rappresentava l'area in cui egli viveva a pieno titolo perché in essa si identificava, i cristiani invece partecipano alla vita della polis ma da essa non dipende più il senso della loro vita. Essi fanno parte della città di Dio, nella quale vivono pienamente la loro identità.

L'autore dell'*A Diogneto* in 5,5.9 ricalca un topos comune nella chiesa primitiva. Infatti Clemente Romano afferma che l'identità del cristiano è di essere cittadino di Dio:

> ciò facendo si acquisterà una grande gloria in Cristo e ogni luogo lo riceverà (...). Cosí hanno fatto e faranno quelli che con una condotta senza rimorsi, sono cittadini di Dio.[15]

Anche Clemente Alessandrino esorta i credenti a non pascersi dei piaceri mondani, ma a coltivare tutto ciò che porta a Dio:

> Chi, potendo essere cittadino del cielo, cerca l'erebo, mentre gli è possibile coltivare i campi del paradiso e percorrere gli spazi del cielo (...) e

---

14 Cfr. Per la concezione antropologica dello gnosticismo H. JONAS - R. FARINA (a cura di), *Lo gnosticismo*, Torino 1991, pp. 64-65.

15 CLEMENTE ROMANO, *Epistola ai Corinti* I,54,3-4. Ed. crit. A. JAUBERT, *Clément de Rome. Épître aux Corinthiens*, p. 186. Trad. di A. QUACQUARELLI, *I Padri Apostolici*, p. 84.

partecipare della vitale e incorruttibile fonte, camminando nell'aria (...) sulla traccia di quella luminosa nube, come Elia, contemplando la pioggia che porta la salvezza? Ma alcuni invece, a guisa dei vermi, avvoltolandosi nelle paludi e nel fango, cioé nelle correnti del piacere, si pascono di inutili e futili delizie".[16]

L'autore dell'*A Diogneto* in 5,5 mostra al suo interlocutore che i cristiani, benché partecipano alla vita della polis, non sono da essa condizionati perché "*assistono passivamente (ὑπομένουσιν)*",[17] in quanto l'ideale della loro vita non è riposta nell'appartenere alla polis, ma è riposta nella Parola di Dio fattasi carne nel Verbo; Parola che i cristiani testimoniano nella vita quotidiana. A tal proposito Poirier sostiene che "*contrariamente ai giudei, che si singolarizzano per la loro δίαιτα e il loro βίος, i cristiani si attengono dunque (...) ai costumi locali*".[18] Il verbo ὑπομένειν nel pensiero greco indica non solo la condizione di coloro che si sottomettono a qualcosa che li sovrasta ma anche la capacità di sopportare.[19] L'autore dell'*A Diogneto* applica tale verbo ai cristiani per mostrare a Diogneto che i cristiani partecipano a iniziative e a campagne di ordine civile e istituzionale, anche se essi ripongono la loro fede nella legge di Cristo non nella legge dell'imperatore. Infatti nel periodo in cui visse l'anonimo autore i cristiani non

---

16 CLEMENTE ALESSANDRINO, *Protrettico* 10,92,3-4. Ed. crit. C. MONDÉSERT – A. PLASSART, *Clément d'Alexandrie. Le Protreptique*, Paris 2004, p. 160. Trad. di Q. CATAUDELLA, *Clemente Alessandrino*, p. 192.

17 Ed. crit. H.I. MARROU, *A Diognète*, p. 62. Trad. di E. NORELLI, *A Diogneto*, p. 89.

18 Cfr. P.H. POIRIER, *Éléments de polemique anti-juive dans l'Ad Diognetum*, p. 220.

19 Cfr. H.G. LIDDEL-SCOTT, *Greek English Lexicon*, vol. II, Oxford 1887-1937, col. 1888-1889.

godono di una buona reputazione per il fatto che la loro religione disturba la religione dell'impero romano.[20] Norelli afferma a tal proposito che "*non sembra che gli stranieri subissero particolari vessazioni nelle città ellenistiche*".[21] Se, in linea con Norelli, possiamo affermare che i cristiani si distaccano interiormente dagli usi della vita associata, sembra pertinente affermare che questo distacco interiore da parte dei cristiani è dovuto al fatto che essi non reputano confacente alla loro fede l'istituzione civile e imperiale che si basa essenzialmente sul culto politeistico. Infatti l'autore dell'*A Diogneto* spiega al suo interlocutore che uno dei modi con cui i cristiani assistono passivamente alle istituzioni civili, come fa sottintendere Marrou,[22] è il fatto che essi obbediscono alle leggi dell'impero perché vivono in esso e sono tenuti a osservarle mentre con la loro testimonianza di vita manifestano a tutti la loro superiorità: "*Obbediscono alle leggi stabilite, eppure con la loro vita superano le leggi*" (5,10).[23] Qui l'autore dell'*A Diogneto* ricalca l'immagine dell'obbedienza alle leggi non solo da Rm 1,13 ma anche da Mt 22,16-21 dove i cristiani si sottomettono all'autorità romana sull'esempio del loro maestro. Tuttavia riguardo a tale concetto Taziano contesta la sottomissione dei cristiani alla legge umana e alle autorità.[24] Se da un lato

---

20 Cfr. G. JOSSA, *I cristiani e l'impero romano*, in E. DAL COVOLO – R. UGLIONE (a cura di) *Chiesa e impero. Da Augusto a Giustiniano*, Roma 2001, pp. 96-100. Vedi anche E. Dal COVOLO, *Gli imperatori Severi e la "svolta costantiniana"*, in E. DAL COVOLO – R. UGLIONE, (a cura di), *Cristianesimo e istituzioni politiche. Da Augusto a Costantino*, Roma 1995, pp. 75-88; E. Dal covolo, *I Severi e il cristianesimo. Dieci anni dopo*, in E. Dal COVOLO – G. RINALDI, *Gli imperatori Severi*, Roma 1999, pp. 187-196.
21 E. NORELLI, *A Diogneto*, p. 91 n. 8.
22 H.I. MARROU, *A Diognète*, p. 63.
23 Ed. crit. H.I. MARROU, *A Diognète*, p. 64. Trad. di E. NORELLI, *A Diogneto*, p. 89.
24 TAZIANO, *Discorso ai greci* 4,1. Ed. Crit. E.J. GOODSPEED, *Die*

in *A Diogneto* 5,10 si può ravvisare un intento polemico nei confronti dell'autorità, dall'altro lato si potrebbe scorgere sempre in *A Diogneto* 5,10 un intento esortatorio finalizzato a rendere credibile al suo interlocutore la superiorità della vita cristiana, la quale affonda le sue radici nella legge di Cristo. Legge che i cristiani osservano in quanto credenti. Traspare pertanto in *A Diogneto* 5,10 la dottrina politica di Clemente Alessandrino, relativa al rapporto che intercorre tra le leggi civili e quelle del credente. Egli esplicitamente afferma che i cristiani hanno una propria legislazione dettata da Dio, alla quale si devono attenere perché sono cittadini del cielo in quanto il loro nome è scritto nella patria del cielo, come gli ateniesi, gli spartani e gli argivi si attengono a quella del loro legislatore.[25] In relazione al fatto che i cristiani sono cittadini del cielo questi, secondo l'autore dell'*A Diogneto* in 5,5, reputano ogni patria terra straniera. Sembra, come afferma Norelli,[26] che l'autore con tale frase voglia far intuire a Diogneto che i cristiani siano indifferenti rispetto all'impegno civile. L'autore dell'*A Diogneto*, facendo notare a Diogneto che per i cristiani ogni patria è terra straniera in quanto vivono sulla terra la loro cittadinanza che è nei cieli, si richiama al concetto del cosmopolitismo ellenistico.[27] Come rileva Wengst l'autore dell'*A Diogneto* in 5,5 subisce l'influsso del cosmopolitismo ellenistico.[28]

Però tale affermazione, come ribadisce Norelli,

ältesten Apologeten, p. 271. Cfr. anche ATENAGORA, *Supplica ai Greci* 3,2 e 32,2. E.J. GOODSPEED, *Die ältesten Apologeten*, pp. 318.354.

25 CLEMENTE ALESSANDRINO, *Protrettico* 10,108,4. Ed. crit. C. MONDÉSERT, *Clément d'Alexandrie. Le Protreptique*, p. 176.

26 E. NORELLI, *A Diogneto*, p. 91 n. 9.

27 K. WENGST, *Didachè*, p. 345. Vedi FILONE, *Opificio mundi* 142-143. Ed. Crit. R. ARNALDEZ, *Les Oeuvres de Philon d'Alexandrie. De Opificio mundi*, Paris 1961, pp. 236-238. EPITTETO, *Diatriba* I,9,1-6; III,24,66. Ed. crit. J. SOUILHÉ, *Épictète. Entretiens*, vol. I, Paris 1962, p. 37; vol. III, p. 104.

28 E. NORELLI, *A Diogneto*, p. 92 n.9.

non può essere letta come opposizione alla vita associata dei non cristiani. Si tratta, piuttosto, della condizione di un'etica nuova, quella voluta da Dio, che non si contrappone alle leggi civili, ma va nello stesso senso e le supera, il che può solo giovare allo stato.[29]

In 5,6 l'anonimo autore mostra a Diogneto che i cristiani sono stranieri nel mondo non perché fuggono il matrimonio come gli gnostici, i quali considerano il matrimonio opera del demonio, ma perché non abbandonano le proprie creature:

Si sposano come tutti e generano figli, ma non abbandonano la loro prole. Mettono in comune la mensa, ma non il letto. Si trovano nella carne ma non vivono secondo la carne.[30]

Evidentemente qui l'autore riprende, come ha già avvertito Norelli, la "*protesta contro l'esposizione delle femmine appena nate, (...) protesta attestata nel giudaismo ellenistico (...)*".[31] A tal riguardo Giustino pure condanna l'esposizione dei neonati.[32] Anche se manca, come afferma Norelli,[33] in *A Diogneto* 5,6 l'astensione del matrimonio da parte dei cristiani, condizione che invece in 1Cor 7,25-38 è alla base dell'avvento del regno futuro, i cristiani per l'autore dell'*A Diogneto,* non esponendo i propri figli, hanno ottemperato al comandamento di Dio. In tal senso viene

---

29 E. NORELLI, *A Diogneto*, p. 92 n. 10.

30 Ed. crit. H.I. MARROU, *A Diognète,* p. 62. Trad. di E. NORELLI, *A Diogneto*, p. 89.

31 Per l'argomento cfr. S. ZINCONE, *A Diogneto*, p. 65 n. 60.

32 Vedi GIUSTINO, *1Apologia* 27,1. Ed. crit. E.J. GOODSPEED, *Die ältesten Apologeten*, p. 44.

33 E. NORELLI, *A Diogneto*, p. 92 n. 10. È sottintesa in *A Diogneto* 5,6 anche la condanna dell'aborto che si riscontra in *Didaché* 2,2. Ed. crit. W. RORDORF – A. TUILIER, *La doctrine des douze apôtres (Didaché)*, Paris 1998, p. 148.

anticipata, sebbene ancora in misura imperfetta sulla terra, la loro condizione escatologica che Dio darà pienamente nel regno futuro. Allo stesso modo l'autore dell'*A Diogneto* in 5,7 mostra a Diogneto, sulle orme di 1Cor 6,16-7,12, che i cristiani sono cittadini del cielo perché vivono secondo i comandamenti di Dio che vieta loro l'adulterio.

È possibile scorgere in *A Diogneto* 5,6-8 anche il motivo procreativo del matrimonio, dato che l'autore mostra a Diogneto che i cristiani non abbandonano i bambini appena nati né fanno adulterio, né vivono secondo la carne, riprendendo il pensiero paolino di 1Cor 6, nel quale è severamente proibito compiere fornicazioni e tanto più di compierle all'interno del matrimonio. Anche se in *A Diogneto* 5,6-9 non è esplicitamente affermato tale motivo, come ha notato Norelli,[34] pare ovvio che l'anonimo autore si riferisca proprio a questo, dato che afferma che i cristiani non vivono secondo la carne, perché non sono in preda a passioni voluttuose e a desideri impuri. Del resto tale motivo era frequente nella chiesa primitiva: basti pensare a Giustino, il quale decisamente dichiara che il matrimonio è fatto per generare figli.[35] Anche se non è esplicitamente affermato, come ravvisa Norelli,[36] che i cristiani vivono secondo lo spirito, si sottintende che l'autore dell'*A Diogneto* in 5,8 voglia mostrare a Diogneto che i cristiani vivono secondo lo spirito perché si astengono dai piaceri, richiamandosi in tal senso alla opposizione tra il vivere nella carne e il vivere nello spirito di Rm 8,4.12-13.

Anche in 6,5 l'anonimo autore chiarisce a Diogneto mediante l'immagine dell'anima che fa guerra alla carne, che i cristiani sono odiati dal mondo perché avversano ogni sorta di piacere:

---

34 E. NORELLI, *A Diogneto*, p. 92 nn. 10 e 13.

35 GIUSTINO, *1Apologia* 29. Ed. crit. E.J. GOODSPEED, *Die ältesten Apologeten*, p. 45. Vedi anche E. NORELLI, *A Diogneto*, p. 92 n. 10.

36 E. NORELLI, *A Diogneto*, p. 92 n. 12.

la carne odia l'anima e le fa guerra, benché non ne riceva alcun torto, perché ne viene ostacolata nel godimento dei piaceri: cosí pure il mondo odia i cristiani pur senza riceverne alcun torto, perché fanno fronte contro i piaceri.[37]

L'immagine della carne che combatte l'anima può essere dedotta, come afferma Norelli,[38] dalla filosofia platonica dato che Diogneto era un uomo colto, edotto nella filosofia greca. Infatti nel *Fedone* il corpo è il carcere dell'anima in quanto in esso l'anima è ostacolata a pervenire alla contemplazione di Dio, al quale per natura deve ritornare in quanto è ontologicamente affine al divino.[39] Tale concetto verrà ripreso dai medioplatonici. Alcinoo, rifacendosi al *Fedone* di Platone affermerà che l'anima si distacca dal corpo per entrare in comunione con le realtà intelligibili.[40] Anche Massimo di Tiro, sulla traccia del Fedone e del Fedro platonici, sostiene che l'intelligenza può volgersi alla contemplazione di ciò che si trova al di là della volta celeste abbandonando le attività sensoriali:

> Come vede dunque l'intelligenza? E come sente? Può farlo grazie all'anima retta e forte, quando guarda quella luce pura senza provare vertigini e senza lasciarsi trascinare verso la tera (...). Allora dimentica i lamenti di quaggiù, gli strepiti (...) e affida il comando alla vera ragione (...). Mentre si dirige verso quel luogo e si allontana dalle cose di quaggiù, gli oggetti che le si trovano di fronte le appaiono sempre chiari e splendenti (...)

---

37 Ed. crit. H.I. MARROU, *A Diognète*, p. 64. Trad. di E. NORELLI, *A Diogneto*, p. 96.

38 E. NORELLI, *A Diogneto*, p. 98 n. 8.

39 PLATONE, *Fedone* 83bc; 94b; 114de. Ed. crit. I. BURNET, *Platonis Opera*, t. 1, pp. 82-83.93.114.

40 ALCINOO, *Didaskalikos* 152,1,1-10. Ed. crit. P. LOUIS – J. WHITTAKER, *Alcinoos. Enseignement des doctrines de Platon*, p. 1.

durante il cammino sente la natura di Dio e dopo l'ascesa vede (...).[41]

Con tale immagine l'autore dell'*A Diogneto* intende affermare che i cristiani vivono in parte sulla terra la condizione escatologica del regno di Dio in quanto hanno il potere di combattere e di vincere le passioni della carne, potere che gli è stato concesso per fede da Cristo, come egli stesso ha affermato all'indomani della sua risurrezione ai suoi discepoli (At 1,6-9).

In 6,3 l'anonimo autore ribadisce a Diogneto il suddetto concetto con l'immagine dell'anima che abita nel corpo, ma non è del corpo: "*L'anima abita nel corpo, ma non è del corpo; cosí pure i cristiani abitano nel mondo, ma non sono del mondo*".[42] L'autore dell'*A Diogneto* in 6,3 si richiama a Gv 17,14-16 come anche avverte Brandle[43] per indicare a Diogneto che i cristiani, pur vivendo nel mondo greco-romano, non sono di questo mondo perché la loro religione è odiata nel mondo greco-romano in quanto credenti in Cristo: in tal senso in *A Diogneto* 6,3 risuona l'accezione negativa di mondo cosí come Giovanni ce la presenta (Gv 15,29). A tal riguardo Norelli afferma che il termine mondo non ha il senso negativo come in Giovanni, perché l'autore dell'*A Diogneto*

> non afferma che i cristiani sono odiati dal mondo perché non sono del mondo, come in Gv 15,19, il che configurerebbe in effetti un'opposizione radicale, ontologica tra quelli e questo; ma che ne sono odiati perché combattono i suoi piaceri (6,5), svolgendo una funzione analoga a quella

---

41 MASSIMO DI TIRO, *Dissertazioni* XI,10,215-229. Ed. crit. M.B. TRAPP (ed.), *Maximus Tyrius. Dissertationes*, pp. 96-97.
42 Ed. crit. H.I. MARROU, *A Diognète*, p. 64. Trad. di E. NORELLI, *A Diogneto*, p. 96.
43 Cfr. R. BRANDLE, *Die Ethik*, pp. 85-86.

dell'anima nel corpo.⁴⁴

Il termine mondo nel senso negativo giovanneo indica la società greco-romana col suo culto, con determinati costumi e apposite leggi, per cui tra pagani e cristiani non esiste una opposizione ontologica, perché ambedue vivono nella stessa società e sono cittadini a pieno titolo, ma sussiste una opposizione di tipo vocazionale: gli uni credono in un culto idolatrico e gli altri, credenti in Gesù, vivono già sulla terra la prospettiva escatologica. Il carattere paradossale dei cristiani si riflette anche in *A Diogneto* 5,12: "*Non sono conosciuti, eppure sono condannati; sono messi a morte, eppure ricevono la vita*".⁴⁵

L'autore dell'*A Diogneto* vuole mostrare al suo interlocutore che i cristiani, sull'orma del loro maestro Gesù Cristo, che è morto ed è risorto per salire al cielo dove gode della gloria eterna, reputano la morte come una porta. Tramite essa arrivano al cielo, dove esiste la pienezza della vita, come egli stesso metterà in chiaro in 10,7:

> Allora condannerai l'inganno del mondo e il suo errore, quando conoscerai la vera vita in cielo, quando disprezzerai l'apparente morte di quaggiù.⁴⁶

Prima dell'anonimo autore Ignazio di Antiochia afferma che i santi profeti furono perseguitati, perché erano ispirati dalla grazia di Cristo: "*I santi profeti vissero secondo Gesù Cristo. Per questo furono perseguitati poiché erano ispirati dalla sua grazia*".⁴⁷ Anche nel *Pastore* di Erma viene

---

44 E. NORELLI, *A Diogneto*, p. 97 n. 4.

45 Ed. crit. H.I. MARROU, *A Diognète*, p. 64. Trad. di E. NORELLI, *A Diogneto*, p. 89.

46 Ed. crit. H.I. MARROU, *A Diognète*, p. 78. Trad. di E. NORELLI, *A Diogneto*, p. 118.

47 IGNAZIO DI ANTIOCHIA, *Lettera ai Magnesii* 8,2. Ed. crit. P.Th. CAMELOT, *Ignace d'Antioche, Polycarpe de Smyrne, Lettres, martyre de Polycarpe*, p. 86. Trad. di A. QUACQUARELLI, *I Padri Apostolici*, p.

evidenziato che colui che crede nel Figlio può accedere nel regno di Dio.[48] Pure nel *Martirio* di Policarpo viene affermato che i martiri vanno incontro alla morte, perché sono certi di ricevere il premio eterno nella patria celeste dove Cristo li attende.[49] Attinente ad *A Diogneto* 5,12 è *A Diogneto* 6,9 in cui l'autore afferma che i cristiani più sono umiliati più aumentano: "*Provata dalla fame e dalla sete, l'anima diventa migliore: cosí pure i cristiani, castigati, fioriscono ogni giorno di più*".[50]

Lo stesso concetto ricorre in *A Diogneto* 7,8: "*Non vedi che, quanti più ne sono puniti, tanto più ne abbondano altri?*".[51] L'autore dell'*A Diogneto* ricalca in tal modo la 2Cor 6,9, nella quale viene affermato che i cristiani della comunità di Corinto sono puniti ma nelle afflizioni sono sempre lieti e fanno ricchi molti, trasmettendo la loro fede agli altri e aumentando di numero. Tale topos si riscontra anche nel *Dialogo con Trifone*:

> È noto infatti che, decapitati, crocifissi, gettati in pasto alle fiere, gettati in catene o nel fuoco e sottoposti a quanti altri tormenti, non abbandoniamo la nostra professione di fede, anzi, quanto più subiamo di questi supplizi, tanto più cresce il numero dei fedeli e dei devoti nel nome di Gesù (*Dial.* 110,4).[52]

111.

48 ERMA, *Pastore, Similitudini* 9,12,5. Ed. crit. R. JOLY, *Hermas. Le Pasteur*, pp. 316-318.

49 *Martirio di Policarpo* 2,3. Ed. Crit. P. TH. CAMELOT, *Ignace d'Antioche, Polycarpe de Smyrne. Lettres, martyre de Polycarpe*, p. 212.

50 Ed. crit. H.I. MARROU, *A Diognète*, p. 64. Trad. di E. NORELLI, *A Diogneto*, p. 96.

51 Ed. crit. H.I. MARROU, *A Diognète*, p. 70. Trad. di E. NORELLI, *A Diogneto*, p. 102.

52 GIUSTINO, *Dialogo con Trifone* 110,4. Ed. crit. E.J. GOODSPEED, *Die ältesten Apologeten*, p. 226. Trad. di G. VISONÁ, *Dialogo con Trifone*, pp. 320-321.

Pertanto l'autore dell'*A Diogneto*, parallelamente a Giustino, sembra fare propria la formulazione netta e lapidaria di Tertulliano:

> Eppure a nulla servono le vostre più ingiuste crudeltà: sono piuttosto un'attrattiva per la nostra setta. Noi diveniamo più numerosi tutte le volte che siamo falciati da voi: il sangue è semente di cristiani.[53]

4.2 Il giudizio finale

L'autore dell'*A Diogneto* in 7,6 afferma che Cristo verrà alla fine dei tempi a giudicare: "*A giudicare (κρίνοντα) infatti lo invierà in futuro: e chi sosterrà la sua venuta (παρουσία)?*".[54] L'autore dell'*A Diogneto* presenta al suo interlocutore il tema della missione del Figlio in qualità di giudice. Egli per presentare a Diogneto che il Verbo viene a giudicare gli uomini alla fine dei tempi fa ricorso non solo ai mezzi di espressione della cultura ellenistica, ma anche a tutte le correnti di pensiero medio-giudaico e gnostico che circolavano al tempo in cui visse Diogneto. Infatti l'autore dell'*A Diogneto* si serve del termine greco κρίνοντα, che nella sua accezione terminologica viene a significare il giudizio. Già in Omero affiora l'idea di una punizione delle anime negli inferi da parte delle divinità giudicatrici.[55] Soprattutto gli orfici credevano nel giudizio di tutte le anime

---

53 TERTULLIANO, *Apologetico* 50,13. Ed. crit. E. DEKKERS, *Quinti Septimi Florentis. Tertulliani Opera*, vol. 1, Turnholti-Brepols 1974, col. 171. Trad. di L. RUSCA, *Quinto Settimio Fiorente Tertulliano. Apologia del cristianesimo, la carne di Cristo*, Milano 1997, p. 191.

54 Ed. crit. H.I. MARROU, *A Diognète*, p. 68. Trad. di E. NORELLI, *A Diogneto*, p. 102.

55 OMERO, *Odissea* 11,576ss. Ed. crit. A.T. MURRAY, *Homer. The Odyssey*, vol. I, Cambridge-London 1960, p. 426.

nel mondo dell'al di là.[56] È pertinente dire che l'anonimo autore, benché si richiama attraverso l'espressione κρίνοντα alla concezione greca del giudizio, vuole far notare a Diogneto la venuta escatologica del Figlio in connessione al suo giudizio. Immagine che pare estranea al pensiero greco per il fatto che non esiste l'idea della venuta di un Dio sulla terra alla fine dei tempi che giudicherà tutti. L'autore dell'*A Diogneto* quindi per illustrare al suo interlocutore il tema della venuta escatologica del Figlio in funzione del suo giudizio universale, si rifà molto probabilmente alla concezione escatologica medio-giudaica. Nel *Libro dei Vigilanti* Dio farà il grande giudizio e ai giusti sarà data la vita eterna.[57] Anche nel *Libro dei Sogni* Dio giudica su un trono posto sulla terra e il messia viene a governare questo nuovo mondo.[58] Nel *Libro delle Parabole* in veste di giudice escatologico è descritto il Figlio dell'uomo che, denominato messia, scende sulla terra per giudicare gli uomini.[59] Nel primo libro di *Henoch* Enoc è stato scelto da Dio come messia al fine di togliere i peccati degli anziani di Israele prima del giudizio finale.[60] Nel

---

56 Per tale concetto vedi G. REALE, *Storia della filosofia antica*, vol. I, Milano 1987, pp. 439-455.

57 *Libro dei Vigilanti* 25,5. Ed. crit. M. BLACK – A.M. DENIS, *Apocalypsis Henochi Graece. Fragmenta Pseudepigraphorum quae supersunt graeca*, Leiden 1970, p. 35.

58 *Libro dei Sogni* 90,20.24;90,37. Ed. crit. J. FLEMMING, *Das Buch Henoch. Äthiopischer text*, pp. 137-138;140. Cfr. anche *Giubilei* 1,26. Ed. crit. J. VANDERKAM (ed.), *The Book of Jubilees. A critical text*, Lovanii 1989, p. 6.

59 *Libro delle parabole* 52,4. Ed. crit. *J. FLEMMING, Das Buch Henoch. Äthiopischer text*, p. 55.

60 *1Enoc* 65-66. Ed. crit. J. FLEMMING, *Das Buch Henoch. Äthiopischer text*, pp. 76-78. Per l'argomento cfr. P. SACCHI, *L'escatologia negli scritti giudaici apocrifi fra IV sec. a.C. e I sec. d.C.*, in S.A. PANIMOLLE (a cura di), *Dizionario di spiritualità biblico-patristica*, vol. 16: *Escatologia*, Roma 1997, pp. 74-76.

quarto *libro di Ezra*, che è una delle ultime grandi apocalissi giudaiche della fine del primo secolo d.C., giudice escatologico è il messia che non è un essere divino, ma un uomo eccezionale dotato di particolari carismi e di una natura superiore a quella umana: egli prepara il mondo al grande giudizio che sarà fatto da Dio stesso sulla base della sola giustizia.[61] Nel giudaismo rabbinico invece c'era la convinzione che nel giudizio Dio mostra la sua misericordia prendendo in considerazione le opere che ciascuno ha compiuto nell'osservare la Torah. Infatti nel trattato *Pirqe Aboth,* che fa parte della *Mishnah*, viene affermato che Dio giudica con bontà.[62] Anche nel *Testamento di Abramo* il giudizio di Dio tiene conto non solo delle trasgressioni ma delle opere compiute; sul fondamento di tale concetto ogni uomo viene inviato in un luogo senza pene, per attendere il giorno del grande giudizio.[63]

L'anonimo autore si richiama alle immagini escatologiche del periodo medio-giudaico per mostrare a Diogneto la seconda venuta di Cristo. Prima di lui Giustino ce ne dà testimonianza nel *Dialogo con Trifone*:

> di siffatte parole pronunciate dai profeti, o Trifone, - cosí continuavo – alcune si riferiscono alla prima venuta del Cristo, nella quale è annunciato che sarebbe apparso senza gloria né (...) altre invece si riferiscono alla sua seconda venuta, quando apparirà nella gloria sopra le nubi e il vostro popolo vedrà e riconoscerà colui che

---

61 *4 Libro di Esdra* 7,28.33-34. Ed. crit. A.F.J. KLIJN, *Die Esra-Apokalypse (IV. ESRA)*, Berlin 1992, pp. 45-46. Vedi *2Baruch* 30,1 e 40,1-2. Ed. crit. P. BOGAERT, *Apocalypse de Baruch*, pp. 483.488-489.

62 *Pirqe Aboth* 3,16-17. Ed. crit. H. DANBY, *The Mishnah*, Oxford-London 1954, p. 452.

63 *Testamento di Abramo* 14,1-2. Ed. crit. F. SCHMIDT, *Le Testament grec d'Abraham*, Tübingen 1986, p. 140.

hanno trafitto (...) (*Dial.* 14,8).[64]

In linea con Meecham[65] sembra che l'autore dell'*A Diogneto* in 7,6 si sia rifatto alla profezia di Ml 3,2 per testimoniare a Diogneto la seconda venuta di Cristo. In *A Diogneto* 7,6 si riflette la speranza dei primi cristiani circa l'imminente ritorno di Gesù nella gloria: in Atti 3,20 è viva l'attesa della venuta definitiva del Verbo (At 3,20). In tal senso quindi l'autore dell'*A Diogneto* si colloca nella prospettiva apocalittica giovannea di Cristo che scende dal cielo e che verrà a giudicare il mondo, il quale attendeva trepidante la sua ultima venuta (Ap 1,1). Diversamente dalla concezione paolina del regno, per il quale il cristiano anela ad essere trasferito nel regno escatologico più che attendere la sua venuta (Eb 4,11). Anche nella prima lettera di Clemente Romano il tema del giudizio di Cristo diviene la prospettiva futura di ogni cristiano:

> vede e ascolta ogni cosa. Temiamolo, abbandonando i malvagi desideri di opere ignobili per essere protetti con la sua misericordia nel giudizio futuro. Dove uno di noi può sfuggire alla sua potente mano?.[66]

In tale quadro pertanto l'autore dell'*A Diogneto* afferma, in linea con l'apocalisse di Giovanni, che a giudicare il mondo non è Dio dopodiché il messia viene a governare la nuova terra e il nuovo cielo, bensì è Cristo che viene a giudicare il mondo, perché il padre lo ha inviato per giudicare l'umanità. Si può supporre che l'autore dell'*A Diogneto,* nell'affermare in 7,6 che Cristo verrà a giudicare

---

64 GIUSTINO, *Dialogo con Trifone* 14,8. Ed. crit. E.J. GOODSPEED, *Die ältesten Apologeten,* p. 107. Trad. di G. VISONÁ, *Dialogo con Trifone,* pp. 120-121.

65 G. MEECHAM, *The Epistle,* p. 54 n. 1.

66 CLEMENTE ROMANO, *Epistola ai Corinti* 1,28,1-2. Ed. crit. A. JAUBERT, *Clément de Rome. Épître aux Corinthiens,* Paris 2000, p. 146. Trad. di A. QUACQUARELLI, *I Padri Apostolici,* Roma 1998, p. 68.

alla fine dei tempi, voglia far notare al suo interlocutore che Cristo verrà quando nessun giusto sarà più sulla terra. Questa idea era presente in Giustino.[67] A tal proposito Bauer, in un suo studio su *A Diogneto* 6,7,[68] nota un parallelo con lo scrittore siriaco Afraate, affermando che, come l'anima sorregge il corpo, allo stesso modo il mondo è sorretto dai giusti, mentre in caso contrario il mondo si sarebbe dissolto. Pertanto l'autore dell'*A Diogneto*, secondo Norelli,

> erediterebbe dunque l'idea giudaica secondo cui è la presenza dei giusti che impedisce la dissoluzione del mondo, un'idea continuata nel cristianesimo là dove si afferma che le preghiere, o la presenza, dei cristiani ritardano la fine del mondo.[69]

Quindi l'anonimo autore vuole far notare a Diogneto in 7,6 che Cristo verrà definitivamente sulla terra quando non ci sarà più nessun giusto: in tal senso nessuno potrà sopportare la sua venuta perché tutti sono peccatori. A partire da tale quadro è pertinente affermare che questa linea di pensiero si pone in parallelo a quella precedente, per la quale, secondo l'A Diogneto 7,2, la prima venuta del Verbo è causata, come abbiamo visto, dalla pienezza della malvagità umana: se questa è stata la causa delle due venute di Cristo, diverso ne diviene però il fine. Il primo è in ordine alla salvezza, mentre il secondo è in ordine al giudizio.

L'autore dell'*A Diogneto* in 10,7-8 presenta al suo interlocutore il giudizio finale e le modalità con cui verrà eseguito:

> Quando temerai la morte reale, riservata a quanti

---

67 GIUSTINO, *I Apologia* 45,1. Ed. crit. E.J. GOODSPEED, *Die ältesten Apologeten*, p. 58.

68 J.B. BAUER, *An Diognet VI*, p. 209. Cfr. E. NORELLI, *A Diogneto*, pp. 98-99 n. 11.

69 E. NORELLI, *A Diogneto*, p. 99 n. 11.

saranno condannati al fuoco eterno, che punirà
sino alla fine quanti gli saranno stati consegnati.
Allora ammirerai coloro che per la giustizia
sopportano questo fuoco e li proclamerai beati,
quando conoscerai quel fuoco.[70]

L'autore dell'*A Diogneto* si avvale dell'immagine del fuoco. Con tale immagine Platone descriveva il mondo degli inferi: "*molto fuoco e giganteschi fiumi di fuoco*".[71] Anche nella letteratura anticotestamentaria, più precisamente profetica e apocalittico-giudaica, il fuoco è indice del giudizio escatologico di Dio. Un esempio significativo si ha in Geremia 4,4.[72] Il fuoco considerato come strumento di dannazione eterna acquista grande importanza nell'apocalittica. Infatti nell'apocalisse siriaca di Baruch l'immagine del fuoco esprime il supplizio eterno dei malvagi nell'inferno.[73] Anche nell'apocalisse di Giovanni risuona tale significato:

Poi la morte e gli inferi furono gettati nello stagno di fuoco (πυρός). Questa è la seconda morte, lo stagno di fuoco (πυρός). E chi non era scritto nel libro della vita fu gettato nello stagno di fuoco (Ap 20,14-16).

La stessa concezione relativa al fuoco si ritrova nei testi di Qumran. In 1Qs. 2,8 si legge che gli empi sono maledetti *"nell'oscurità del fuoco eterno"*.[74] Non è da dimenticare che

---

[70] Ed. crit. H.I. MARROU, *A Diognète*, p. 78. Trad. di E. NORELLI, *A Diogneto*, p. 118.

[71] PLATONE, *Fedone* 111d. Ed. crit. I. BURNET, *Platonis Opera*, t. 1, p. 111. Trad. di G. REALE, *Platone. Tutti gli scritti*, Milano 1991, p. 117.

[72] Per tale concetto cfr. F. LANG, πῦρ, in *GLNT,* col. 839-847.

[73] *Baruch* 44,15. Ed. crit. P. BOGAERT, *Apocalypse de Baruch*, Paris 1969, p. 491. Cfr. per tale argomento F. LANG, πῦρ, in *GLNT*, col. 848-849.

[74] *Regola della comunità (1Qs.)* 2,8. Ed. crit. E. LOHSE (ed.), *Die Texte aus Qumran hebräisch und deutsch mit masoretischen Punktation,*

anche nella *Mishnà* con l'immagine del fuoco viene espressa la punizione dell'empio.[75] L'anonimo autore impiega tale immagine per far notare a Diogneto che Dio punisce con giustizia i malvagi, mentre i beati sono coloro che sopportano sulla terra ogni tipo di vessazioni.

In *A Diogneto* 10,7 sussiste il rapporto tra fuoco apparente e quello eterno. Tale rapporto ricorreva nel *martirio* di Policarpo, nella quale si avverte anche il nesso tra cattiva condotta e punizione eterna:

> disprezzavano i tormenti del mondo, acquistandosi, per un momento solo, la vita eterna. Il fuoco dei tormenti disumani era freddo per loro. Avevano davanti agli occhi, per sfuggirlo, quello eterno e che non si spegne mai. Con gli occhi del cuore contemplavano i beni riservati ai pazienti, che né orecchio intese, né occhio vide, né cuore di uomo ha immaginato, additati loro dal Signore, perché non erano più uomini, ma angeli.[76]

A tal proposito l'autore dell'*A Diogneto* prende le distanze in X,7 dal fatalismo stoico. Giustino contrapponeva a questo concetto stoico, che negava la libertà dell'uomo sottoponendola alla ragione determinatrice, la responsabilità etica in virtù della quale il giudice alla fine dei tempi retribuirà ciascuno:

> che destino inevitabile sia proprio questo: degne ricompense a coloro che hanno scelto cose buone e, allo stesso modo, giuste pene per coloro che

---

München 1964, p. 6. Trad. di F. G. MARTINEZ, *Testi di Qumran*, Brescia 2003, p. 74.

75 *Mishnah, Testimonianze* 2,10. Ed. crit. H. DANBY D.D., *The Mishnah*, p. 426. Vedi in particolare F. LANG, πῦρ, col. 851.

76 *Martirio di Policarpo* 2,3. Ed. crit. P. Th. CAMELOT, *Ignace d'Antioche, Polycarpe de Smyrne. Lettres, martyre de Polycarpe*, p. 212. Trad. di A. QUACQUARELLI, *I Padri Apostolici*, p. 162.

hanno preferito il contrario.⁷⁷

In seguito Teofilo di Antiochia chiarirà la funzione del giudice escatologico che vaglierà ciascuno a seconda dei meriti o demeriti che egli ha accumulato durante la vita:

> Colui che ci ha donato la bocca per parlare e ha formato le orecchie per ascoltare e ha creato gli occhi per vedere, esaminerà ogni cosa e giudicherà il giusto, dando a ciascuno la ricompensa a seconda del merito. A coloro che nella pazienza, attraverso le buone opere, cercano l'immortalità, egli donerà la vita eterna, la gioia, la pace, il riposo e una moltitudine di beni che "né occhio vide, né orecchio udí, né penetrò nel cuore dell'uomo." Per coloro che non hanno creduto e a coloro che hanno disprezzato e si sono ribellati alla verità, che hanno obbedito all'ingiustizia, poiché si sono invischiati negli adulteri, nella fornicazione, nella pederastia, nell'avidità, nelle empie idolatrie, si scatenerà l'ira e lo sdegno, la tribolazione e l'angoscia e, alla fine, fuoco eterno li divorerà.⁷⁸

L'autore dell'*A Diogneto* si pone in sintonia con Ireneo, il quale afferma che coloro che godono dell'immortale vita celeste dopo il giudizio sono stati coloro che nella vita terrena, sotto l'aiuto dello Spirito Santo e seguendo il modello di Cristo, hanno continuamente purificato la carne per rendersi simili a Dio. Egli controbatte la posizione

---

77 GIUSTINO, *1Apologia* 43,7. Ed. crit. E.J. GOODSPEED, *Die ältesten Apologeten*, p. 56. Trad. di C. BURINI, *Gli apologeti greci*, Roma 1986, p. 122. Vedi a tal proposito G. FILORAMO, *L'escatologia e la retribuzione negli scritti dei Padri*, in S.A. PANIMOLLE (a cura di), *Dizionario di spiritualità biblico-patristica*, vol. 16: *Escatologia*, Roma 1997, p. 215.
78 TEOFILO DI ANTIOCHIA, *Ad Autolico* 1,14. Ed. crit. R.M. GRANT, *Theophilus of Antioch. Ad Autolycum*, pp. 18-20. Trad. di C. BURINI, *Gli apologeti greci*, p. 378. GIUSTINO, *1Apologia* 8,2-4; 12,1-3.7-8. Ed. crit. E.J. GOODSPEED, *Die ältesten Apologeten*, pp. 30; 32.33.

gnostica, per la quale invece i salvati sono gli eletti che, grazie all'illuminazione spirituale, sono destinati alla salvezza:

> Dunque attraverso quest'ordine, tali ritmi e tale movimento l'uomo creato e plasmato diviene a immagine e somiglianza di Dio increato: il Padre decide benevolmente e comanda, il Figlio esegue e plasma, lo Spirito nutre e accresce, e l'uomo a poco a poco progredisce e si eleva e si eleva alla perfezione, cioé si avvicina all'Increato; perché solo l'Increato è perfetto, e questo è Dio. Infatti bisognava che l'uomo prima fosse creato, poi, dopo essere stato creato, crescesse, dopo essere cresciuto, divenisse adulto, dopo essere divenuto adulto, si moltiplicasse, dopo essersi moltiplicato, divenisse forte, dopo essere divenuto forte fosse glorificato e dopo essere stato glorificato, vedesse il suo Signore. Perché Dio è colui che deve essere visto, la visione di Dio procura l'incorruttibilità "e l'incorruttibilità fa essere vicino a Dio" (Sap 6,19).[79]

---

79 IRENEO, *Contro le eresie* 4,38,3. Ed. crit. A. ROUSSEAU – B. HEMMERDINGER – L. DOUTRELEAU – Ch. MERCIER, pp. 954-956. Trad. di E. BELLINI, *Ireneo di Lione. Contro le eresie e gli altri scritti*, p. 399. Cfr. anche IRENEO, *Contro le eresie* 5,36,1. Ed. crit. A. ROUSSEAU – L. DOUTRELEAU – Ch. MERCIER, *Irénée de Lyon. Contre les hérésies*, Paris 1969, pp. 452-456.

CONCLUSIONE

1. Cammino percorso

In questo nostro studio abbiamo avuto modo di analizzare i tratti inerenti alla cristologia nell'*A Diogneto*. Questo lavoro è stato il risultato di un'accurata ricerca svoltasi analizzando il testo dell'*A Diogneto*.

Abbiamo messo a fuoco, tramite questa analisi dettagliata, il pensiero dell'anonimo autore riguardo alla preesistenza e all'incarnazione del Verbo che, sussistente nel seno del Padre, si è reso visibile nella storia per poi ritornare di nuovo al fine di giudicare il mondo.

Questo nostro studio si è suddiviso in quattro capitoli:

nel primo capitolo abbiamo notato che, per l'anonimo autore, il Verbo è l'*arché* della creazione perché per lui il Verbo non solo non si identifica con gli elementi primordiali ma neanche con l'inizio cronologico della storia in quanto è eterno come il Padre. Abbiamo spiegato, sempre nel primo paragrafo, che il Verbo è denominato, per l'autore dell'*A Diogneto*, *arché* perché è il principio in quanto Egli procede dal Padre che lo ha generato fin dall'eternità: al principio (*arché*) tra Padre e Figlio sussisteva una comunione reciproca, per cui il Verbo è figlio ancora prima della creazione del mondo perché al Figlio il Padre comunica il suo progetto di salvezza.

Abbiamo evidenziato inoltre che per l'autore dell'*A Diogneto* il Verbo non è un essere inferiore al Padre, bensí è come il Padre perché tra i due vi è compartecipazione reciproca. In tale prospettiva l'autore dell'*A Diogneto* prende le distanze nei confronti non solo della concezione stoica e medioplatonica della necessarietà dell'atto creativo, e gnostica della separazione ontologica di ciò che è generato dal generante, ma anche dalla concezione giudaica della

Torah che è un' ipostasi di Dio. Se da una parte l'anonimo autore rifiuta la concezione medioplatonica della necessarietà dell'atto creativo e della separazione ontologica del Logos dal Padre, dall'altra è pertinente affermare che l'autore dell'*A Diogneto* sia stato influenzato dal medioplatonismo riguardo all'accezione stessa di Logos applicato al Figlio, inteso come intelligenza, e riguardo anche all'idea dell'immutabilità di Dio Padre.

Abbiamo anche evidenziato, sempre nel primo paragrafo, che l'uomo, secondo l'anonimo autore, è stato creato per amore da Dio a immagine del Logos che, preesistente nel Padre, modellava l'uomo secondo la sua futura figura che prenderà corpo nella sua venuta terrena: in tal modo l'uomo può divenire simile a Dio partecipando alla vita divina mediante il dono dello Spirito Santo.

Nel secondo e terzo sottoparagrafo del primo capitolo abbiamo rilevato la dipendenza dell'autore dell'*A Diogneto* dal platonismo mediante i termini δημιουργός e τεχνίτης. Egli sembra essere stato condizionato anche dalla concezione medioplatonica del dio secondo, per la quale l'attività demiurgica è demandata a un altro dio inferiore per natura al Dio sommo dal quale è stato emanato. Se da un lato l'anonimo autore è stato influenzato da questa concezione medioplatonica relativa all'attività demiurgica del Logos, dall'altro lato l'autore, come abbiamo visto, mediante l'immagine del re che manda suo figlio re, afferma che il Logos, in qualità di demiurgo e di architetto, è della stessa entità del Padre: in quanto tale viene riconosciuta la sua regalità su tutto il creato non solo attraverso la sua funzione ordinatrice ma attraverso la sua umbratile opera redentrice, che si manifesterà pienamente con la sua venuta storica.

Nel secondo paragrafo del primo capitolo abbiamo delineato i motivi per i quali, secondo l'*A Diogneto*, il Logos venne nella carne a tempo opportuno: il Verbo non venne prima nella storia non solo perché era longanime e buono (χρηστός), in quanto sopportava i nostri peccati, ma anche perché era filantropo (φιλάνθρωπος) e pieno d'amore (ἀγάπη).

Abbiamo in seguito dedotto dall'*A Diogneto* che chi imita la pazienza, la bontà e l'amore del Verbo raggiunge la felicità (εὐδαιμονία).

Nel secondo capitolo abbiamo illustrato, desumendola dall'*A Diogneto*, la realizzazione storica del Logos, realizzazione che è venuta a costituire la nuova economia della salvezza, nella quale il Logos, assumendo carne umana, ha avuto il compito di redimere l'umanità. L'autore dell'*A Diogneto* rifiuta a tal proposito la concezione gnostica del Logos inviato da Dio alla stessa stregua di un angelo con un corpo apparente e non reale. La venuta del Logos nella carne si dispiega sempre nel secondo capitolo nei successivi dodici sottoparagrafi in ordine alle rispettive funzioni che il Logos esercita durante la sua vita terrena.

Nel terzo capitolo abbiamo analizzato il culmine dell'attività salvifica del Verbo, cosí come emerge dal testo dell'*A Diogneto*, che ha il suo perno nell'evento pasquale della sua morte e risurrezione, grazie al quale il Verbo giustifica l'uomo peccatore e, effondendo lo Spirito Santo, dà al credente la possibilità di propagare nel tempo della chiesa la sua eterna attività salvifica.

Infine nel quarto capitolo abbiamo espresso la concezione escatologica, rilevata dall'*A Diogneto*, relativa alla parusia del Verbo. Questa concezione è strettamente connessa, come abbiamo avuto modo di chiarire nel primo e secondo sottoparagrafo, all'attesa del regno escatologico che comporta per il cristiano una totale metanoia. Egli apporterà questo regno al suo definitivo ritorno, perché verrà a giudicare il mondo.

2. Risultati raggiunti:

Nel corso della presente trattazione abbiamo potuto notare che il Logos è la figura basilare perché posta al centro del piano divino della salvezza: egli è il motivo di raccordo tra l'arché, l'antica, la nuova economia della salvezza e l'escatologia. Ciò sta ad indicare che i quattro momenti fondamentali, appartenenti alla storia della salvezza, ruotano attorno a Cristo, dal quale ricevono la loro linfa vitale.

Quindi questi quattro momenti centrali del dispiegamento teofanico del Logos non sono disgiunti fra di loro ma sono tra loro complementari, perché senza l'uno non può esserci conseguentemente l'altro, in quanto questi costituiscono un continuum progressivo della rivelazione del Logos, dapprima nell'ambito della dimensione atemporale della economia della salvezza e poi nell'ambito non solo della dimensione storica dell'antica e della nuova economia della salvezza, - dove il Logos si rende operante nella storia, - ma anche della dimensione escatologica, dove il Logos restaura definitivamente il mondo secondo un suo sapiente progetto.

In tale quadro, nell'*A Diogneto*, emerge la nozione di identità, ma solo a livello "binitario", tra il piano divino immanente e quello economico. Traspare, quindi, nell'*A Diogneto*, una lettura "binitaria" della nota equazione, a cui Forte si riferiva, tra trinità immanente e trinità economica.[1] Infatti, come abbiamo notato nei primi due capitoli, ciò che il Padre insieme al Figlio avevano progettato fin dall'eternità, e cioé nell'immanenza del piano divino della salvezza, si rende visibile nella nuova economia della salvezza, ossia nella realizzazione storica dell'antica economia della salvezza.

Pertanto i molteplici modi, con cui il Logos realizza

---

[1] B. FORTE, *Trinità come storia: saggio sul Dio cristiano*, Milano 1985.

il nuovo piano salvifico, non sono altro che la manifestazione piena e visibile di quella eterna e volontaria relazione di amore che il Logos intratteneva con il Padre ancora prima che il mondo venisse all'esistenza. È questa traboccante fonte di amore che si riversa nell'umanità e nella storia, e che si rende visibile dapprima nell'incarnazione del Logos e poi nell'evento pasquale, supremo atto di amore del Logos nei riguardi dell'umanità perduta e sprofondata nel peccato. Illuminanti sono a tal riguardo le parole di Forte:

> Questo libro parla della Trinità parlando della storia, e parla della storia parlando della Trinità. La storia che racconta è anzitutto quella dell'evento pasquale della morte e risurrezione di Gesù di Nazareth, che Dio ha risuscitato dai morti e costituito con potenza secondo lo Spirito di santificazione Signore e Cristo (cf. Rm 1,4): in questa storia si affaccia un'altra storia, quella di Colui che nell'evento di Pasqua si è rivelato come Amore (...). Il racconto dell'evento pasquale si apre così al racconto della trinità come eterno evento dell'amore, come storia dell'amore eterno.[2]

Nell'*A Diogneto*, come abbiamo visto nei capitoli 2 e 3, l'attività salvifica del Logos è finalizzata all'uomo perché l'uomo, giustificato dalla morte e dalla risurrezione del Verbo cooperi, tramite la fede e l'imitazione del Verbo, per il bene dell'umanità, affinché l'umanità intera possa usufruire dei frutti benefici della Sua venuta nel mondo. Da principio di sussistenza nella immanenza del piano divino della salvezza, il Logos, quindi, passa a divenire uomo, per essere solidale con l'umanità, affinché in Lui essa possa trovare una risposta ai suoi bisogni di ordine trascendente.

---

2 B. FORTE, *Trinità come storia*, p. 7. Vedi anche per tale concetto J. ALFARO, *Cristologia e antropologia*, Città di Castello 1973, pp. 114-140;190-204.

Infatti il progetto salvifico deciso dal Padre e dal Figlio prima della creazione del mondo è, nell'*A Diogneto*, in funzione dell'uomo e non viceversa: Cristo non è venuto prima nel mondo perché, lento all'ira, sopportava i nostri peccati; ma quando la malvagità umana raggiunse il culmine, allora divenne uomo per rendere l'umanità perduta vittoriosa sulla morte, affinché essa possa essere sulla terra immagine vivente del mutuo rapporto di amore che si consumava tra Padre e Figlio prima che il mondo fosse creato. Come la venuta del Verbo nella carne, nell'*A Diogneto*, è in funzione della condizione amartiologica dell'uomo, ne è anche la sua venuta escatologica: come Cristo non divenne uomo prima che l'umanità avesse raggiunto il culmine della sua malvagità, allo stesso modo Egli non viene a giudicare prima che il mondo non raggiunga di nuovo l'apice della sua malvagità. Quindi nell'*A Diogneto* l'attività soteriologica e giudicatrice del Logos sono in funzione della condizione peccatrice dell'uomo.

Per dirla con Rahner, l'autocomunicazione di Dio verso l'uomo si realizza in Cristo, perché in Lui la dimensione ascendente -le aspettative e le attese dell'umanità- e la dimensione discendente -la discesa della divinità- si incontrano e si intrecciano, in modo tale che l'esistenza dell'uomo trova in Cristo l'appagamento del suo stesso essere che in se stesso è infinito:

> l'incarnazione di Dio è il caso supremo dell'attuazione essenziale della realtà umana, attuazione consistente nel fatto che l'uomo è colui che si abbandona al mistero assoluto che chiamiamo Dio. (...) rimane pur sempre vero che il Logos è diventato uomo, che la storia e il divenire di questa realtà umana sono diventati la sua propria storia, che il nostro tempo è diventato il tempo dell'Eterno, la nostra morte la

morte del Dio immortale stesso.[3]

È anche da aggiungere che nell'*A Diogneto* il Logos è la chiave di lettura della storia. La storia profana, piena delle malvagità e delle omissioni da parte dell'uomo, non è altra rispetto alla storia salvifica, ma fa parte della stessa: nel tempo anteriore all'avvento di Gesù nella carne ($\chi\rho\acute{o}\nu o\varsigma$), il Logos era presente nella storia e si è mostrato longanime poiché sopportava i peccati dell'umanità. Il Logos quindi non ha abbandonato l'umanità a se stessa, anzi preparava per essa un nuovo tempo di salvezza ($\kappa\alpha\iota\rho\acute{o}\varsigma$) che non si contrappone al $\chi\rho\acute{o}\nu o\varsigma$ ma lo integra perché il $\kappa\alpha\iota\rho\acute{o}\varsigma$ era il suo necessario compimento: nell'avvento di Cristo si compie la longanimità del Logos.

A partire da tale ottica, sempre nell'*A Diogneto*, possiamo dire che la storia trae il suo senso dalla teologia del Logos: nel Logos fattosi uomo l'antico tempo di salvezza ($\chi\rho\acute{o}\nu o\varsigma$) e il nuovo tempo di salvezza ($\kappa\alpha\iota\rho\acute{o}\varsigma$) si incontrano, perché senza l'antico tempo di salvezza non è possibile comprendere il nuovo e viceversa.

In tale logica la teologia della storia, per l'anonimo autore, assume non solo carattere unitario perché il kairos è la diretta conseguenza del chronos, ma ha anche carattere ciclico. Ha carattere ciclico perché la storia della salvezza, ha non solo il suo inizio temporale dal Logos, perché da Lui ha incominciato a esistere il tempo, e la sua fine nella venuta definitiva del Logos, ma ha anche un inizio atemporale: il piano salvifico progettato dal Padre e dal Figlio, prima della creazione del mondo e resosi operante nella storia fino alla fine dei tempi, è anche il traguardo o meglio il fine dell'umanità. L'eterna relazione di amore, consumata tra Padre e Figlio prima dell'inizio della storia, che trabocca

---

[3] K. RAHNER, *Corso fondamentale sulla fede*, Cinisello Balsamo 1990, pp. 285.287. Vedi anche K. RAHNER, *Saggi di cristologia e di mariologia*, Roma 1965, pp. 45-46

all'interno del piano salvifico progettato dal Padre e dal Figlio prima che il mondo fosse creato, verrà contemplata dai giusti definitivamente e in modo permanente alla fine dei tempi, quando la storia salvifica cesserà di esistere per cedere il posto a quella relazione primigenia di amore instauratasi tra Padre e Figlio, prototipo e immagine archetipa della storia divina della salvezza.

3. Prospettive aperte

Questo presente studio, che implica una riflessione teologica sul dato dogmatico della rivelazione di Dio all'uomo nel Figlio, si pone sulla linea del rinnovamento conciliare che ha come punto di partenza il ritorno alle primitive radici cristiane, là dove la Parola di Dio viene letta in senso dinamico e storico come progressiva automanifestazione di Dio all'uomo. Questo ritorno alle radici cristiane e alla tradizione, come nel nostro caso è l'*A Diogneto*, per quanto riguarda la dottrina del Logos, può essere utile, proficuo ed edificante anche per il credente del terzo millennio, perché oggetto di un nuovo ripensamento sulla linea della dialettica e della continuità.

Sulla linea della dialettica e della continuità perché il dato cristologico, rilevato nell'*A Diogneto,* non solo viene ripensato alla luce della nuova era tecnologica in cui vive l'uomo contemporaneo, ma anche alla luce della continuità con la rivelazione biblica del Logos, affinché esso possa essere capito e reso meglio intelligibile all'uomo del nostro tempo.

In prospettiva antropologica possiamo dire che questo studio offre delle solide basi di confronto con l'uomo contemporaneo, sempre sulla linea della continuità e della discontinuità. Con la scoperta del computer l'uomo ha trasformato il mondo e lo ha dominato, ponendosi in linea di continuità con il tema biblico e patristico dell'immagine di Dio e, al contempo, ponendosi in dialettica con esso perché la scoperta della tecnologia computerizzata comporta dall'altro lato una progressiva degradazione da parte dell'uomo, in quanto diviene simile a una macchina, dissacralizzando conseguentemente il mondo. A tal riguardo determinante è il pensiero di Alfaro riguardo al parere positivo sull'uomo tecnopolita per quanto riguarda il tema dell'immagine di Dio:

> L'uomo tecnopolita ha spogliato il mondo del suo incanto magico, lo ha dissacralizzato, lo ha reso autenticamente profano; lo ha posto definitivamente sotto di sé, lo ha interpretato come finalizzato a lui (...). Il suo rapporto col mondo gli si presenta come un valore autonomo. Lungi dal rappresentare un ostacolo per la fede, questa mentalità dell'uomo tecnopolita è profondamente coerente con la visione cristiana del mondo e dell'uomo (...). L'uomo riceve il compito di trasformare il mondo, non mediante un comandamento di Dio, aggiunto al suo atto creativo, ma in virtù della sua stessa creazione come "immagine di Dio" ("spirito-nella materia"): l'atto permanentemente creativo di Dio imprime nel mondo la sua finalità interna verso l'uomo e nell'uomo il suo destino a trasformare il mondo.[4]

Il tema dell'immagine di Dio è un argomento centrale anche per l'uomo di oggi: l'uomo, per l'autore dell'*A Diogneto,* riceve tale impronta di ordine dinamico dal Logos perché Egli è il segno tangibile e concreto di quella relazione di amore dinamica, eterna e vitale che Egli consumava insieme al Padre prima della creazione del mondo.

---

4 J. ALFARO, *Cristologia e antropologia*, Assisi 1973, p. 580.

Questo tema di fondamentale importanza antropologica si dispiega non solo, come abbiamo visto, in senso verticale ma anche in senso orizzontale. L'uomo, trasformando il mondo, si rende solidale con i suoi stessi simili perché risveglia in loro questo comune dinamismo che fa parte della loro stessa costituzione di ordine trascendente. Pertinenti sono a tal riguardo, ancora una volta, le parole di Alfaro:

> Col progresso continuo dei mezzi di informazione e di comunicazione, la tecnopoli estende l'interesse ed eleva la responsabilità di tutti per la situazione degli altri e per i problemi della comunità a livello urbano, nazionale e anche sopranazionale; in tal modo contribuisce allo sviluppo della coscienza comunitaria e risveglia il sentimento di solidarietà umana universale. Lentamente, ma irresistibilmente, cresce la coincidenza negli ideali comuni di determinati valori etici, come la giustizia sociale, (...). Sono "segni" del lento sorgere di un'umanità nuova, che comincia a rendersi conto del valore della fraternità universale e della partecipazione di tutti gli uomini alla loro comune avventura nel mondo (...). Questa evoluzione dell'uomo tecnopolita verso la coscienza piena della comunione umana universale rappresenta una nuova tappa nella progressiva umanizzazione dell'umanità.[5]

In poche parole, quindi, la trasformazione del mondo ad opera dei mezzi di comunicazione riflette, a livello temporale, la dinamicità solidale che non solo in eterno il Figlio viveva con il Padre, ma che anche nella storia il Figlio viveva con il Padre e con il mondo circostante.

---

5 J. ALFARO, *Cristologia e antropologia*, p. 587.

Pertanto l'immagine di Cristo, paradigma della nostra vera immagine umana, non viene intesa né in senso kantiano come un concetto né in senso neoplatonico come una semplice astrazione, bensì come il modello ideale a cui ogni fedele conforma la sua esperienza di vita, sulla falsariga del Verbo che nella sua umanità reale e concreta sperimentò la debolezza della carne.

In questo quadro si colloca il filone della cristologia filosofica, emersa nel XX secolo.[6] In particolar modo risuona il pensiero di Padre Florenskij, vissuto nella prima metà del Novecento, per il quale

> soltanto il Signore Gesù Cristo è l'ideale di ciascun uomo; non un concetto astratto, non una vuota forma dell'umanità in generale, non uno schema per ogni persona, ma invece modello, idea di ogni persona, con tutto il suo contenuto vivo.[7]

Strettamente correlata, dunque, alla prospettiva antropologica è quella soteriologica. L'identità eterna del Logos si manifesta storicamente, nell'*A Diogneto*, nella sua generazione umana, in quanto la entità divina è compatibile con il principio medesimo della generazione umana.

È opportuno dire a tal riguardo che il passaggio dall'eternità all'umanità del Logos implica una dinamicità relazionale e solidale che è alla base, nell'*A Diogneto*, non solo della sua generazione divina ma anche di quella umana: Il Logos è stato generato dal Padre fin dall'eternità in funzione dell'uomo, e in funzione dell'uomo ha preso carne umana.

La soteriologia diviene, quindi nell'*A Diogneto*, motivo

---

6 Vedi per la tematica il recente contributo di S. ZUCAL (a cura di), *Cristo nella filosofia contemporanea. II. Il Novecento*, Milano 2002.

7 P. MODESTO, *La colonna e il fondamento della verità*, Milano 1998, p. 287. Questa è l'opera capitale di Florenskij, anzi uno dei capolavori della filosofia della religione nel XX secolo.

di raccordo tra la generazione divina del Figlio e quella umana, perché nell'atto stesso che Dio, prima della creazione del mondo, ha generato il Figlio, il Figlio si è reso solidale con Lui in qualità di archetipo della creazione – in quanto dalla sua immagine tutte le cose sono state create – ; allo stesso modo nella generazione umana il Figlio rende concreta la sua immagine, divenendo solidale con gli uomini e realizzando in se stesso la sua immagine archetipa, in quanto con la sua venuta sulla terra egli ha reso partecipe l'uomo della sua vita immortale.

Il recupero della prospettiva soteriologica del Figlio nei confronti dell'uomo è in consonanza con l'attuale cristologia. Così scrive Alfaro:

> solamente nel mistero del Verbo incarnato trova vera luce il mistero dell'uomo. La comprensione stessa del mistero di Cristo (filiazione divina presente e rivelata nell'umano) implica un'antropologia, come la esige anche da parte sua la teologia dell'esistenza cristiana, cioé, dell'esistenza umana vissuta sotto la parola e la grazia di Dio. L'attuale cristologia sta ricuperando il valore salvifico che gli scritti neotestamentari e la tradizione patristica attribuiscono all'avvenimento totale di Cristo dalla sua stessa comparsa nella storia fino alla sua morte e risurrezione. La nostra salvezza si è compiuta nell'atto in cui il Figlio di Dio "si è fatto uomo come noi"; è un mistero di solidarietà.[8]

Anche Giovanni Paolo II nella sua Lettera Apostolica *"Tertio millennio Adveniente"* 6, preparata da Sua santità in occasione del Giubileo dell'anno 2000, legge non solo in prospettiva soteriologica l'evento dell'incarnazione di Gesù ma lo legge anche in prospettiva ecumenica, in quanto il Verbo incarnato diviene per ogni uomo, di qualsiasi razza, il punto di coesione tra il bisogno di Dio, insito nell'uomo teso

---

8 J. ALFARO, *Cristologia e antropologia*, p. 6.

alla ricerca di Dio e il bisogno di Dio che vuole rendere felice l'uomo.⁹ Tale linea di pensiero era già stata anticipata dallo scrittore ebreo Rosenzweig. Egli mitigò i rapporti tra i cristiani e gli ebrei, collocando di nuovo la figura di Gesù nel suo ambiente storico, propriamente ebraico, esaltandone la sua storicità a scapito dell'universalismo di stampo protestante. In tal modo Rosenzweig favoriva non un clima di opposizione tra ebrei e cristiani ma una sorta di prossimità tra l'ebraismo e il cristianesimo, aventi entrambi come epicentro comune l'umanità storica di Gesù[10]

Abbiamo visto nell'*A Diogneto* che questo bisogno del Logos di salvare l'uomo era un bisogno eterno, un bisogno che era insito nella relazione intima che intercorreva tra Padre e Figlio. È nella stessa prospettiva dinamico-dialogica che il Santo Padre, sempre nella *Lettera apostolica Tertio millennio Adveniente 7*, legge l'evento dell'incarnazione del Logos.[11] I cristiani del terzo millennio, quindi, sull'orma dell'*A Diogneto,* divengono consapevoli che tanto più sono immagine vivente della relazione intima che intercorre tra Padre e Figlio, tanto più vivono il loro appagamento interiore perché realizzano concretamente nella vita quotidiana questa dinamica e archetipa dimensione di amore verso Dio e verso il prossimo. Essi la realizzano solo quando riconoscono che la loro caratteristica è quella della piena e totale gratuità che diviene esperienza di amore disinteressato, esperienza svelata da Cristo nell'evento

---

9 Per l'argomento vedi P. GAMBERINI, *Cristologia per il terzo millennio*, in P. SCARAFONI, *Cristocentrismo. Riflessione teologica*, Roma 2002, pp. 393-395.

10 Per una esauriente approccio al pensiero di Rosenzweig, vedi P.R. SINDONI, *Franz Rosenzweig. Cristo e gli ebrei: dall'opposizione alla prossimità,* in S. ZUCAL (a cura di), *Cristo nella filosofia contemporanea*, pp. 543-562.

11 Per l'argomento vedi P. GAMBERINI, *Cristologia per il terzo millennio*, in P. SCARAFONI, *Cristocentrismo. Riflessione teologica*, Roma 2002, pp. 395-396.

incarnazionale.[12]

Pertanto i momenti essenziali della vita del Logos, nell'*A Diogneto* e conseguentemente per la vita del cristiano di oggi, sono in correlazione con i momenti fondamentali dell'esistenza umana.

Nella medesima prospettiva si avverte nell'*A Diogneto* anche il connubio tra escatologia e cosmologia. La venuta definitiva del Verbo nell'*A Diogneto* è sì di ordine antropologico ma anche cosmologico. In linea di continuità con la concezione sia cosmologica che antropologica basti pensare a Theilhard de Chardin, il quale reputa che alla fine dei tempi tutto l'universo si incontrerà definitivamente con il Cristo glorioso, l'alfa e l'omega in cui tutte le aspirazioni di ogni essere umano trovano la loro appagante risposta perché è Lui che regge l'universo.[13]

Concludendo, questo interessante contributo permette al cristiano di conoscerne la sua identità spirituale e il fine verso il quale è incamminato, fine che è la patria celeste, nella quale egli trova la sua definitiva felicità e la risposta ultima a tutti i suoi inquietanti interrogativi sul senso della vita.

---

12 Vedi per l'argomento P. SCARAFONI, *Il concetto di "persona" nella cristologia e nella teologia trinitaria contemporanea*, in P. SCARAFONI, *Cristocentrismo. Riflessione teologica*, pp. 149-177.

13 Per la concezione di Teilhard de Chardin vedi Aa.Vv., *La fine del tempo*, Brescia 1998, pp. 176-186. Vedi per l'escatologia nell'epoca contemporanea G. SCALMANA, *La fine del tempo tra scienza e teologia*, in Aa.Vv. *La fine del tempo*, Brescia 1998, pp. 163-206. G. CANOBBIO, *Fine o compimento? Considerazioni su un'ipotesi escatologica*, in Aa.Vv. *La fine del tempo*, pp. 207-238. M. KEHL, *E cosa viene dopo la fine? Sulla fine del mondo e sul compimento finale, sulla reincarnazione e sulla risurrezione*, Brescia 2001, pp. 174-182;197-229.

BIBLIOGRAFIA[1]

1. Fonti

1.1. *L'A Diogneto*

1.1.1. *Edizioni greche:*

A. *In opere complessive*:

ESTIENNE H., *Justini philosophi et martyris Epistula ad Diognetum et Oratio ad Graecos*, Parisiis 1592.
FUNK F.X., *Patres Apostolici*, Tübingen 1901, pp. 390-413.
FUNK F.X. - BIHLMEYER K. - SCHNEEMELCHER W., *Die Apostolischen Vater*, Tübingen 1970.
FUNK F.X. - BIHLMEYER K. - WHITTAKER M., *Die Apostolischen Väter. Griechisch-deutsche Parallelausgabe,* Tübingen 1992.
GEBHARDT O. von – HARNACK A. - ZAHN Th., *Patrum Apostolicorum Opera*, vol. I-II, Lipsiae 1878².
LAKE K., *The Apostolic Fathers* II, Harvard 1913.
LINDEMANN A. - PAULSEN H., (edd.), *Die Apostolischen Väter. Griechischdeutsches Parallelausgabe auf der Grundlage dea Ausgaben* von F.X. FUNK-K. BIHLMEYER und M. WHITTAKER, Mit Ubersetzungen von M. DIBELIUS und D.A. KOCH, Tübingen 1992.
MIGNE J. P. (ed.), *Patrologia Graeca. Cursus Completus*, vol. II, Parisiis 1886.
OTTO J.C. Th. (ed.), *Corpus Apologetarum Christianorum saeculi secundi*, voll. III, Ienae 1879³, rist.

---

[1] Gli autori classici e cristiani sono citati dalle più recenti e attendibili edizioni indicate ai relativi riferimenti.

Wiesbaden 1969.

B. *Per singole opere*:

BLAKENEY E.H., *The Epistle to Diognetus,* London 1943.
GEFFCKEN J., *Der Brief an Diognet*, Heidelberg 1928.
MEECHAM H.G., *The Epistle to Diognetus. The Greek Text with introduction, translation and notes*, Manchester 1949.
THIERRY J.J., *The Epistle to Diognetus*, Leiden 1964.
MARROU H.I., *A Diognète. Introduction, édition critique, traduction et commentaire* (*SC 33bis*), Paris 1965².
WENGST K. (ed.), *Schriften des Urchristentums: Didache (Apostellehere). Barnabasbrief. Zweiter Klemensbrief. Schrift an Diognet*, München 1984, pp. 281-348.

1.1.2. *Traduzioni*

A. *In italiano*:

BUONAIUTI E., *Lettera a Diogneto. Introduzione, traduzione e note* (nuova edizione a cura di RAGOZZINO G.), Napoli 1989.
BOSIO G., *I Padri Apostolici. Introduzione, traduzione e note*, vol. II, Torino 1966².
NORELLI E., *A Diogneto*, Milano 1991.
PERRINI M., *A Diogneto. Alle sorgenti dell'esistenza cristiana*, Brescia 1984.
QUACQUARELLI A., *I Padri Apostolici. Introduzione, traduzione e note*, Roma 1978².
ZINCONE S., *A Diogneto*, Roma 1987.

B. *In francese*:

MARROU H.I., *A Diognète. Introduction, édition critique, traduction et commentaire*, Paris 1965².

C. *In inglese*:

MEECHAM H.G., *The Epistle to Diognetus. The Greek Text with introduction, translation and notes*, Manchester 1949.
THIERRY J.J., *The Epistle to Diognetus*, Leiden 1964.

D. *In tedesco*:

GEFFCKEN J., *Zwei griechische Apologeten*, Leipzig 1907, pp. 1-96.
RAUSCHEN G.R., Der Brief an Diognet ("Bibliothek der Kirchenväter"12), München-Kempten 1913, pp. 159-173.
WENGST K. (ed.), *Schriften des Urchristentums: Didache (Apostellehere). Barnabasbrief. Zweiter Klemensbrief. Schrift an Diognet*, München 1984, pp. 281-348.

E. *In spagnolo*:

RUIZ BUENO D., *Padres Apostolicos* ("Biblioteca de Autores Cristianos"), Madrid 1979, pp. 845-860.
RUIZ BUENO D., *Padres Apostolicos y Apologistas griegos (s.II), introduccion, notas y version española*, Madrid 2002, pp. 619-663.

1.2. *Altre fonti della letteratura antica:*

ALEXANDRE M. (ed.), *Philo Alexandrinus. De Congressu Eruditionis gratia*, Paris 1967.
ALPIGIANO C. , *Aristide di Atene. Apologia*, Firenze 1988.
ARNALDEZ R., *Les oeuvres de Philon d'Alexandrie. De Opificio mundi*, Paris 1961.
ARNIM VON H. , *Stoicorum Vetera Fragmenta,* vol. I-III, Leipzig 1903-1905.
ARRIGHETTI G., *Esiodo. Teogonia*, Milano 1994.
BALAUDÉ J.F. - BRISSON L., *Classiques modernes*, Librairie Générale Francaise 1999.
BEAUJEU J., *Apulée. Opuscules philosophiques et fragments*, Paris 1973.
BELLINI E., *Ireneo di Lione. Contro le eresie e gli altri scritti*, Milano 1979.
BETTIOLO P. - KOSSOVA A.G. - LEONARDI C. - NORELLI E. - PERRONE L., *Corpus Christianorum series apocryphorum*, vol. 7, Brepols-Turnhout 1995.
BIANCO M., *Il Protrettico, Il Pedagogo di Clemente Alessandrino*, Torino 1971.
BLACK M. (ed.) - DENIS A.M., *Apocalypsis Henochi Graece. Fragmenta Pseudepigraphorum quae supersunt graeca*, Leiden 1970.
BLANC C., *Origène. Commentaire sur Saint Jean,* t. II, Paris 1970.
BYWATER I. , *Aristotelis. Ethica Nicomachea*, Oxonii 1959.
BOGAERT P., *Apocalypse de Baruch*, Paris 1969.
BONNET M. (ed.), *Acta Apostolorum Apocrypha*, vol. I, Darmstadt 1959.
BORRET M., *Origène. Contre Celse*, Paris 2005.
BUETTNER – WOBST Th., *Polybii Historiae*, vol. I, Stutgardiae 1962.

BURINI C., *Gli apologeti greci*, Roma 2000.
BURNET I., *Platonis Opera*, vol. I-IV, Oxonii 1959-1962.
BYWATER I., *Aristotelis. Ethica Nicomachea*, Oxonii 1959.
CAMELOT P.Th., *Ignace D'Antioche, Polycarpe de Smyrne. Lettres, Martyre de Polycarpe*, Paris 1998.
CASSANMAGNAGO C., *Diatribe, manuale, frammenti*, Milano 1982.
CATAUDELLA Q., *Clemente Alessandrino. Protrettico ai greci*, Torino 1940.
CERRI G., *Omero. Iliade*, Milano 1996.
CHARLES R.H., *The Greek versions of the Testaments of the Twelve Patriarchs*, Oxford 1966.
CIANI M.G., AVEZZÙ E., *Iliade di Omero*, Torino 1998.
COBET GABR.C. - WESTERMANNO ANT. - BOISSONADIO J.F., *Diogenis Laertii. Vitae philosophorum*, Parisiis 1878.
COLONNA A. - BEVILACQUA F., *Le storie di Erodoto*, vol. I, Torino 1996.
CORSINI E. ABBAGNANO N., *Commento al vangelo di Giovanni*, Torino 1968.
CROUZEL H. - SIMONETTI M., *Origène. Traité des principes*, t. III, Paris 1980.
DANBY H., *The Mishnah*, Oxford-London 1954.
DANIEL S., *Les Oeuvres de Philon d'Alexandrie. De Specialibus legibus*, Paris 1975.
DEFRADAS J. – J. HANI – R. KLAERR, *Plutarque. Oeuvres morales*, t. II, Paris 1985.
De JONGE M., *The Testaments of the twelve Patriarchs*, Leiden 1978.
DES PLACES E., *Numénius. Fragments,* Paris 1973.
DES PLACES E., *Atticus. Fragments*, Paris 1977.
DIELS H. - KRANZ W., *Die Fragmente der*

Vorsokratiker, vol. I-III, Berlin 1951-1952.

DILLON J., *Alcinous. The Handbook of Platonism*, Oxford 1999.

DÜBNER F., *Plutarchi. Scripta moralia*, vol. II, Parisiis 1890.

ERBETTA M., *Apocrifi del N.T.*, vol. I, t. 1, Casale Monferrato 1969.

EVANS E., *Q. Septimii Florentis Tertulliani. De Resurrectione carnis liber. Tertullian's Treatise on the resurrection*, London 1960.

FANTUZZI M., *Solone. Frammenti dell'opera poetica*, Milano 2001.

FERRARI F., *Pindaro. Olimpiche*, Milano 1998.

FERRARI F., *Senofonte. Ciropedia*, Milano 1995.

FEUER I., *Les oeuvres de Philon d'Alexandrie. Quod deterius potiori insidiari soleat*, Paris 1965.

FIRMIN A.- DIDOT, *Aristotelis. Opera omnia*, Parisiis 1854.

FLACELIÈRE R. – E. CHAMBRY, *Plutarque. Vies*, t. VI-VII, Paris 1972-74.

FLEMMING J., *Das Buch Henoch. Äthiopischer Tex*t, Leipzig 1902.

FREEDMAN H. – M. SIMON – I. EPSTEIN, *Midrash Rabbah,* vol. I, London 1961

FROIDEFOND Ch. , *Plutarque. Oeuvres morales*, Paris 1972-1988.

FUHR, *Demosthenis. Orationes*, Stutgardiae-Lipsiae.

FUHRMANN F., *Plutarque. Oeuvres morales*, t. IX, Paris 1972.

GIBB J.- MONTGOMERY W., *The Confessions of Augustine*, New York-London 1980

GINZBERG, *The Legends of the Jews*, voll. 7, Philadelphia 1987-1988, trad. di E.

LOEWENTHAL, voll. 3, Milano 1995-1999.

GODLEY A.D., *Herodotus*, London-Cambridge 1960-1963.

GOODSPEED E.J. , *Die ältesten Apologeten, Texte mit kurzen Einleitungen*, Göttingen 1984.

GRANT R.M., *Theophilus of Antioch. Ad Autolycum*, Oxford 1970.

GUDRUN VUILLEMIN-DIEM (ed.), *Aristoteles Latinus. Metaphysica*, Leiden 1976.

HICKS R.D., *Diogenes Laertius. Lives of eminent philosophers*, vol. I-II, London.1959.

HOBEIN H. (ed.), *Maximi Tyrii. Philosophumena*, Lipsiae 1910.

JAUBERT A., *Clément de Rome. Épître aux Corinthiens*, Paris 2000.

JOLY R., *Hermas. Le Pasteur*, Paris 1968.

KLIJN A.F.J., *Die Esra-Apokalypse (IV. Esra)*, Berlin 1992.

KROYMANN A., *Quinti Septimi Florentis. Tertulliani Opera*, Turnholti –Brepols 1954.

KRUEGER P. - MOMMSEN Th., *Corpus Iuris Civilis*, Berolini 1922.

LABRIOLA A., *Senofonte. Memorabili*, Milano 1997.

LANZA D. , *Anassagora. Testimonianze e frammenti*, Firenze 1966

LEGRAND Ph.E., *Hérodote. Histoires*, Paris 1958.

LEHRMAN, S.M. *Midrash Rabbah. Exodus,* vol. III, London 1961.

LILLA S., *Introduzione al medioplatonismo,* Roma 1992.

LOUIS P – WHITTAKER J., *Alcinoos. Enseignement des doctrines de Platon,* Paris 1990.

MAHÉ J.P., *Tertullien. La chair du Christ*, Paris 1975.

MARROU H.I. - HARL M., *Clément d'Alexandrie. Le Pédagogue*, Paris 1960.

MARCHANT E.C., *Xenophon. Memorabilia and*

Oeconomicus, London-Cambridge 1953.

MARTINEZ F. G., *Testi di Qumran*, Brescia 2003.

MAZON P., *Eschyle. Les suppliantes, les perses, les sept contre thèbes, prométhée enchainé*, Paris 1963.

MAZON P., *Hésiode. Théogonie, Les travaux et les jours, Le bouclier*, Paris 1928.

MAZON P. – CHANTRAINE P. – COLLART P. – LANGUMIER R., *Homère. Iliade*, Paris 1961.

MAZZARELLI C., *Aristotele. Etica Nicomachea*, Milano 1998.

MONDÉSERT C. – MATRAY CH. – MARROU H.I., *Clément d'Alexandrie. Le Pedagogue*, Paris 1970.

MONDÉSERT C., *Les Oeuvres de Philon d'Alexandrie. Legum Allegoriae*, Paris 1962.

MONDÉSERT C. – PLASSART A., *Clément d'Alexandrie. Le Protreptique*, Paris 1976.

MORALDI L., *Flavio Giuseppe. Antichità giudaiche*, Torino 1998.

MORESCHINI C., *Opere scelte di Quinto Settimio Florente Tertulliano*, Torino 1974.

MURRAY A.T., *Homer. The Iliad*, London 1963.

MURRAY A.T., *Homer. The Odyssey*, London-Cambridge 1960.

NAUTIN P., *Hippolyte. Contre les hérésies*, Paris 1949.

NESTLE E. - ALAND K., *Novum Testamentum Graece*, Stuttgart 1987.

NEUSNER J., *Pesiqta de Rab Kahana*, Atlanta-Georgia 1987.

NOCK A.D. - FESTUGIÈRE A.J. - RAMELLI I., *Corpus hermeticum*, Milano 2005.

NORELLI, *Ascension d'Isaie*, Brepols 1993.

PARENTE M. I., *Stoici Antichi*, Torino 1989.

PERETTO E., *Ireneo di Lione, Epideixis. Antico catechismo degli adulti*, Città di Castello 1981.

PERLER O., *Méliton de Sardes. Sur la Pâque et*

fragments, Paris 1966.

POUDERON B. - PIERRE M.J. - OUTTIER B. - GUIORGADZE M., *Aristide. Apologie*, Paris 2002.

QUACQUARELLI A., *I Padri Apostolici*, Roma 1998.

RADICE R., *Stoici Antichi. Tutti i frammenti*, Milano 1998.

REALE G. - CASSANMAGNAGO C., *Epitteto. Diatribe manuale frammenti*, Milano 1982.

REALE G., *Platone. Tutti gli scritti*, Milano 1991.

REALE G., *Seneca. Epistole*, Milano 1994.

REGGIANI C.K., *Filone Alessandrino. De Opificio Mundi, De Abrahamo, De Josepho*, Roma 1979.

RIZZO S., *Celso. Contro i cristiani*, Milano 1989.

ROGERS B.B., *Aristophanes. The acharnians, the clouds, the knights, the wasps,* London 1960.

RORDORF W. - TUILIER A., *La doctrine des douze apotres (Didaché)*, Paris 1998.

ROUSSEAU E. – HEMMERDINGER B. – DOUTRELEAU L. – MERCIER Ch., *Irénée de Lyon. Contre les hérésies*, vol. 7, Paris 1965.

ROUSSEAU A. – DOUTRELEAU L., *Irénée de Lyon. Contre les hérésies,* vol. 5, Paris 2002.

ROUSSEAU A. - DOUTRELEAU L., *Irénée de Lyon. Contre les hérésies*, vol. I-II, Paris 1979.

ROUSSEAU A. - DOUTRELEAU L. - MERCIER Ch., *Irénée de Lyon. Contre les hérésies*, vol. 9-10, Paris 1969.

ROUSSEAU A., *Irénée de Lyon. Démonstration de la prédication apostolique*, Paris 1995.

SAGNARD F., *Clément d'Alexandrie. Extraits de Théodote*, Paris 1970.

SARINI, *Demostene. Orazioni*, Milano 1992.

SCHMIDT F., *Le Testament grec d'Abraham*, Tübingen 1986.

SCORZA BARCELLONA F., *La Epistola di Barnaba*, Torino 1975.

F. SERRA, *L. Annaeus Seneca. Epistulae ad Lucilium*, vol. II, Pisa 1983.

SIMONETTI M., *I Principi di Origene*, Torino 1968.

SIMONETTI M., *Testi gnostici in lingua greca e latina*, Milano 1993.

SOUILHÉ J., *Épictète. Entretiens*, Paris 1949.

STALLBAUM G., *Platonis Opera Omnia*, vol. I, New York – London 1980.

TAROCCHI S., *Il Dio longanime: la longanimità nell'epistolario paolino*, Bologna 1993.

TASINI P., *In principio. Interpretazioni ebraiche del racconto della creazione. Il midrash*, vol. I, Roma 1988.

THACKERAY H. St. J., *Josephus. Jewish Antiquities*, London-Cambridge 1961.

TRAGLIA A., *Plutarchus. Vite di Plutarco*, Torino 1992, pp. 804-805).

TRANNOY A.I., *Marc-Aurèle. Pensées*, Paris 1953.

TRAPP M.B. (ed.), *Maximus Tyrius. Dissertationes*, Stutgardiae-Lipsiae 1994.

TUROLLA E., *Marco Aurelio Antonino. Colloqui con se stesso*, Milano 1995.

VANDERKAM J. (ed.), *The Bok of Jubilees. A critical text*, Lovanii 1989.

VIMERCATI A., *Polibio. Storie*, Milano 1987.

VISONÁ G., *Dialogo con Trifone*, Milano 1988.

VISONÀ G., *Pseudo Ippolito. In Sanctum Pascha*, Milano 1988.

WALTZ R., *Sénèque. Dialogues*, Paris 1967.

WENGST K., *Didache (Apostellehre), Barnabasbrief, Zweiter Klemensbrief, Schrift an Diognet*, München 1984.

UNTERSTEINER M., *Parmenide*, Firenze 1958.

UNTERSTEINER M., *Senofane. Testimonianze e frammenti*, Firenze 1955.

VIMERCATI A., *Polibio. Storie*, Milano 1987.

ZANATTA M., *Aristotele. Etica Nicomachea*, vol. II,

Milano 1986.

ZINCONE S., *A Diogneto*, Roma 1977.

2. Studi

Aa.Vv., *Cristologia e pensiero contemporaneo*, Genova 1983.

Aa.Vv., *La fine del tempo*, Brescia 1998.

ALAND B., *Marcion: Versuch einer neuen Interpretation*, in "Zeitschrift fuer Theologie und Kirche" 70 (1973), pp. 420-427.

ALFARO J., *Cristologia e antropologia*, Città di Castello 1973.

ALFONSI L., *Il "Protrettico" di Clemente Alessandrino e l'Epistola a Diogneto*, in "Aevum" 20 (1946), pp. 100-108.

ALFONSI L., *Spunti protrettici e filosofici nell'"Epistola a Diogneto"*, in "Rivista di filosofia neoscolastica" 39 (1947), pp. 239-241.

ALFONSI L., *Sull'A Diogneto*, in "Vetera Christianorum" 4 (1967), pp. 65-72.

ALTANER B., *Patrologia*, Madrid 1962.

AMATO A., *Gesù il Signore: saggio di cristologia*, Bologna 1999.

ANDRIESSEN P., *L'apologie de Quadratus conservée sous le titre d'Épître à Diognète*, in "Recherches de Théologie Ancienne et Médiévale" 13 (1946), pp. 5-39.

ANDRIESSEN P., *L'épilogue de l'Epître à Diognète*, in "Recherches de théologie ancienne et médiévale" 13 (1946), pp. 5-39; 125-149; 237-260.

ANDRIESSEN P., *The Authorship of the Epistle to Diognetus*, in "Vigiliae Christianae" 1 (1947), pp. 129-136.

BARBAGLIO G., *Dio violento?*, Assisi 1991.

BARNARD J.W., *The Epistle ad Diognetum. Two Units from one Author?* in "Zeitschrift für Neutestamentliche

Wissenschaft und die Kunde der alteren Kirche" 65 (1965), pp. 130-137.

BAUMEISTER Th., *Zur Datierung der Schrift an Diognet*, in "Vigiliae Christianae" 42 (1988), pp. 105-111.

BAUER J.B., *An Diognet VI*, in "Vigiliae Christianae" 17 (1963), pp. 207-210.

BEATRICE P.F., *Der Presbyter des Irenäus, Polykarp von Smyrna und der Brief an Diognet*, in *Pleroma: Salus carnis. Homenaje a Antonio Orbe, S.J.*, Santiago de Compostela 1990, pp. 179-202.

BEHM J., νοῦς, in *GLNT*, vol. VII, Brescia 1971, col. 1038-1063.

BERND L., "*Zur Bedeutung des Sohnes Gottes in der Schrift an Diognet*", in "Orpheus" 18 (1997), pp. 474-480.

BILLET B., *Les lacunes de l'A Diognète. Essai de solution*, in "Recherches de Science religieuse" 45 (1957), pp. 409-418.

BLANCHETIÈRE F., *Au coeur de la cité. Le chrétien philosophe selon l'À Diognète*, in "Revue des Sciences Religieuses" 63 (1989), pp. 183-194.

BOCCACCINI G., *Il medio-giudaismo*, Genova 1993.

BONWETSCH G.N., *Der Autor der Schlusskapitel des Briefes an Diognet, in Nachrichten der Gesellschaft der Wissenschaften zu Gottingen, Philos.-hist. Klasse*" 58 (1902), pp. 621-634.

BRÄNDLE R., *Die Ethik an der Schrift an Diognet*, Zürich 1975.

BROBNER H., *Manual de Patrologia,* Barcelona 2001.

BUCHSEL F., μονογενής, in *GLNT*, vol. VII, Brescia 1971, col. 465-478.

BUCHSEL F., λύτρον, in *GLNT*, vol. VI, Brescia 1970, col. 916-942.

BULTMANN R., λύπη, in *GLNT*, vol. VI, Brescia 1970, col. 843-871.

BULTMANN R. - WEISER A., πιστεύω, in *GLNT*, vol.

X, Brescia 1975, col. 337-488.

BULTMANN R.-Von RAD G.-BERTRAM G., ζάω, in *GLNT*, vol. III, Brescia 1967, col. 1365-1474.

CARASSAI P., *Il problema dell'autenticità dell'ad Diognetum cc. XI-XII: proposte per una soluzione*, in "Annali della Facoltà di Lettere e Filosofia dell'Università di Macerata" 16 (1983), pp. 97-132.

CAVALLETTI S., *L'amore negli scritti giudaici intertestamentari*, in S.A. PANIMOLLE (a cura di), *Dizionario di spiritualità biblico-patristica*, vol. 3: *Amore, carità, misericordia*, Roma 1993, pp. 94-104.

CHANTRAINE P., *Dictionnaire étymologique de la langue grecque*, vol. I, Paris 1990.

COCCHINI F., *Il figlio unigenito sacrificato e amato. Ricerche su di un titolo cristologico*, in "Studi storico-religiosi" 1 (1977), pp. 301-323.

CONNOLLY R.H., *The Date and Authorship of the Epistle to Diognetus*, in "Journal Theological Studies" 36 (1935), pp. 347-353

CONNOLLY R.H., *Ad Diognetum XI-XII*, in "Journal Theological Studies" 37 (1936), pp. 2-15.

CONZELMANN H., φῶς, in *GLNT*, vol. XV, Brescia 1988, col. 361-492.

Dal COVOLO E., *I Severi e il cristianesimo. Ricerche sull'ambiente storico-istituzionale delle origini cristiane tra il secondo e il terzo secolo*, Roma 1989.

Dal COVOLO E., *Gli imperatori Severi e la "svolta costantiniana"*, in E. Dal COVOLO - R. UGLIONE., (a cura di), *Cristianesimo e istituzioni politiche. Da Augusto a Costantino*, Roma 1995, pp. 75-88.

Dal COVOLO E., *I Severi e il cristianesimo. Dieci anni dopo*, in E. Dal COVOLO – G. RINALDI, *Gli imperatori Severi*, Roma 1999, pp. 187-196.

DATTRINO L., *Patrologia*, Casale Monferrato 1991.

DELLING G., ἀρχή, in *GLNT*, vol. I, Brescia 1965, col.

1273-1287.

DROBNER H.R., *Les Pères de l'Eglise. Sept siècles de littérature chrétienne* (*tr. fr.*), Paris 1999.

ELTESTER W., *Das Mysterium des Christentums. Anmerkungen zum Diognetbrief*, in "Zeitschrift für die neutestamentliche Wissenschaft und die Kunde der alteren Kirche" 61 (1970), pp. 278-293.

FEDALTO G., *La cristologia nei Padri della chiesa*, Roma 1985.

FELICI S., *Cristologia e catechesi patristica*, Roma 1980-1981.

FERMI, *L'Apologia di Aristide e la Lettera a Diogneto*, in "Ricerche religiose" 1 (1925), pp. 541-547.

FOERSTER W., κτίζω, in *GLNT*, vol. V, Brescia 1969, col. 1235-1330.

FORTE B., *Trinità come storia: saggio sul Dio cristiano*, Milano 1985.

GASPARRO S., *Dio nello gnosticismo*, in S.A. PANIMOLLE (a cura di), *Dizionario di spiritualità biblico-patristica*, vol. 14: *Dio nei Padri della chiesa*, Roma 1996, pp. 66-81.

GEFFCKEN J., *Zwei griechische Apologeten*, Leipzig-Berlin 1907.

GINZBERG L., *The Legends of the Jews*, 7 voll., Philadelphia 1987-1988, (trad. E. LOEWENTHAL, 3 voll., Milano 1995-1999).

GIRGENTI G., *Teologia, cosmologia e antropologia di Giustino martire*, in "Rivista di filosofia neo-scolastica" 83 (1991), pp. 372-392.

GONZALEZ DE CARDEGAL O., *Fundamentos de cristologia*, Madrid 2005-2006.

GONZALEZ DE CARDEGAL O., *Cristologia*, Madrid 2001.

GRANT R., *Theophilus of Antioch, ad Autolycum*, Oxford 1970.

GRASSO D., *Un saggio di evangelizzazione nel secondo secolo: la lettera a Diogneto*, in CASALE MARCHESELLI C. (ed.), *Parola e spirito. Studi in onore di S. Cipriani*, vol. I, Brescia 1982, pp. 777-788.

GRILLMEIER A., *Gesù il Cristo nella fede della chiesa*, vol. I, Brescia 1982.

GROSSI V., *Il titolo cristologico "Padre" nell'antichità cristiana*, in "Augustinianum" 16 (1976), pp. 237-269.

GRUNDMANN W.-von RAD G.- KITTEL G., $αγγελος$, in *GLNT*, vol. I, Brescia 1965, col. 195-230.

GRUNDMANN W., $ἰσχύω$, in *GLNT*, vol. IV, Brescia 1968, col. 1211-1226.

HANCK F.-SCHULZ S., $πραΰς$, in *GLNT*, vol. XI, Brescia 1977, col. 63-80.

HARNACK A. von, *Die Mission und Ausbreitung des Christentums in den ersten drei Jahrhunderten*, 2 voll., Leipzig 1924, rist. anast. 1965.

HARNACK A., *L'essenza del cristianesimo*, Torino 1908.

HARNACK A. Von, *Mission et expansion du christianisme dans les trois premiers siècles* (*trad. fr.*), Paris 2004.

HORST J., $μακροθυμία$, in *GLNT*, vol. VI, Brescia 1970, col. 1011-1046.

IACOPINO G., *L'idea di amore negli scritti gnostico-cristiani*, in *Dizionario di spiritualità biblico-patristica* 3, Città di Castello 1993, pp. 221-228.

IVANKA von E., *Platonismo cristiano*, Milano 1992.

JEREMIAS J.- ZIMMERLI W., $παῖς θεοῦ$, in *GLNT*, vol. IX, Brescia 1974, col. 275-440.

JOLY R., *Christianisme et philosophie. Etudes sur Justin et les apologistes grecs du deuxième siècle*, Bruxelles 1973.

JONAS H. - FARINA R. (a cura di), *Lo gnosticismo*, Torino 1991.

JOSSA J., *I cristiani e l'impero romano*, Napoli 1991.

JOSSA J., *Melitone e l'A Diogneto*, in "Annali dell'Istituto italiano per gli studi storici" 2 (1969-1970), pp. 89-109.

KEHL M., *E cosa viene dopo la fine? Sulla fine del mondo e sul compimento finale, sulla reincarnazione e sulla risurrezione*, Brescia 2001

KESSLER H., *Cristologia*, Brescia 2001.

KIHN H., *Der Ursprung des Briefes an Diognet*, Freiburg im Br. 1882.

KITTEL G.-von RAD G.-GRUNDMANN W., αγγελος, in *GLNT*, vol. I, Brescia 1965, col. 195-230.

KITTEL G., δόξα, in *GLNT*, vol. II, Brescia 1966, col. 1348-1398.

KÜHNERT W., *Zur Sinndeutung des Briefes an Diognet*, in *Geschichtsmächtigkeit und Geduld. Festschrift der Evangelisch-theologischen Fakultät der Universität Wien*, München 1972, pp. 35-41.

LANA I., *Tacito: la parola, il gesto, il silenzio*, in C. CURTI- C. CRIMI, *Scritti classici e cristiani offerti a Francesco Corsaro*, t. II, Catania 1994, pp. 355-384.

LAMPE G.W.A., *A Patristic Greek*, Oxford 1961.

LAZZATI G., *Ad Diognetum VI,10: proibizione del suicidio?*, in *Studia Patristica* III, Berlin 1961, pp. 291-297.

LAZZATI G., *I cristiani "anima del mondo" secondo un documento del II secolo*, in "Vita e pensiero" 55 (1972), pp. 757-761.

LIDDEL H.G.- SCOTT R., *A Greek English Lexicon*, Oxford 1968.

LIENHARD J.T., *The Christology of the Epistle to Diognetus*, in "Vigiliae Christianae" 24 (1970), pp. 280-289.

LINDEMANN A., *Paulinische Theologie im Brief an Diognet*, in RITTER A.M. (ed.), *Kerygma und Logos. Festschrift für Karl Andresen zum* 70. *Geburtstag*, Göttingen 1979, pp. 337-350.

LOHSE E. (ed.), *Die Texte aus Qumran hebräisch und deutsch mit masoretischen Punktation*, München 1964

LUCK U., φιλανθρωπία, in *GLNT*, vol. XIV, Brescia 1984, col. 1101-1114.

LUONGO G., *Il ruolo del cristiano nel mondo: ad Diognetum VI,10 e il motivo della diserzione*, in "Annali della Facoltà di Lettere e Filosofia dell'Università di Napoli" 16 (1973-1974), pp. 69-79.

MARA M.,G., *Il Kerygma Petrou*, in *Studi in onore di Alberto Pincherle I,* in "Studi e materiali di storia delle religioni" 38 (1967), pp. 314-342.

MARA M.G., *Osservazioni sull'Ad Diognetum*, in "Studi e materiali di storia delle religioni" 35 (1964), pp. 267-279.

MENESTRINA G., *L'incipit dell'epistola "Ad Diognetum", Luca 1,1-4 e Atti 1,1-2*, in "Bibbia e Oriente" 19 (1977), pp. 215-218.

MESSANA V., *Il topos dell'ironia platonica in Ad Diognetum 1-4*, in "Augustinianum" 14 (1974), pp. 489-495.

MODESTO P., *La colonna e il fondamento della verità*, Milano 1998.

MONDIN B., *Gesù Cristo salvatore dell'uomo: cristologia storica e sistematica*, Bologna 1993.

MORESCHINI C. - E. NORELLI, *Storia della letteratura cristiana antica greca e latina*, vol. I, Brescia 1995.

MORESCHINI C. - NORELLI E., *Histoire de la littérature chrétienne latine et grecque, I, De Paul à Costantin (tr. fr.)*, vol. I, Genève 2000.

MORESCHINI C. - NORELLI E., *Historia de la literatura cristiana antigua griega y latina*, vol. I, Madrid 2006.

NAUTIN P., *Lettres et écrivains chrétiens des II et III siècles*, Paris 1961.

NIELSEN Ch.M., *The Epistle to Diognetus: Its Date and Relationship to Marcion,* in "Anglican theological review" 52 (1970), pp. 77-91.

NOCK A.D., *A Note on Epistula ad Diognetum X,1*, in "The Journal of Theological Studies" 29 (1927-28), p. 40.

NOORMAN R., "Himmelsburger auf Erden. Anmerkungen zum Weltverhältnis und zum Paulinismus des Auctor ad Diognetum", *Die Weltlichkeit des Glaubens in der alten Kirche. Festschrift U. Wickert*, Berlin-New York 1997, pp. 199-229.

NORELLI E., *La funzione di Paolo*, in "Rivista biblica" 34 (1986), pp. 578-586.

NORELLI E., *I cristiani "anima del mondo". L'A Diogneto nello studio dei rapporti tra cristianesimo e impero*, in E. Dal COVOLO – R. UGLIONE, *Cristianesimo e istituzioni politiche. Da Augusto a Costantino*, Roma 1995, pp. 53-73.

OEPKE A., παῖς, in *GLNT*, vol. IX, Brescia 1974, col. 223-275.

OEPKE A., ἰάομαι, in *GLNT*, vol. IV, Brescia 1968, col. 667-724.

OGARA F., *Aristidis et Epistulae ad Diognetum cum Theophilo Antiocheno cognatio*, in "Gregorianum" 25 (1944), pp. 74-104.

O'NEILL J.G., The Epistle to Diognetus, in "The Irish ecclesiastical record" 85 (1956), pp. 92-106.

ORBE A., *La uncion del Verbo*, Roma 1961.

ORBE A., *Cristologia gnostica*, Madrid 1976.

ORBE A., *Hacia la primera teologia de la procesion del Verbo*, Roma 1958.

ORBE A., *La encarnacion entre los valentinianos*, in "Gregorianum" 53 (1972), pp. 201-235.

ORBE A., *La teologia del Espiritu Santo*, Roma 1966.

OTRANTO G., *La similitudine nel Dialogo di Giustino*, in "Vetera Christianorum" 11 (1974), pp.

PALAZZINI P., *La cristologia nei Padri della Chiesa*, Roma 1988.

PANNENBERG W., *Fundamentos de cristologia*, Salamanca 1974.

PAULSEN H., *Das Kerygma Petri und die urchristliche Apologetik*, in "Zeitschrift für Kirchengeschichte" 88 (1977), pp. 1-37.

PELLEGRINO M., *Il "topos" dello "status rectus" nel contesto filosofico e biblico (a proposito di Ad Diognetum 10,1-2)*, in *Mullus. Festschrift Th. Klauser*, Münster 1964, pp. 273-281.

PELLEGRINO M., *Studi sull'antica apologetica*, Roma 1947.

PESCE M., *Dio senza mediatori. Una tradizione teologica dal giudaismo al cristianesimo*, Brescia 1979.

PETERS G., *Lire les Pères de l'Église. Cours de patrologie*, Paris 1988, tr. it. en 2 vols: Roma 1984-1986.

PÉTREMENT S., *Valentin est-il l'auteur de l'Epître à Diognète?* In "Revue d'histoire et de philosophie religieuses" 46 (1966), pp. 34-62.

PETUCHOWSKI J., *I nostri maestri insegnavano...*, Brescia 1983.

PIOPPO P., *Cristologia*, Casale Monferrato 2002.

POHLENZ M., *La Stoà. Storia di un movimento spirituale*, Firenze 1967.

POIRIER P.H., *Élements de polémique antijuive dans l'Ad Diognetum*, in "Vigiliae christianae" 40 (1986), pp. 218-225.

POUDERON B. - DORÉ J. (ed.), *Les Apologistes chrétiens et la culture grecque*, Paris 1998.

POUDERON B., *Les Apologistes grecs du II siècle*, Paris 2005.

PREISKER H., ἐπιείκεια, in *GLNT*, vol. III, Brescia 1967, col. 703-710.

QUASTEN J., *Patrologia,* vol. I, Madrid 1961.

QUELL G.- STAUFFER E., ἀγαπάω, in *GLNT*, vol. I, Brescia 1965, col. 57-146.

RAHNER K., *Corso fondamentale sulla fede*, Cinisello Balsamo 1990.

RAHNER K., *Saggi di cristologia e di mariologia*, Roma 1965.

RAMOS-LISSON D., *Patrologia*, Navarra 2005.

REALE G., *Storia della filosofia antica*, vol. I, Milano 1975.

REIJNERS G.Q., *The terminology of the Holy Cross in early christian literature as based on Old Testament typology*, Nijmegen 1965.

RENGSTORF K.H., ἀποστέλλω, in *GLNT*, vol. I, Brescia 1965, col. 1063-1086.

RENGSTORF K.H., διδάσκω, in *GLNT*, vol. II, Brescia 1966, col. 1094-1126.

RIGGI C., *Testimonianza missionaria dell'Avvento di Cristo. Rileggendo l'"Epistola a Diogneto", cod. F*, in "Salesianum" 34 (1972), pp. 419-488.

RIGGI C., *Lettura dell'"Ad Diognetum" secondo il codice F*, in Aa.Vv., *Texte und Textkritik. Eine Aufsatzsammlung*, hrsg. DUMMER J. ("Texte und Untersuchungen zur Geschichte der altchristlichen Literatur"133), Berlin 1987, pp. 521-529.

RIZZI M., *Gli apologisti: elaborazione teologica in funzione propositiva e polemica*, in E. Dal COVOLO (ed.), *Storia della teologia*, vol. I, Roma-Bologna 1995.

RIZZI M., *La questione dell'unità dell'Ad Diognetum*, Milano 1989.

ROASENDA P., *Il pensiero paolino nell'Epistola a Diogneto*, in "Aevum" 9 (1935), pp. 468-473.

ROASENDA P., *In Epistulae ad Diognetum XI-XII capita adnotatio*, in "Aevum" 9 (1935), pp. 248-253.

SACCHI P., *L'escatologia negli scritti giudaici apocrifi fra IV sec. a.C. e I sec. d.C.*, in S.A. PANIMOLLE (a cura di), *Dizionario di spiritualità biblico-patristica* vol. 16: *Escatologia*, Roma 1997, pp. 62-83.

SACCHI P., *Storia del II tempio*, Torino 1994.

SAILER I.M., *Der Brief an Diognetus*, München 1800.

SCARAFONI P. (a cura di), *Cristocentrismo. Riflessione teologica*, Roma 2002.

SCHLIER H., ἀνέχω, in *GLNT*, vol. I, Brescia 1965, col. 965-967.

SCHNACKENBURG R., *Commentario teologico del Nuovo Testamento*, vol. IV, t. 3 a cura di G. CECCHI, Brescia 1981.

SCHNEIDER J., τιμή, in *GLNT*, vol. XIII, Brescia 1981, col. 1270-1295.

SCHÜRER E., *Storia del popolo giudaico al tempo di Gesù Cristo*, vol. II, (ed. it. di O. SOFFRITTI), Brescia 1987.

SCHWARTZ J., *L'Epître à Diognète*, in "Revue d'histoire et de philosophie religieuses" 48 (1968), pp. 46-53.

SERENTHÀ M., *Gesù Cristo ieri, oggi e sempre: saggio di cristologia*, Torino 1982.

SESBOUÉ B., *Cristologia fondamentale*, Casale Monferrato 1997.

SIMON M., *Les sectes juives au temps de Jesus*, Paris 1960.

SIMONETTI M., *Studi sulla cristologia del II e III secolo*, Roma 1993.

SIMONETTI M., *Testi gnostici in lingua greca e latina*, Milano 1993.

SIMONETTI M., *La cristologia prenicena*, in E. Dal COVOLO (ed.), *Storia della teologia*, vol. I, Bologna-Roma 1995.

STEMBERGER G., *Il Midrash*, Bologna 1992.

TANNER R.G., *The Epistle to Diognetus and Contemporary Greek Thought*, in *Studia Patristica* 15, Berlin 1984, pp. 495-508.

TAROCCHI S., *Il Dio longanime: la longanimità*

nell'epistolario paolino, Bologna 1993.

TASINI P., *In principio. Interpretazioni ebraiche del racconto della creazione I. Il Midrash*, Roma 1988.

THIERRY J.J., *The Logos as Teacher in Ad Diognetum XI,1*, in "Vigiliae Christianae" 20 (1966), pp. 146-149.

TIBILETTI C., *Aspetti polemici dell'Ad Diognetum*, in "AAST" II: Classe di scienze morali, storiche e filologiche" 96 (1961-1962), pp. 343-388.

TIBILETTI C., *Azione cosmica dei cristiani in "A Diogneto" 6,7*, in "Orpheus" 4 (1983), pp. 32-41.

TIBILETTI C., *Osservazioni lessicali sull'Ad Diognetum*, in "AAST" II: *Classe di scienze morali, storiche e filologiche* 97 (1962-1963), pp. 210-248.

TIBILETTI C., *Terminologia gnostica e cristiana in "Ad Diognetum" VII,1*, ivi, 97 (1962-1963), pp. 105-119..

TIBILETTI C., *"Sulla fonte di un noto motivo dell'Ad Diognetum VI"*, in "Giornale italiano di Filologia" 16 (1963), pp. 26-267.

TORRE J.M. De La, *Literatura cristiana antigua, entornos y contenidos. Desde su origen hasta la formacion de la gran Iglesia*, vol. I, Zamora 2003.

TOWNSLEY A.L., *Notes for an interpretation of the Epistle to Diognetus*, in "Rivista di studi classici" 24 (1976), pp. 5-20.

TRESMONTANT C., *Évangile de Jean*, Paris 1984.

TREVIJANO R., *Patrologia*, Madrid 1988, 2004.

TURNER C.H., ὁ υἱός μου ὁ ἀγαπητός, in "Journal of theological Studies" 27 (1926), pp. 113-119.

VIELHAUER P., *Historia de la literatura cristiana primitiva. Introduccion al Nuevo Testamento, los Apocrifos y los Padres Apostolicos*, Salamanca 1991.

VISONÁ G., *La Cristologia degli apologisti*, in S.A. PANIMOLLE (a cura di), *Dizionario di spiritualità biblico-patristica*, vol. 24: *Gesù Cristo nei Padri della chiesa (I-III secolo)*, Roma 2000, pp. 241-257.

VISONÁ G., *Povertà, sequela, carità. Orientamenti nel cristianesimo dei primi due secoli*, in *Per foramen acus. Il cristianesimo antico di fronte alla pericope evangelica del "giovane ricco"*, Milano 1986.

WEISS K., χρηστός, in *GLNT*, vol. XV, Brescia 1988, col. 819-836.

WENGST K., *Paulinismus und Gnosis in der Schrift an Diognet*, in "Zeitschrift für Kirchengeschichte" 90 (1979), pp. 41-62.

ZUCAL S. (a cura di), *Cristo nella filosofia contemporanea. II. Il Novecento*, Cinisello Balsamo 2000.

INDICE

PREFAZIONE..5
INTRODUZIONE..9
  1. Motivo della ricerca..10
  2. Scopo..12
  3. Metodo...14
  4. Limiti...15
1. IL LOGOS NELL'ANTICA ECONOMIA.....17
DELLA SALVEZZA...17
  1.1. Il Logos al principio dell'antica economia
  della salvezza..17
    1.1.1. Il Logos arché....................................17
    1.1.2. Il Logos demiourgos.........................30
    1.1.3. Il Logos technites..............................42
  1.2. L'eziogenesi della venuta del Verbo........45
2. IL LOGOS DURANTE LA SUA
REALIZZAZIONE STORICA NELLA NUOVA
ECONOMIA DELLA SALVEZZA:
L'UMANITÀ DEL LOGOS...............................63
  2.1. L'invio del Logos.....................................63
  2.2. Il Logos, figlio prediletto.........................77
  2.3. Il logos didascalos...................................87
  2.4. Il Logos nutritore.....................................97
  2.5. Il Logos padre..104
  2.6. Il Logos consigliere...............................111
  2.7. Il Logos medico.....................................116
  2.8. Il Logos mente.......................................121

2.9. Il Logos luce..129
2.10. Il Logos onore..138
2.11. Il Logos gloria.......................................144
2.12. Il Logos forza..152
2.13. Il Logos vita..158
3. IL LOGOS AL COMPIMENTO PASQUALE DOPO LA SUA REALIZZAZIONE STORICA NELLA NUOVA ECONOMIA DELLA SALVEZZA..168
   3.1. La giustificazione....................................168
   3.2. La fede...175
4. LA VENUTA ESCATOLOGICA DEL LOGOS...193
   4.1. L'attesa del regno...................................193
   4.2 Il giudizio finale......................................208
CONCLUSIONE..217
   1. Cammino percorso....................................217
   2. Risultati raggiunti:....................................220
   3. Prospettive aperte....................................224
BIBLIOGRAFIA..231
   1. Fonti..231
      1.1. L'A Diogneto.......................................231
      1.1.1. Edizioni greche:................................231
      1.1.2. Traduzioni...232
      1.2. Altre fonti della letteratura antica:......234
   2. Studi..241

Finito di stampare nel mese di Dicembre 2015
per conto di Youcanprint *Self-Publishing*

www.ingramcontent.com/pod-product-compliance
Lightning Source LLC
Chambersburg PA
CBHW062048080426
42734CB00012B/2586